Uni-Taschenbücher 1844

UTB
FÜR WISSEN
SCHAFT

Eine Arbeitsgemeinschaft der Verlage

Wilhelm Fink Verlag München
Gustav Fischer Verlag Jena und Stuttgart
Francke Verlag Tübingen und Basel
Paul Haupt Verlag Bern · Stuttgart · Wien
Hüthig Verlagsgemeinschaft
Decker & Müller GmbH Heidelberg
Leske Verlag + Budrich GmbH Opladen
J. C. B. Mohr (Paul Siebeck) Tübingen
Quelle & Meyer Heidelberg · Wiesbaden
Ernst Reinhardt Verlag München und Basel
Schäffer-Poeschel Verlag · Stuttgart
Ferdinand Schöningh Verlag Paderborn · München · Wien · Zürich
Eugen Ulmer Verlag Stuttgart
Vandenhoeck & Ruprecht in Göttingen und Zürich

Michael von Albrecht

Meister römischer Prosa

Von Cato bis Apuleius
Interpretationen

Francke Verlag Tübingen und Basel

Michael von Albrecht ist o. Professor für Klassische Philologie an der Universität Heidelberg.

Die Deutsche Bibliothek – CIP-Einheitsaufnahme

Albrecht, Michael von:
Meister römischer Prosa – Von Cato bis Apuleius : Interpretationen /
Michael von Albrecht. – 3., erg. Aufl. – Tübingen ; Basel : Francke, 1995
   (UTB für Wissenschaft : Uni-Taschenbücher ; 1844)
   ISBN 3-8252-1844-9 (UTB)
   ISBN 3-7720-2241-3 (Francke)
NE: UTB für Wissenschaft / Uni-Taschenbücher

3., ergänzte Auflage

© 1995 · A. Francke Verlag Tübingen und Basel
Dischingerweg 5 · D-72070 Tübingen
ISBN 3-7720-2241-3

Einbandgestaltung: Alfred Krugmann, Stuttgart
Druck und Bindung: Presse-Druck, Augsburg
Printed in Germany

ISBN 3-8252-1844-9 (UTB-Bestellnummer)

INHALTSVERZEICHNIS

I. KAPITEL

Der Anfang der literarischen Prosa: M. Porcius Cato
(234–149 v. Chr.)

II. KAPITEL

Zwei große Redner: C. Gracchus (154–121 v. Chr.) und Cicero
(106–43 v. Chr.)

VII. KAPITEL

Petronius († 66 n. Chr.)

VIII. KAPITEL

Tacitus (cos. 97 n. Chr.): Eine Rede des Kaisers Claudius
Original und literarische Umgestaltung

IX. KAPITEL

Plinius der Jüngere (cos. 100 n. Chr.)

X. KAPITEL

Apuleius (geb. um 125 n. Chr.)

ANHANG

VORWORT ZUR DRITTEN AUFLAGE

Das vorliegende Buch, aus akademischen Vorlesungen und Kursen zur Lehrerfortbildung hervorgegangen, kommt aus der Praxis und ist für die Praxis bestimmt. Der Autor ist dankbar und erfreut, daß es von der Kritik durchweg freundlich aufgenommen wurde und unter Universitäts- und Gymnasiallehrern, Studenten und Schülern der Oberstufe, denen es dienen möchte, weite Verbreitung gefunden hat. Die zweite, durchgesehene Auflage (1983) wurde noch von Lothar Stiehm betreut, dem Verleger, dem das Buch seit 1971 seine ansprechende Gestalt verdankt. 1988 hatte der Verfasser Gelegenheit, die Zusätze, die sich im Laufe der Jahre für eine dritte deutsche Auflage angesammelt hatten, in Neil Adkins meisterhafte englische Übersetzung einzuarbeiten, die bei Francis und Sandra Cairns in besten Händen lag.

Der Anregung des Francke Verlags, die *Meister römischer Prosa* als Taschenbuch einem größeren Leserkreis zugänglich zu machen, kam der Autor gerne nach. Die bewährte Gesamtanlage ist dieselbe geblieben. Selbstverständlich sind die für die dritte Auflage bestimmten Zusätze aufgenommen; des weiteren wurden briefliche Hinweise von Kollegen berücksichtigt; besonders sei Herrn Professor Dr. Gerhard Perl (Berlin) gedankt, der zu der Claudius-Inschrift wichtige Lesungen ergänzte. Schließlich eröffnet eine neue Auswahlbibliographie den Zugang zur Forschung.

Heidelberg, im Winter 1994   MICHAEL VON ALBRECHT

VORWORT ZUR ERSTEN AUFLAGE

Aus vier Jahrhunderten, von Roms Aufstieg zur Weltherrschaft im Kampfe mit Karthago bis zu seiner Spätblüte unter den Antoninen, stammen unsere Texte. Bei aller künstlerischen Distanz spiegeln sie doch manchen Wandel: Kraft und Frische des Anfangs, Schärfe der Auseinandersetzung der Gracchenzeit, sullanische Annalistik, Feldherrntum Caesars, Aufleuchten des Geistes im Todeskampf der Republik, augusteische Reform und sublimierter Traum von der großen Vorzeit, Stimme des Predigers und Skepsis des Romanciers vor neronischer Fassade, Aufatmen unter Traian, Freimut post festum und Literatenbehaglichkeit, – zweite Sophistik schließlich und ökumenischer Humor mit mystischem Hintergrund.

Auch räumlich ist die Streuung weit: Nicht so sehr die Hauptstadt als vielmehr Italien, Gallien, Spanien, Afrika haben Rom Schriftsteller geschenkt.

Vielfältig sind auch die Gattungen: von der Lehrschrift über die Rede und Geschichtsschreibung, den Commentarius, den philosophischen Dialog bis zum stilisierten Brief und Roman.

Bei der Auswahl aus unerschöpflicher Fülle bleiben Fachschriftsteller, Rechts- und Amtssprachliches sowie unliterarische Briefe hier am Rande, vor allem aber die christliche Literatur: Gebiete, die gesonderte Behandlung verdienen. Innerhalb der selbstgewählten Schranken ist Vielseitigkeit erstrebt; neben den allgemein bekannten sollen auch einige heute weniger gelesene Schriftsteller zu ihrem Rechte kommen – darunter der von Literatur- und Sprachwissenschaft merkwürdig vernachlässigte erste römische Prosaiker Cato sowie Gaius Gracchus, einer der größten Redner Roms. Wem Cicero mit nur einem philosophischen Text und zwei Stücken aus den Reden nicht ausreichend vertreten scheint, sei auf meine ausführliche Behandlung von Ciceros Sprache und Stil in Pauly-Wissowas Realencyclopaedie (Suppl. XIII) verwiesen. Im übrigen ist – trotz allem Bemühen um einen repräsentativen Ausschnitt – jede Auswahl bis zu einem gewissen Grade subjektiv; mit Quintilian [1] können auch wir sagen: *sunt et alii scriptores boni, sed nos genera degustamus, non bibliothecas excutimus.*

Eine Literaturgeschichte zu ersetzen oder die Entwicklung des lateinischen Prosastils lückenlos darzustellen ist nicht unsere Absicht, ebensowenig ein Wetteifer mit E. Nordens monumentaler Antiker Kunstprosa oder mit A. D. Leemans Orationis Ratio, die manchmal mehr von antiker Literaturtheorie als von der Interpretation ausgehen.

Unser Ziel ist bescheidener und konkreter: An formal und inhaltlich bedeutenden oder bezeichnenden Texten sollen die weiten Möglichkeiten römischer Prosakunst interpretierend aufgezeigt werden; nur vom Einzelnen aus kann man hoffen, über gängige Vorstellungen hinauszukommen.

Sprache und Stil sind dabei besonders beachtet, vor allem die Grenzgebiete zwischen Sprach- und Literaturwissenschaft: Syntax, Stilistik, Rhetorik, Erzählstruktur. Mehrfach findet sich Gelegenheit, die Innenseite der Rhetorik sichtbar zu machen und ihr nicht als einer toten Ansammlung von Rezepten, sondern als einer lebendigen Praxis geordneten Denkens und Sprechens den gebührenden Ort im antiken Geistesleben zuzuweisen. – Soweit es sich um erzählerische Texte handelt, wird andererseits die moderne (von mir an anderer Stelle [2] präzisierte) Frage der Erzählstruktur als einer »Syntax im großen« weiterverfolgt. – Mehr als auf Rubrizierungen kommt es uns freilich auf die Eigenart des jeweiligen Textes an. Zwischen der Scylla eines Determinismus, der nur Gattungs- und Zeitstil kennt, und der Charybdis vorschneller individualpsychologischer Folgerungen gilt es stets aufs neue, sich den Blick für die Freiheit der Persönlichkeit und die schöpferische Einmaligkeit des Kunstwerks zu bewahren, freilich ohne dabei den Gegenstand und den sozialen Zusammenhang außer acht zu lassen.

Die Prosa als literarische Darstellungsform kam schon durch die ihr eigene Sachbezogenheit einer Seite des römischen Wesens entgegen; andere Tendenzen gestatteten Vertiefung und Sublimierung: römisch ist die sozialpsychologische Komponente, die vom Menschlich-Kommunikativen bis zum Politischen reicht, römisch auch die Selbststilisierung der Individualität in der Maske des Werkes, römisch vor allem der strenge, musikalisch-architektonische Formsinn.

Eine Betrachtung der Sprachgeschichte als Geistesgeschichte soll hier kein Programm sein; angesichts der Bedeutung der künstlerischen Form und der Distanz

[1] Inst. 10, 1, 104.

[2] Sammelband »Ovid«, Darmstadt 1968, 451–467. – Zur »Textsyntax«: A. Scherer, Handbuch der lateinischen Syntax, Heidelberg 1975, 104–112.

zwischen Erleben und Aussage gilt es jedem neuen Einzelfall die nötige Achtung entgegenzubringen. Immerhin können unsere Interpretationen dazu anregen, zu verfolgen, wie manches Schlüsselwort erst unreflektiert verwendet, dann verklärend spiritualisiert, bald entleert und ironisiert, schließlich aus neuer philosophischer Willenshaltung oder religiöser Gestimmtheit wieder aufgewertet wird.

Möge die absichtliche Vielfalt der je nach der Eigenart des Textes gewählten Interpretationswege als Ermunterung zur Beschäftigung mit lateinischer Sprachkunst verstanden werden.

Das Buch ist meinen Schülern gewidmet.

MICHAEL VON ALBRECHT

I. KAPITEL

Der Anfang der literarischen Prosa: M. Porcius Cato

(234–149 v. Chr.)

I. Über die Landwirtschaft

Vorrede [1]

*Est interdum praestare mercaturis rem quaerere, nisi tam periculosum sit,
et item fenerari, si tam honestum sit. maiores nostri sic habuerunt et ita
in legibus posiverunt: furem dupli condemnari, feneratorem quadrupli.
quanto peiorem civem existimarint feneratorem quam furem, hinc licet
existimare. 2. et virum bonum quom laudabant, ita laudabant: bonum
agricolam bonumque colonum; 3. amplissime laudari existimabatur,
qui ita laudabatur. mercatorem autem strenuum studiosumque rei quaerendae existimo, verum, ut supra dixi, periculosum et calamitosum.
4. at ex agricolis et viri fortissimi et milites strenuissimi gignuntur, maxi-
meque pius quaestus stabilissimusque consequitur minimeque invidiosus,
minimeque male cogitantes sunt qui in eo studio occupati sunt. nunc, ut
ad rem redeam, quod promisi institutum, principium hoc erit.*

Es trifft zu, [2] daß es zuweilen besser ist, durch Handelsgeschäfte Vermögen
zu erwerben – wäre es nur nicht so riskant – und ebenso Geld zu verleihen – wäre es nur so moralisch. Unsere Vorfahren haben es so gehalten [3]
und folgendermaßen in ihren Gesetzen festgelegt: Der Dieb sei auf das
Doppelte zu verurteilen, der Wucherer auf das Vierfache. Wieviel schlech-

---

[1] Text: M. Catonis De agricultura rec. A. Mazzarino, Leipzig 1962.

[2] Zur Übersetzung vgl. auch P. Thielscher, Des M. Cato Belehrung über die Landwirtschaft, Berlin 1963. F. Klingner, Römische Geisteswelt, München 1956 3, 56
(= 1965 5, 54; ursprünglich in: Die Antike 10, 1934, 254 f.) *Est* wird von den Er-
klärern hier im Sinne von *est, ut* verstanden. M. E. hat es hier eine affirmative Nuance (»ja, zugegeben«), in der eine versteckte Einräumung liegt, die indirekt den
gegensätzlichen späteren Gedanken vorbereitet (Landwirtschaft ist besser). Ähnlich
Th. Birt, PhW 35, 1915, 922–928.

[3] Zu *sic habuere* vgl. Sall. Iug. 114.

ter als der Dieb ihrer Meinung nach der Wucherer als Mitbürger war, kann man hiernach ermessen. Lobten sie einen tüchtigen Mann, so lobten sie ihn so: »Ein tüchtiger Bauer und ein tüchtiger Landwirt«. Wer so gelobt wurde, der erhielt ihrer Meinung nach das herrlichste Lob. Ein Kaufmann jedoch ist meines Erachtens tatkräftig und eifrig auf Erwerb bedacht, aber, wie gesagt, Gefahren und Unglücksfällen ausgesetzt. Aber aus dem Bauernstande gehen die tapfersten Soldaten hervor, und es folgt ihnen ein Erwerb, der der reinste und dauerhafteste ist und am wenigsten angefeindet wird, und die Menschen, die in dieser Tätigkeit stehen, neigen am wenigsten zu bösen Gedanken. Doch zurück zur Sache, zu dem angekündigten Vorhaben. 4 Dies wird der Anfang sein –

1. Zur Einführung

»Einen günstigeren Boden [als die Poesie] gewährte ihm die Prosa und er hat denn auch die ganze ihm eigene Vielseitigkeit und Energie daran gesetzt, eine prosaische Litteratur in der Muttersprache zu erschaffen.« 5 Wie Th. Mommsen erkennt auch E. Norden 6, daß Cato nicht nur Gegner, sondern auch Schüler der Griechen ist; eine moralische Aussage Ciceros stilpsychologisch einengend, versteht er Catos Sprache als Ausdruck seiner Persönlichkeit. 7 Bei der Gegenüberstellung mit dem »viel entwickelteren« Stil des Geschichtswerks 8 nennt Norden die Diktion der Lehrschrift über den Ackerbau noch »ganz roh«; darüber hinaus sollte man freilich innerhalb von de agricultura nochmals zwi-

4 So schon Birt (s. S. 15, Anm. 2); s. auch Kröner-Szantyr ThLL 7, 1, 13, 1962, 1994, 3; anders Thielscher a. O. (nach Friedrich: *institutum* als Genetiv); wieder anders K. Büchner, Beobachtungen über Vers und Gedankengang bei Lukrez, Hermes Einzelschriften 1, Berlin 1936, 34–38 (nach Wünsch: Supinum); Klingner läßt den Satz unübersetzt.

5 Th. Mommsen, Römische Geschichte, 1, Berlin 1874⁶, 937. Über de agricultura ebd. 929 f.

6 Die antike Kunstprosa 1 (1898), Leipzig/Berlin 1923⁴, 164.

7 Cic. rep. 2, 1. Über die richtige Auslegung dieser Stelle hat es nie einen Zweifel gegeben (vgl. z. B. die Übersetzung K. Büchners, Zürich 1960², 171: »Ein Leben, das mit der Rede vollauf übereinstimmte«). Nordens Deutung überrascht um so mehr, als er ebd. 12 die Gültigkeit des Satzes «Le style c'est l'homme» für die Antike bestreitet.

8 A. O. 165. Außerdem beachtet Norden den Stil der Reden (Gesetzesstil, griechische Rhetorik, poetischer *color* der Ekphraseis).

schen dem Stil des Prooemiums und dem der eigentlichen Belehrungen differenzieren.

Die sorgfältigere Stilisierung der Praefatio, ihre »beabsichtigte Wortfülle und in Wiederholungen und Gegensätzen etwas wie Redefigur« hat F. Leo[9] erkannt. Daß überdies die ganze Vorrede sich nach Art der altitalischen Sakralsprache in korrespondierende Teile gliedert, bemerkte A. Kappelmacher[10], während A. D. Leeman in unserem Text die Prinzipien griechischer Rhetorik suchte,[11] vor allem ausgehend von den Begriffen des *periculum* und des *honestum*.[12] Diese beiden Gesichtspunkte werden in Catos Vorrede in der Reihenfolge *a b b a* behandelt. Der hier auch schon von Büchner[13] beobachtete chiastische Aufbau lag nach Leeman antikem Empfinden näher als die uns natürlicher erscheinende Gliederung *a b a b*, in der der Gedankengang zweimal ansetzt. Die Ringform kann also, wie auch Leeman zugibt, nicht für den Einfluß griechischer Rhetorik geltend gemacht werden. Es wäre ergänzend zu präzisieren, daß diese Form, wenn sie vielleicht auch nicht unbedingt als normal-antik zu betrachten ist, eindeutig einen archaischen Bautypus darstellt.[14] Für Leeman ist das Thema der Praefatio gemäß den τελικὰ κεφάλαια des *genus deliberativum* entwickelt. Cato stellt die *utilitas* des Landbaus in den Vordergrund, seine Freiheit von *periculum* und seinen Wert als *honestum*. Das Vorwort der Lehrschrift wäre eine *suasio* en miniature, eine Ermahnung, sich mit dem Ackerbau, der traditionellen Tätigkeit des Römers, zu befassen.

M. Fuhrmann meldet Bedenken gegen Anwendung hellenistischer Kategorien auf Catos Vorwort an.[15] T. Janson[16] jedoch stimmt Leeman zu. Cato

---

[9] Geschichte der römischen Literatur 1, Berlin 1913, 274.

[10] Zum Stil Catos in De re rustica, Wiener Studien 43, 1922/23, 168–172. Kappelmacher läßt offen, ob Cato hier bewußt oder unbewußt gestaltet (171).

[11] Orationis ratio, 1, Amsterdam 1963, 21–24, bes. 22 f.

[12] *Utilitas in duas partes in civili consultatione dividitur: tutam honestam. Tuta est quae conficit instantis aut consequentis periculi vitationem qualibet ratione* (Rhet. ad Her. 3, 2, 3).   [13] Zitiert oben S. 16, Anm. 4.

[14] Zur Illustration solcher archaischer Denkweise kann auch das Schriftbild früher Inschriften herangezogen werden, vgl. E. Zinn, Schlangenschrift (1950/51). Jetzt in: Das Alphabet, hrsg. v. E. Pfohl, Darmstadt 1968, 293–320.

[15] Gnomon 38, 1966, 356–364, bes. 360.

[16] Latin Prose Prefaces, Acta Universitatis Stockholmiensis, Studia Latina Stockholmiensia 13, 1964, 84, Anm. 2.

kann zwar hellenistische Rhetorik gekannt haben;[17] die erwähnten Gesichtspunkte drängen sich aber von der Sache her geradezu auf; dieser zutiefst sachbedingte Charakter der catonischen Äußerungen macht es dem Philologen schwer, hier Natur und Kunst zu unterscheiden. Nach F. Klingner weist schon Catos Ausgehen von verschiedenen Formen, den Lebensunterhalt zu verdienen (Ackerbau, Handel, Geldgeschäfte) auf griechischen Einfluß.[18] Eines jedenfalls ist festzuhalten: Die Gestalt der Praefatio ist von hellenistischer Rhetorik nicht eigentlich bestimmt, sondern ihre Ringform ist archaisch. Das Archaische zeigt sich auch im Sprachlichen:[19] Parataxe,[20] Abundanz, Häufung von Synonymen,[21] Wortwiederholungen,[22] Alliterationen.[23]

Janson[24] versucht, der Mehrsträngigkeit des Vorwortes gerecht zu werden, indem er zwischen dem ethischen und dem ökonomischen Argument unterscheidet. Zu dem ethischen Argument will es nach Janson nicht recht passen, daß Cato mit hellenistischer Plantagenwirtschaft[25] rechnet, wobei der in der Stadt lebende Grundeigentümer den moralischen Einfluß der Landarbeit kaum mehr am eigenen Leibe erfährt.[26] Während die sittlichen Argumente Be-

[17] Zum Einfluß griechischer Rhetorik vgl. auch Norden, zit. oben S. 16, Anm. 6. Doch kann z. B. der Ditrochaeus in der Klausel auch auf römischer sakralsprachlicher Tradition beruhen (A. Kappelmacher, zit. oben S. 17, Anm. 10).

[18] F. Klingner, a. O. 1956 3, 56; 1965 5, 54 (ursprünglich in: Die Antike 10, 1934, 254): »Darin empfiehlt und lobt Cato die Landwirtschaft, indem er sie von anderen Erwerbsarten abhebt, eine Wendung des Gedankens, die sich auch bei Panaitios und Musonios findet und die fernerhin mit anderen griechischen Einleitungen, worin der Wert einer Lehre empfohlen wird, verwandt ist.«

[19] R. Till, Die Sprache Catos. Philologus Supplementband 28, Heft 2, Leipzig 1935.

[20] Till 7. Zum archaischen, »reihenden« Stil vgl. H. Fränkel, Eine Stileigentümlichkeit der frühgriechischen Literatur, NGG 1924, 63–103 und 105–127, jetzt in: H. Fränkel, Wege und Formen frühgriechischen Denkens, München 1955, 40–96.

[21] Über Wortdoppelungen bei Cato mit zahlreichen Belegen Till 27 f.

[22] Vgl. Till 26 über Anapher.   [23] Vgl. Till 25.   [24] Siehe S. 17, Anm. 16.

[25] Cato agr. 12–13; 18–22. Dazu T. Frank, Rome and Italy of the Republic (Bd. 1 von: An Economic Survey of Ancient Rome) Paterson, New Jersey 1933; Nachdruck 1959, 171 f. Allerdings gibt Frank zu den klar präsentierten Texten nur sehr knappe Erläuterungen.

[26] Vgl. Cato 2, 1; in Kapitel 5 (nach anderer Zählung 3, 2) wird der Eigentümer gedrängt, auf seinem Grundstück eine gute *villa rustica* zu errichten; dies geschieht natürlich, um ihn zu veranlassen, öfter dorthin zu kommen.

dingungen voraussetzten, die nicht mehr vorhanden waren, dürften die ökonomischen Argumente, die eine vorteilhafte Form der Investition empfahlen, Catos Standesgenossen ernsthaft interessiert haben. So gelangt Janson zu einem Ergebnis, das mehr das »hellenistische« Cato-Bild D. Kienasts[27] bestätigt als dasjenige F. Klingners[28], wenn Janson auch versucht, beiden Betrachtungsweisen gerecht zu werden.[29] Freilich berührt die Argumentation Jansons mehr den Inhalt der Praefatio als ihre Form. Eine erneute Untersuchung der stilistischen Gestalt dieser bedeutsamen Vorrede erscheint daher gerechtfertigt.

2. Satzbau

In unserem Text zeigt sich fast durchweg eine Neigung zu paralleler Satzbildung.[30] Doch ist nicht zu übersehen, daß die Tendenz zum Parallelismus nicht alleinherrschend ist. Neben ihr steht eine zweite, die sich immer wieder beobachten läßt: Der zweite Teil des Satzes fällt – entgegen dem Gesetz der wachsenden Glieder! – meist kürzer aus als der erste. Auf diese Weise entsteht der Eindruck der Schroffheit, der einem sehr eigenwilligen catonischen Rhythmus entspringt.[31] Dabei ist jeweils eine treffende Bemerkung auf das Satzende aufgespart:

- *si tam honestum sit.*
- *feneratorem quadrupli.*
- *bonum agricolam bonumque colonum.*
- *periculosum et calamitosum.*
- *minimeque male cogitantes sunt, qui in eo studio occupati sunt.*

In einem Falle geht als »Kunstpause« ein Einschub voraus, der die Wirkung der letzten Worte verstärkt: *verum, ut supra dixi, periculosum et calamito-*

[27] D. Kienast, Cato der Zensor, Heidelberg 1954, 88; 116; 134 u. ö.

[28] Zitiert oben S. 15, Anm. 2.   [29] Janson 87, Anm. 12.

[30] Man vergleiche dazu A. Kappelmacher (zitiert S. 17, Anm. 10).

[31] E. Lindholm, Stilistische Studien zur Erweiterung der Satzglieder im Lateinischen, Lund 1931, 52 beobachtet bei Cato nur zwei Beispiele »rhetorischer Minderung«: Orig. 4, 3 Jordan (= 79 P.) und 7, 1 Jordan (= 108 P.). Die Bedeutung des Stilmittels in der agr. ist ihm entgangen (»de agr. aber hat keine solche aufzuweisen«).

sum. In anderen Fällen gibt ein betontes Demonstrativ dem Satzende die Schärfe: *h i n c licet existimare.*

- *qui i t a laudabatur.*
- *principium h o c erit.*
(Vgl. auch *si t a m honestum sit).*

Im ganzen Text waltet ein wacher Sinn für die Bedeutung der ersten und der letzten Stelle im Satz, wobei die Besetzung der letzten mit gehaltvollen, prägnanten Worten in Verbindung mit einer Raffung der Satzlänge im zweiten Teil catonisches Bauprinzip zu sein scheint.

3. Wortwiederholungen

Neben dieser spezifisch catonischen Art, den Raum des Satzes zu füllen, fällt auf, daß vielfach Worte wiederholt werden; nicht alle diese Fälle darf man jedoch (wie Leeman 22 versucht) ohne Unterschied auf ein Streben nach Intensivierung zurückführen. Vielmehr haben die Wiederaufnahmen teils thematisch-strukturelle Funktion, teils eine andere, die noch charakterisiert werden soll. Klar ist die strukturelle Bedeutung der Wiederholung im Falle von *furem* und *feneratorem,* wo ein sachlicher Grund dieselben Worte verlangt. Unemphatisch ist dagegen die Wiederkehr des Verbums *existimare* in nicht weniger als vier aufeinander folgenden Konstruktionen, ohne daß sich eine rhetorische Absicht erkennen ließe. Man denkt zunächst an eine Nachlässigkeit im Gleichgültigen, die das bezeichnende Korrelat zur Sorgfalt im Entscheidenden wäre. Cato achtet auf die wichtigen Punkte in jedem Satz, aber er versucht offenbar nicht, auch die übrigen Teile durchzuformen. *Existimare* ist ein bequemes Verbum, das sich ihm viermal nacheinander in verschiedenem Zusammenhang als das nächstliegende anbietet; es wäre ihm wohl kleinlich erschienen, hier zu variieren, denn für die Deutlichkeit der Rede spielt dies keine Rolle. Nur hier, im Gleichgültigen, macht sich das bemerkbar, was man (nicht ganz mit Recht) die *egestas linguae Latinae* genannt hat. [32]

[32] Zum Stilwert von *existimare* B. Axelson, Unpoetische Wörter, Lund 1945, 64; die Auswahl an Synonymen war in diesem Falle übrigens geringer als man denkt. Zur »Armut« des Lateinischen J. Marouzeau: Quelques aspects de la formation du latin littéraire, Paris 1949, 109 f. «En revanche, la lecture d'un ouvrage comme celui de Caton révèle l'indigence de la langue quand il s'agit d'énoncer les jugements ou même

Die Wiederholung von *existimare* dient nicht, wie Leeman glaubt, der Intensivierung, sondern es handelt sich um einen anderen Typ der Wiederaufnahme, den ich hier zu definieren versuche. *Existimare* hat den Vorzug der Unauffälligkeit, es lenkt also nicht von den wichtigeren Redeteilen ab. Ähnliches gilt von dem viermaligen *laudare* in dem Satz: *et virum bonum cum laudabant, ita laudabant: bonum agricolam bonumque colonum; amplissime laudari existimabatur, qui ita laudabatur.* Nicht das Verb *laudare* wird hervorgehoben, sondern die Aufmerksamkeit wird ganz und gar auf die danebenstehenden Vokabeln (*amplissime; ita*) gelenkt. So dient hier die Wiederholung dazu, die übrigen Wörter des Satzes stärker hervortreten zu lassen: ein Stilmittel, das uns mehr »natürlich« als »rhetorisch« anmutet; zweifellos erreicht es den Endzweck der Deutlichkeit.

In dieser Art der Wortwiederholung liegt ein Element der »Mündlichkeit«, die man nicht mit »niederem Stilniveau« verwechseln darf. Auch im Mündlichen gibt es beträchtliche Unterschiede der Stilhöhe – von der Alltagsrede bis zum Epos und zum Gebet. Catos Schriftstellerei bedeutet in vielem einen ersten Schritt zur Schriftlichkeit und trägt noch Spuren der Mündlichkeit an sich – auch und gerade im hohen Stil. Die Wiederkehr gleichbleibender oder relativ farbloser Wörter an unbetonter Stelle läßt sich als neues Element den bisher beobachteten mündlichen Zügen von Catos Sprechweise (z. B. *ut supra dixi, ut ad rem redeam*) an die Seite stellen.

Aus der Schrift Catos an seinen Sohn Marcus wird der berühmte Satz zitiert: *rem tene, verba sequentur.* Er steht im Gegensatz zur damaligen griechischen Rhetorik, in der die Lehre von der Wortwahl einen Hauptteil der Theorie und Praxis bildete.[33] Es ist bezeichnend, daß diese Auffassung Catos sich eng mit einer Stelle des Alkidamas berührt, der ein Anwalt der Improvisation und der freien Rede war und somit auf Gedanken und Disposition, nicht auf jedes einzelne Wort Wert legte.[34] Ohne an direkte Abhängigkeit zu denken,

seulement d'exprimer des manières d'être: tout ce qui est remarquable par la grandeur est qualifié de *magnus;* par la qualité, de *bonus:* on compte jusqu'à une vingtaine d'exemples de *bonus* et *bene* dans les seuls chapitres 1 à 4 du agricultura»: (vgl. ebd. S. 96 über indigence von Catos Sprache und ebd. 93 ff. das Kapitel über »indigence originelle« mit Hinweis auf Marouzeau, Patrii sermonis egestas. Eranos 45, 1947, 22–24. Essai sur la distinction des styles. RPh 45, 1921, 149–193).

33 Aristoteles rhet. 3, 1 (1403 b 15–18) sagt das Gegenteil von Cato (es komme nicht nur auf das Was, sondern auch sehr auf das Wie an).

34 Alkidamas π. σοφ. 18. Leo (zit. oben S. 17, Anm. 9) 280.

darf man in dieser Berührung einen Beleg für die mündlichen Züge von Catos Schreibart erkennen. Selbst wo er stilisierte, blieb seine Diktion noch vom gesprochenen Wort bestimmt, was bei dem ersten lateinischen Prosaiker naheliegt, aber merkwürdigerweise noch nicht mit letzter Konsequenz durchdacht worden zu sein scheint; die hier versuchte Scheidung von »Mündlichkeit« und »Kunstlosigkeit« wird auch für das Verständnis des Stils der Origines von Bedeutung sein.

4. Synonymhäufungen

In unserem Text wird mehrfach dieselbe Sache durch zwei bedeutungsverwandte Wendungen bezeichnet, wobei der zweite Ausdruck den ersten präzisieren und weiterführen kann: *sic habuerunt et ita in legibus posiverunt; bonum agricolam bonumque colonum; strenuum studiosumque rei quaerendae; periculosum et calamitosum; et viri fortissimi et milites strenuissimi.*

Hier erschließt sich eine neue Seite von Catos Stil, an die man meistens weniger denkt: Es gilt, nicht nur die catonische *brevitas,* sondern auch die catonische *ubertas* zu würdigen.

Synonymhäufungen entspringen bewußtem Stilwillen. Sie finden sich bei den verschiedensten Völkern, besonders im religiösen Bereich und in der Amtssprache[35], und Cato selbst hat aus den altitalischen Gebeten, die er gut kennt und gerne zitiert, aber auch aus amtlichen Texten Anregungen schöpfen können. Gerade die Verwendung dieses feierlichen Stilmittels deutet darauf hin, daß die Einleitung von de agricultura bewußt stilisiert ist.

5. Gesamtaufbau

Den Gesamtaufbau der Einleitung hat zuletzt A. D. Leeman (oben S. 17) untersucht und gezeigt, daß der Gedankengang sich aus der Aufgliederung des Gesichtspunktes des *utile* in *tutum* und *honestum* ergibt, wobei die Abfolge

---

35 In der Amtssprache haben die Synonyme die Aufgabe, die Auslegungs- und Anwendungsmöglichkeiten zu »erschöpfen«. H. Kronasser, Nugae Catonianae, WSt 79, 1966, 298–304, unterscheidet zwischen der knappen Gesetzessprache (für Fachleute) und der abundanten Amtssprache der Curie (z. B. SC. de Bacch.), die durch Senatsverordnungen (*fixum aes*) weit verbreitet wurde. – Literaturangaben zu den Synonymhäufungen s. unten in den Anmerkungen zur Rhodierrede (S. 30).

der Gesichtspunkte chiastisch geordnet ist. Mag hier im Begrifflichen griechische Theorie im Spiele sein oder nicht, jedenfalls ist dieser Aufbau in seiner archaischen Ringform so durchdacht und überzeugend, daß er dem italischen Formgefühl Catos alle Ehre macht.

6. Zusammenfassung

Die Einleitung von Catos Lehrschrift macht den Eindruck einer stark an der Sache orientierten Darstellung: *rem tene, verba sequentur*. Einzelne Stilmerkmale, so die Gleichgültigkeit gegenüber der Wiederholung unauffälliger Vokabeln, weisen auf Einfluß der mündlichen Rede, es handelt sich jedoch nicht um alltägliche, sondern um feierliche Mündlichkeit.

Andererseits zeigt der Text deutliche Spuren bewußter Stilisierung: zweigliedrige Synonymgruppen, Streben nach Parallelismus, Ausnützen der gewichtigen Stellen (Satzanfang und Satzende), kunstvoller Gesamtaufbau.

Das Prooemium besitzt individuelle Züge, nicht nur in der bezeichnenden Verbindung von Kunstlosigkeit und Kunst, von ›Mündlichkeit‹ und bewußter Stilisierung, sondern vor allem auch in dem individuellen Rhythmus, der durch Verringerung des Umfangs im letzten gewichtigen Satzglied den charakteristisch catonischen Effekt der Kürze und Schroffheit erzielt.

(167 v. Chr.)

163. *Scio solere plerisque hominibus rebus secundis atque prolixis atque prosperis animum excellere, atque superbiam atque ferociam augescere atque crescere. quo mihi nunc magnae curae est, quod haec res tam secunde processit, ne quid in consulendo advorsi eveniat, quod nostras secundas res confutet, neve haec laetitia nimis luxuriose eveniat. advorsae res edomant et docent, quid opus siet facto, secundae res laetitia transvorsum trudere solent a recte consulendo atque intellegendo. quo maiore opere dico suadeoque, uti haec res aliquot dies proferatur, dum ex tanto gaudio in potestatem nostram redeamus.*

164. *atque ego quidem arbitror Rodienses noluisse nos ita depugnare, uti depugnatum est, neque regem Persen vinci. sed non Rodienses modo id noluere, sed multos populos atque multas nationes idem noluisse arbitror atque haut scio an partim eorum fuerint qui non nostrae contumeliae causa id noluerint evenire: sed enim id metuere, si nemo esset homo quem vereremur, quidquid luberet faceremus, ne sub solo imperio nostro in servitute nostra essent. libertatis suae causa in ea sententia fuisse arbitror. atque Rodienses tamen Persen publice numquam adiuvere. cogitate, quanto nos inter nos privatim cautius facimus, nam unusquisque nostrum, si quis advorsus rem suam quid fieri arbitrantur, summa vi contra nititur, ne advorsus eam fiat; quod illi tamen perpessi.*

165. *ea nunc derepente tanta beneficia ultro citroque, tantam amicitiam relinquemus? quod illos dicimus voluisse facere, id nos priores facere occupabimus?*

166. *qui acerrime advorsus eos dicit, ita dicit: hostes voluisse fieri. ecquis est tandem, qui vestrorum, quod ad sese attineat, aequum censeat poenas dare ob eam rem, quod arguatur male facere voluisse? nemo, opinor; nam ego, quod ad me attinet, nolim.*

167. *quid nunc? ecqua tandem lex est tam acerba, quae dicat: si quis illud facere voluerit, mille minus dimidium familiae multa esto; si quis plus quingenta iugera habere voluerit, tanta poena esto; si quis maiorem pecuum numerum habere voluerit, tantum damnas esto? atque nos omnia plura habere volumus, et id nobis impoene est.*

---

[36] TEXT: fr. 163–171, Malcovati (Oratorum Romanorum Fragmenta, Torino 1953²). Die beiden letzten Fragmente (170 f.) sind keine wörtlichen Zitate, also für eine Stilanalyse unergiebig.

168. *sed si honorem non aequum est haberi ob eam rem, quod bene facere voluisse quis dicit, neque fecit tamen, Rodiensibus oberit, quod non male fecerunt, sed quia voluisse dicuntur facere?*
169. *Rodiensis superbos esse aiunt id obiectantes quod mihi et liberis meis minime dici velim. sint sane superbi. quid id ad nos attinet? idne irascimini, si quis superbior est quam nos?*

163. Ich weiß, daß die meisten Menschen in günstigen und behaglichen und glücklichen Verhältnissen sich überheben und daß Hochmut und Trotz wachsen und gedeihen.[37] Darum liegt mir jetzt sehr daran, da diese Unternehmung so glücklich vonstatten ging, daß in der Beratung nichts Schädliches herauskomme, was unser Glück zuschanden macht, und daß diese Freude nicht allzu üppig wuchere. Widrige Umstände machen zahm und lehren, was zu tun sei, günstige Umstände drängen durch die Freude den Menschen oft quer ab von der rechten Überlegung und Einsicht. Um so dringlicher beantrage[38] und rate ich, diese Angelegenheit um einige Tage zu verschieben, bis wir nach solchem Freudentaumel uns selbst wieder in die Gewalt bekommen.

⟨Auf dieses erste Fragment folgte möglicherweise der Gedanke, daß die Erhaltung des Friedens mit Rhodos für Rom nützlich sei, zumal ein Krieg zu kostspielig und zeitraubend wäre.⟩

164. Wenigstens nach meiner Ansicht haben die Rhodier nicht gewollt, daß wir den Krieg so zu Ende führen, wie er zu Ende geführt worden ist, auch nicht, daß der König Perseus besiegt würde. Aber nicht nur die Rhodier haben das nicht gewollt, sondern viele Völker und viele Stämme haben das Gleiche nicht gewollt, glaube ich. Ja, vielleicht sind manche unter ihnen gewesen, die, nicht etwa um uns zu kränken, diesen Ausgang nicht gewollt haben. Vielmehr haben sie befürchtet (wenn keiner[39] wäre, vor dem wir uns scheuen müßten, täten wir, was uns beliebt): wenn wir allein über sie herrschten, wären sie unsere Knechte. Um ihrer Freiheit willen haben sie diesen Standpunkt eingenommen, glaube ich. Und dennoch haben die Rhodier den Perseus niemals von Staats wegen unter-

---

[37] Folgende Übersetzungen und Paraphrasen wurden verglichen: D. Kienast, a. O., 119–122; O. Ribbeck, Neues Schweizer Museum 1, 1861, 15–17; F. Leo, a. O. 475 f.

[38] Fachausdruck, vgl. ThLL 3, 4, 1909, 792–796 (Hoppe); so noch Sen. apocol. 11, 4.

[39] Vgl. R. Hakamies, Homo dans la langue de Caton. Neuphilol. Mitteilungen (Bull. Soc. Néophilol.) (Helsinki) 49, 1948, 194–196. »Pleonastischer« Gebrauch bei Cato: *homini ieiuno* (agr. 157, 8); generischer Gebrauch des Singulars *ubi subtus homo* (»man«, »on«) *ambulare possit* (agr. 48, 1–2).

stützt. Bedenkt: Wieviel vorsichtiger handeln wir untereinander im Privatleben! Stemmt sich doch jeder von uns, wenn er glaubt, es werde etwas gegen sein Interesse getan, mit aller Macht dagegen, daß etwas diesem zuwider geschehe. Das aber haben sie sich trotzdem gefallen lassen. ⟨Obwohl es nicht in ihrem Interesse lag, haben die Rhodier aus Treue nichts gegen Rom unternommen. Vierzig Jahre ungetrübter Freundschaft sollen jetzt nicht durch einen leichtsinnigen Krieg ausgelöscht werden:⟩

165. Solch große gegenseitige Wohltaten, solch enge Freundschaft – werden wir sie jetzt plötzlich hinter uns lassen? Wovon wir sagen, daß die Rhodier es tun *wollten* – werden wir das als erste wirklich tun? ⟨Den Grundgedanken der Stelle entwickelt D. Kienast im Sinne der balance of power: Karthago war wirklich ein gefährlicher Gegner Roms. Und doch hat sich Scipio für seine Erhaltung eingesetzt, um die Römer nicht allzu hochmütig werden zu lassen und für ihre Tüchtigkeit einen Wetzstein zu bewahren. Aus der Paraphrase bei Appian Pun. 65 (Cato Fragment 170 Malcovati[2]) geht hervor, daß Cato dieses Argument in der Rhodierrede benützt hat. Soll man sich im Falle von Rhodos, das jetzt nicht mehr gefährlich sein kann, etwa anders verhalten? Hier schließt sich das Fragment 166 an:⟩

166. Wer am schärfsten gegen sie spricht, spricht so: Feinde haben sie werden wollen. Gibt es denn irgendeinen unter euch[40], der, was ihn angeht, es für billig hielte, deswegen bestraft zu werden, weil er beschuldigt wird, er habe Unrecht tun *wollen*? Niemand, glaube ich. Denn, was mich angeht, ich möchte es nicht.

167. Nun weiter! Gibt es denn ein so hartes Gesetz, das vorschriebe: »Wenn einer das oder jenes hat tun *wollen*, sollen tausend As weniger als die Hälfte seines Vermögens die Strafe sein«? »Wenn einer mehr als 500 Morgen hat besitzen *wollen*, soll die Strafe so und so hoch sein«? »Wenn einer mehr Vieh hat haben *wollen*, soll die Buße so und so hoch sein«? Wir wollen ja von allem mehr haben, und das dürfen wir ungestraft.

168. Wenn es sich aber nicht gehört, einem dafür eine Ehrung zuteil werden zu lassen, daß er behauptet, er habe Gutes tun *wollen*, ohne es doch getan zu haben: sollen dann die Rhodier den Schaden davon haben, daß sie nicht Unrecht getan haben, sondern daß es heißt, sie hätten es tun wollen?

169. Man sagt von den Rhodiern, sie seien hochmütig, und wirft ihnen damit etwas vor, was ich mir und meinen Kindern keineswegs gerne nachsagen lassen möchte. Sollen sie doch hochmütig sein. Was geht das uns an? Seid ihr etwa darüber zornig, wenn jemand hochmütiger ist als wir?

[40] *Vestrorum* hier = *vestrum*.

Das Problem des Einflusses der griechischen Rhetorik auf Catos Reden wird seit Gellius, von dem im folgenden Abschnitt die Rede sein soll, behandelt. E. Norden und A. D. Leeman neigen dazu, eine Einwirkung anzunehmen, F. Leo und andere lehnen diese Ansicht ab. [41]

Weniger spekulativ sind Fragen nach der Struktur des Textes. Zu dem Verständnis archaischer Bauformen in der Rhodierrede hat H. Fankhänel [42] Wesentliches beigetragen.

Vom Text her sollen im folgenden diese beiden Probleme neu aufgerollt werden. Dabei wird zugleich der Blick auf die Eigenart Catos gerichtet sein.

2. Catos Eigenart und die Argumentationsweise der Rede

Alle wörtlich erhaltenen Fragmente der vorliegenden Rede verdanken wir Aulus Gellius [43], verbunden mit knappen Zusammenfassungen ihres Inhalts. Gellius setzt sich mit Tiro, dem Freigelassenen Ciceros, auseinander, der Catos Rede kritisiert hatte. [44] Die Vorwürfe Tiros verdienen Erwähnung, weil gerade am Gegensatz zur Denkweise der ciceronischen Zeit die Eigenart Catos sichtbar gemacht werden kann.

Tiros erster Einwand richtet sich gegen Catos Befürchtung, die Senatoren könnten in der Freude über den Sieg die Besonnenheit verloren haben und wären nicht mehr imstande, vernünftig zu urteilen. Nach Tiro müßte ein Anwalt am Anfang versuchen, die Richter durch ehrerbietige Worte für sich zu gewinnen. Schmähungen und gebieterische Drohungen seien hier fehl am Platze. Gellius entgegnet hierauf, Cato verteidige die Rhodier ja nicht wie ein

---

[41] Nachweise im Schlußabschnitt dieses Kapitels, unten S. 35 f.

[42] Verb und Satz in der lateinischen Prosa bis Sallust. Neue deutsche Forschungen 8, Berlin 1938.

[43] Gell. 6, 3.

[44] Gellius verdankt die Cato-Zitate großenteils Tiro, hat aber doch den Text vor Augen, wie z. B. die Ergänzung 6, 3, 49 f. zeigt: *Verba adeo ipsa ponemus Catonis, quoniam Tiro ea praetermisit* (vielleicht stammt dieses Zitat aber auch nur aus einer anderen Zwischenquelle?).

Anwalt vor Gericht, sondern rate in seiner Eigenschaft als Senator, Consular und ehemaliger Censor, was er zum Besten des Staates für tunlich halte. Die *auctoritas* erlaubt dem Censorier einen Ton, den man zur Zeit Ciceros dem Senat gegenüber nicht mehr ohne weiteres angeschlagen haben würde.

Ließ dieser erste Einwand Tiros indirekt die Gestalt des Censors in ihrer Bedeutung ermessen, so führt sein zweiter Vorwurf zu einem besseren Verständnis der Gedankenführung der Rede. Wenn Cato zugibt, daß die Rhodier gegen Rom eingestellt waren, so ist das nach Tiro keine Verteidigung, sondern ein Schuldbekenntnis. Gellius macht dagegen zweierlei geltend. Einmal, Cato gebe gar nicht zu, daß die Rhodier den Sieg der Römer nicht gewünscht hätten, sondern er führe diesen Gedanken nur als seine private Meinung an.[45] Zum anderen – und dies ist das Entscheidende – hat Cato nach Gellius hier nicht nur keinen Fehler gemacht, sondern sogar ein Meisterstück vollbracht; verschafft er sich doch durch seine Offenheit bei allen Parteien Kredit und wendet eine Tatsache, die scheinbar gegen die Rhodier spricht, zu ihren Gunsten: Wenn die Rhodier Perseus nicht unterstützten, obwohl dies in ihrem Interesse gewesen wäre, so verdienen sie für diesen Freundschaftsbeweis die Sympathie der Römer.

Der zweite Einwand Tiros gewährt also einen Einblick in die Erfindung der Rede und macht zugleich zwei Grundzüge Catos sichtbar: einmal seine nüchterne Offenheit,[46] dann aber auch seine Fähigkeit, vielseitig und wendig zu argumentieren und aus dem scheinbar schwächsten Punkt den stärksten zu machen.

An dritter Stelle beanstandet Tiro folgendes Enthymem: *quod illos dicimus voluisse facere, id nos priores facere occupabimus?* Nach Tiro wäre die einzige folgerichtige Antwort: *occupabimus certe; nam si non occupaverimus, opprimemur.* Dagegen wendet Gellius ein, im Menschenleben gehe es nach anderen Gesetzen zu als im Gladiatorenkampf. Der Gladiator stehe vor der Wahl, entweder dem Gegner zuvorzukommen oder unterzugehen. Im Leben aber herrsche kein so unerbittlicher Zwang, ein Unrecht zuerst zu tun, aus Furcht, es sonst vielleicht selbst zu erleiden. Dies widerstrebe auch der milden Art des römischen Volkes. Die Senatoren ließen sich ja gerne an ihre Milde erinnern,

---

[45] Gell. 6, 3, 24: *quod erat procul dubio opinionis suae professio, non Rhodiensium culpae confessio.*

[46] Hierzu vgl. F. Klingner, a. O. 1956 3, 66; 1965 5, 64: »Rücksichtslos nüchtern und doch psychologisch außerordentlich treffsicher geht Cato hier vor.« (= Die Antike 10, 1934, 262).

vor allem, wenn es sich um einen relativ ungefährlichen Gegner wie die Rhodier handelte. (Im Falle Karthagos hat allerdings Cato selbst bekanntlich[47] das umgekehrte Prinzip vertreten.)

Auch dieser Einwand Tiros läßt ungewollt sichtbar werden, daß es Cato hier nicht um irgendwelche Prinzipien oder auch nur um eine durchgehende Argumentation geht, sondern daß seine Äußerungen mit taktischer Wendigkeit dem Augenblick angepaßt sind.

Während Tiro zuletzt die allzu moralische Haltung Catos angriff (ohne zu bemerken, daß es in diesem Fall ungefährlich und sogar sachdienlich war, sie einzunehmen), beanstandet er im folgenden umgekehrt, Cato gebrauche Argumente, die nicht ehrenwert genug und allzu kühn seien. Eine solche Taktik passe nicht zu dem großen Mann, der Cato sonst war, sondern sei verschlagen, trügerisch und sophistisch. Dies bezieht sich auf die Behauptung, man dürfe die Rhodier nicht angreifen, da böse Absicht allein kein ausreichender Anlaß für eine Bestrafung sei. Cato hat (wie auch Gellius zugibt) durch das Beispiel aus dem Privatrecht die Gewichte erheblich verschoben: Mehr Land oder mehr Vieh zu begehren, ist keine Sünde. So wird die romfeindliche Haltung der Rhodier verharmlost. Immerhin zeigt Gellius, daß Cato seine anfechtbare Argumentation geschickt vorbereitet und ihre Schwächen versteckt hat.

Auch der letzte Vorwurf Tiros macht also mittelbar Catos Eigenart deutlich: Hauptziel der Rede ist es, die Sache der befreundeten Rhodier als gerecht oder wenigstens als verzeihlich hinzustellen. Diesem Ziel wird alles andere untergeordnet, auch die Einheitlichkeit der Argumentation: Bald erklärt Cato, die Rhodier hätten gegen Rom weder Krieg geführt, noch Krieg führen wollen; bald sagt er, man dürfe nur über Taten richten, der Wille allein sei aber nicht strafbar; bald verlangt er aber Nachsicht, gleich als gebe er zu, daß sie sich schuldig gemacht hätten.[48] Auch hier zeigt sich, daß die Denkform der Rede Catos nicht mit strenger Logik zu fassen ist, sondern daß es sich um eine Art ›Nahkampfstil‹ handelt, bei dem jedes Mittel zur Erreichung des erstrebten Zieles gut ist.[49]

47 Zu dem berühmten Ausspruch Catos: S. Chabert, Le delenda Carthago, Annales de l'Univ. de Grenoble 25, 1913, 49–61. Diod. 34, fr. 32, 3; App. Lib. 69; Plut. Cato 27; Vell. 1, 13; Plin. nat. 15, 74; Tertull. ad nat. 2, 16; Flor. 2, 15, 4; Ps. Aur. Vict. vir. ill. 47, 8.

48 Gell. 6, 3, 47.

49 Vgl. Gell. 6, 3, 52. Vgl. R. Marache, La critique littéraire de langue latine et le développement du goût archaïsant au IIe siècle de notre ère, Rennes 1952, 286 «il fait flèche de tout bois».

Nach der Gedankenführung der Rede soll nun ihr Stil betrachtet werden. Das erste Fragment entfaltet feierliche Fülle, wie sie in der Praefatio von de agricultura nicht anzutreffen war. Die dort verhältnismäßig sparsam angewandte Synonymhäufung führt hier mit archaischer Unbekümmertheit zu einem grellen Fortissimo: *rebus secundis atque prolixis atque prosperis; animum excellere atque superbiam atque ferociam augescere atque crescere;*[50] *a recte consulendo atque intellegendo.* Diese Häufung ist nur am Anfang festzustellen (Fragment 163). Dagegen finden wir in Fragment 164 nur eine Wendung solcher Art (*multos populos atque multas nationes*). In den folgenden Bruchstücken 165–169 tritt dieses Stilmittel ebenfalls zurück.

Auch innerhalb der Rhodierrede besteht also eine Stildifferenz zwischen dem Anfang und den übrigen Teilen. Der schwere archaische Ornat bleibt dem Eingang vorbehalten.[51]

Am Anfang der Rede dominieren auch *lautliche* Mittel: so die in der griechischen Literatur wenig beliebte Alliteration,[52] die allerdings auch in den späteren Teilen auftritt.[53]

---

[50] Zu solchen Synonymhäufungen s. Till 27 f. (Belegstellen), 69–72 (mit besonderer Berücksichtigung von Wortneubildungen, die durch Synonymhäufung entstehen). Altlateinische Belege bei O. Altenburg, De sermone pedestri Italorum vetustissimo, Jahrbücher für classische Philologie, Supplementband 24, Leipzig 1898, 485–534, bes. caput 1: De copia verborum, 487–495 (Materialsammlung, in der die feinere Scheidung dem Leser überlassen bleibt). Mit Recht betont Till 22, daß die Synonymhäufungen weniger auf griechischen Einfluß (wie Norden, Kunstprosa 1, 167 und Hofmann, Syntax, 825, glaubten) zurückzuführen sind, sondern auf die altitalische sakrale Prosa; vgl. E. Lindholm 54 (vorsichtig abwägend); bes. auch 59 (Betonung des sakralen Stils als Voraussetzung der römischen Kunstprosa). Die modernen Erkenntnisse über die Bedeutung der Sakralsprache für die Synonymenhäufungen berücksichtigt jetzt auch A. Szantyr, Lateinische Syntax und Stilistik (Neubearbeitung des Werkes J. B. Hofmanns), München 1965, 786–790.

[51] Zu diesen Synonymhäufungen führt A. D. Leeman 46 als Parallele an: Cato Fragment 23 Malcovati[1] (=21 Malcovati[2]) *egoque iam pridem cognovi atque intellexi atque arbitror rem publicam curare industrie summum periculum esse.* Er sucht den Ursprung dieser Redeweise in der Verwaltungssprache, vgl. *senatusconsultum de Bacchanalibus* 13: *neve...coniourase neve comvovise neque conspondise neve conpromesise velet.*

Noch klangvoller als die Alliteration ist das Homoioteleuton: *augescere atque crescere; docent...solent.* Die Beispiele lassen sich vermehren.

Was ist der Sinn solcher Häufung der Stilmittel am Anfang der Einleitung? Eine scharfe Akzentuierung des augenblicklichen Glücksrausches. Die Übertreibungen wollen bemerkt werden und zum Nachdenken anregen. Am Ende des ersten Absatzes steht der knapp und trocken formulierte Antrag: eine echt catonische Antiklimax. Die archaische Feierlichkeit des Anfangs ist gewissermaßen der illusionäre Vorbau zu der nüchternen Folgerung.

4. Wortwiederholungen

Wiederkehr derselben Wörter ist im ersten Fragment (163), in dem die Synonyme sich häufen, eher vermieden. Trotzdem läßt sich auch hier das archaische Stilmittel der Intensivierung durch Wiederaufnahme eines soeben gebrauchten Wortes beobachten. Doch bleibt dieses Verfahren hier auf Zentrales beschränkt, das thematische Bedeutung gewinnt: *quod haec res tam secunde processit... quod nostras secundas res confutet...; secundae res laetitia transvorsum trudere solent.* Im Wechsel mit diesem wichtigen Wort tritt der Gegenbegriff auf: *ne quid in consulendo advorsi eveniat...; advorsae res edomant et docent.* Es scheint noch nicht beobachtet, daß in der Gruppierung dieser beiden für das Verständnis der Einführung entscheidenden Motive von Cato eine ähnliche Ringform gewählt wurde wie in der Praefatio von de agricultura. So erlaubt es die Untersuchung der formbestimmenden Wortwiederholungen, den Aufbau des ersten Fragments zu verstehen.[54] Nicht vergessen sei auch das immer wiederkehrende, Synonyme verbindende *atque*, ein Merkmal des gehobenen Stils.[55] Später in der Rede dient *atque* dagegen hauptsäch-

[52] *Prolixis atque prosperis; neve haec laetitia nimis luxuriose eveniat; edomant et docent; transvorsum trudere.*

[53] Vgl. Fragment 164 bis 169; bes. 168 *honorem...haberi;* 169 *sint sane superbi; idne irascimini.*

[54] Die Wiederkehr des Wortes *laetitia* wird aufgewogen durch das Synonym *gaudio* am Ende und die stärker abwertenden Nachbarbegriffe *superbiam atque ferociam* am Anfang.

[55] H. C. Elmer, *-Que, et, atque* in the Inscriptions of the Republic, in Terence, and in Cato (AJPh 8, 1887, 292–328). In De agricultura dominiert *et* (Elmer 307 f.). Über *atque* bei Cato O. Schoendoerffer, De genuina Catonis de agricultura libri forma, I:

lich der Verknüpfung von Sätzen,[56] während zwischen zusammengehörenden Worten *et* steht: 169 *mihi et liberis meis.*

In den weiteren Fragmenten erweist sich die Wiederaufnahme von Wörtern als eine Hauptform der Fortführung des Gedankens: 165 *quod illos dicimus voluisse f a c e r e, id nos priores f a c e r e occupabimus?* 168: *sed si honorem non aequum est haberi ob eam rem, quod bene f a c e r e voluisse quis dicit, neque f e c i t tamen, Rodiensibus oberit, quod non male f e c e r u n t, sed quia voluisse dicuntur f a c e r e?* 169: *Rodiensis s u p e r b o s esse aiunt id obiectantes quod mihi et liberis meis minime dici velim. sint sane s u p e r b i, quid id ad nos attinet? Idne irascimini, si quis s u p e r b i o r est quam nos?*

In Fragment 164 ist ein mehrfach wiederkehrendes Wort Träger des Hauptgedankens: *noluisse:* 164: *atque ego quidem arbitror Rodienses n o l u i s s e nos ita depugnare, uti depugnatum est, neque regem Persen vinci. sed non Rodienses modo id n o l u e r e, sed multos populos atque multas nationes idem n o l u i s s e arbitror atque haut scio an partim eorum fuerint qui non nostrae contumeliae causa id n o l u e r i n t evenire.*

Neben der Funktion der Weiterführung des Gedankens in einer überraschenden neuen Beleuchtung hat die Wortwiederholung von Fragment 164 an auch die Funktion des Rückverweises, bzw. der umschreibenden Andeutung eines Sachverhaltes: 164 *ita d e p u g n a r e uti d e p u g n a t u m e s t; siquis a d v o r s u s r e m s u a m quid f i e r i arbitrantur, summa vi contra nititur, ne a d v o r s u s e a m f i a t.* Hier ist das Satzende nicht besonders betont, vielmehr bleibt das jeweils an erster Stelle im Satz stehende Wort (*ita, summa vi*) im Vordergrund.

Auch eine relativ neutrale und farblose Vokabel kann wiederkehren: *qui acerrime advorsus eos d i c i t, ita d i c i t: hostes voluisse fieri.* Durch die Wiederholung von *d i c i t* wird hier die Aufmerksamkeit auf die benachbarten Wörter gelenkt: *acerrime… ita.* Wieder ist die Anfangsstellung mit Emphase

[Fortsetzung von Fußnote 55:]

De syntaxi Catonis. Diss. Königsberg 1885, 51. Über den gehobenen Stilcharakter von *atque* E. Löfstedt, Syntactica 2, Lund 1933, 341: *atque* ist gerade in den Reden des Cato besonders häufig; respektvoller Spott über diese Stileigentümlichkeit: Fronto p. 34 van den Hout. Vgl. Leo 286, der auf die Bedeutung von *atque* für den Gattungsunterschied hinweist.

[56] Ausnahme: *multos populos atque multas nationes* (Anfang von Fragment 164, gewichtige Stelle).

verbunden. [57] Wie wir schon einmal feststellen konnten, ist die »feierliche Mündlichkeit« solcher Wiederaufnahmen nicht mit Umgangssprachlichkeit zu verwechseln. [58]

Ich sehe nicht, wozu eine Etikettierung der hier beobachteten Wortwiederholungen mit bestimmten rhetorischen Fachtermini gut sein und was sie beweisen soll. Die verschiedensten Formen der Wiederkehr stehen – wie wir gesehen haben und immer deutlicher sehen werden – im Dienste der Struktur des Textes und lassen sich nicht als äußerlich angebrachte Schmuckmittel aus ihm herauslösen. Es ist also nicht notwendig, zur Erklärung des Stils der Rhodierrede die griechische Theorie zu bemühen. Vielmehr erklären sich die Wiederaufnahmen mit größerer Konsequenz und Konsistenz aus der Architektonik des Textes selbst; dieses Ergebnis bestätigt den methodischen Vorrang der werkimmanenten Interpretation vor der literaturtheoretischen. Selbst wenn Cato griechische Rhetoriken gekannt hat, wußte er die Redefiguren doch als römischer Praktiker längst anzuwenden, [59] bevor er sie benennen konnte.

5. Wortstellung

a) Archaisch reihende Wortfolge

Schon im ersten Satz tritt das Hauptverb nicht hinter die von ihm abhängigen Infinitive, sondern an den Anfang: *Scio solere plerisque hominibus... animum excellere...* Ebenso später: *atque ego quidem arbitror Rhodienses noluisse nos ita depugnare...* Auf diese Weise lassen sich lange Sätze bilden, die nicht unübersichtlich werden. Vor allem aber hat *scio* im ersten Satz auch eine gewisse Emphase. [60]

---

[57] Vgl. auch das wiederholte *facere* in fr. 165, wobei die jeweils benachbarten Wörter *voluisse* und *occupabimus* durch Anfangs- und Endstellung betont sind. In fr. 168 sind die Infinitive (*facere*) unemphatisch gestellt, die Indikative (*fecit, fecerunt*) hingegen betont.   [58] Vgl. oben S. 21 f.

[59] Nur dies kann der historische Kern der etwas »pädagogisch« klingenden Notiz Plutarchs sein, Cato habe sich schon früh gewöhnt, die Redefähigkeit zu üben »wie einen zweiten Körper und ein fast ebenso unentbehrliches Werkzeug für den strebenden tätigen Mann« (Plut. Cato 2).

[60] Die zahlreichen Nachahmungen bei Sallust bestätigen dies, Fankhänel 213; vgl. epist. ad Caes. 2 init., Leeman 165. Sonst stellt Cato Verben der Gefühlsbewegung (*mirari* zweimal) voran (orat. 98 M², 22 M²). Häufiger treten Verben der Bewegung an die Spitze (bei Homer dagegen die der Sinneswahrnehmung): Fankhänel 217 ff.

b) Die besondere Rolle der Anfangsstellung

Neben der normalen Wortstellung *quod arguatur male facere voluisse* steht: *sed quia voluisse dicuntur facere*, wobei *voluisse* hervorgehoben ist.[61] Vgl. Satz 1 *rebus secundis...*, später dagegen am Satzbeginn in der Antithese (also betont): *a d v o r s a e r e s ... s e c u n d a e r e s ...* Der starke Stoß am Anfang des Satzes scheint überhaupt für Cato bezeichnend: *l i b e r t a t i s suae causa in ea sententia fuisse arbitror; qui a c e r r i m e advorsus eos dicit, i t a dicit.*

c) Sperrungen

Der zusammengehörige Ausdruck wird ›gesperrt‹ und erhält dadurch Nachdruck: *h o s t e s voluisse f i e r i.* Ebenso: *nunc derepente... relinquemus* und in demselben Satz *ea... tanta beneficia.* Hier handelt es sich nicht um artistische Sperrungen, sondern um ›natürliche‹, wie sie jede Sprache mit freier Wortstellung erlaubt. Zugrunde liegt das instinktive Bestreben, die erste und die letzte Stelle im Satz (oder im Kolon) jeweils durch wichtige Wörter zu besetzen.

Chiastische Stellung kann die Antithese hervorheben: 165 *voluisse f a c e r e ... f a c e r e occupabimus?* Noch wirkungsvoller ist der Chiasmus in Fragment 169: *R o d i e n s i s superbos... superbior quam n o s.* Zu Fragment 168 s. den nächsten Abschnitt.

d) Ringform

In Fragment 168 entsteht durch den Wechsel *facere – fecit, fecerunt – facere* eine Ringform. Überhaupt hat die Anfangs- und Endstellung von Konjunktionen und Verben gerade in der Rhodierrede eine die Form erschließende Funktion:

> *a t q u e ego quidem a r b i t r o r Rodienses noluisse nos ita*
> > *depugnare, uti depugnatum est, neque regem Persen vinci,*
> > > *s e d non Rodienses modo id noluere, sed multos populos*
> > *atque multas nationes idem noluisse a r b i t r o r.*
> *a t q u e h a u t s c i o an partim eorum fuerint, qui non nostrae*
> > *contumeliae causa id noluerint evenire.*
> > > *s e d enim id metuere, si nemo esset homo, quem*

---

[61] Dazu Fankhänel 181.

vereremur, quidquid luberet faceremus,
ne sub solo imperio nostro in servitute nostra essent,
libertatis suae causa in ea sententia fuisse a r b i t r o r.
atque Rodienses tamen – –.

Der Abschnitt [62] besteht aus zwei Teilen, deren jeder mit *atque* beginnt; beide sind in sich durch *sed* untergliedert. Das Verb *arbitror* erscheint am Anfang des ersten Stückes und am Ende sowohl des ersten als auch des zweiten. Dabei steht im ersten Satz *noluisse* an zweiter und zweitletzter Stelle; im zweiten Satz entsprechend *fuerint* und *fuisse*. So schließt es jeweils den Ring, ein Kennzeichen altertümlichen Sprechens. Die archaische Ringform ist bei Cato in der Architektonik des Satzes mit italischer Klarheit durchgeführt.

6. Schluß

Dürfen wir also Gellius recht geben, wenn er sagt, Cato habe in der Rhodierrede alle Mittel der Rhetorik eingesetzt? Nach Leo [63] geht aus der Darstellung des Gellius indirekt hervor, »daß die Rede nicht eine nach den Forderungen griechischer Rhetorik angelegte Disposition mit folgerechter Vorführung der in der Sache liegenden Fragepunkte besaß«. [64] Ob für die Ausarbeitung im einzelnen griechische Stillehre bestimmend war, bleibt für F. Leo [65] sehr zweifelhaft. Was E. Norden [66] an Griechischem bei Cato anführt, hat Leo also nicht überzeugt; noch heute bestreitet H. Kronasser [67] den griechischen Einfluß auf die Sprache Catos; auch R. Till bringt seine Beobachtungen griechischer Elemente bei Cato nur mit Skepsis vor. [68] Mit Recht wirft Till im Anschluß an F. Leo die Frage auf, ob nicht die spätere Rhetorik die frühe Kunst Catos in das ihr geläufige Schema zu zwängen versuchte. [69]

A. D. Leeman setzt sich mit dem Anfang der Rhodierrede vom Standpunkt der griechischen Rhetorik auseinander. [70] Er ist bereit (vielleicht allzu bereit), die rhetorischen Denkkategorien des Gellius zu akzeptieren. Der Klassifikation der Rede als politische *suasio* im Sinne des *genus deliberativum* stimmt er zu. Er findet im *exordium* die Gesichtspunkte des *utile, tutum* und *honestum*

---

[62] Vgl. Fankhänel 180 f.   [63] Über Catos Reden a. O. 283–290.

[64] Leo 286.   [65] Ebd. 286.   [66] A. O. 165–169.

[67] WSt 79, 1966, 298–304. Allerdings berücksichtigt Kronasser nur De agricultura.

[68] A. O. 21–25.   [69] Till 22, vgl. schon Leo 286.   [70] A. O. 45–49.

miteinander verknüpft. Dies ermöglicht ihm, die Kritik Tiros zurückzuweisen: Tiro urteilt hier nach dem Gesichtspunkt des *tutum,* Cato jedoch nach dem des *honestum.* Das ist zwar richtig gesehen; aber: mußte ein Praktiker die doch ganz alltägliche Erwägung, ob etwas ungefährlich bzw. nützlich bzw. anständig ist, aus einem Lehrbuch der Rhetorik lernen?

Leeman spricht wie Gellius von »Enthymemata«[71]. In fr. 167 erkennt er eine Complexio[72] und in fr. 169 das Paradoxon verbunden mit Traductio. In dieser Beziehung hat unsere Interpretation größere Vorsicht nahegelegt. Die Funktion der Wortwiederholungen im Kontext weist darauf hin, daß es sich nicht um äußerlich angebrachte Schmuckmittel handelt. Wozu also die Etikettierung? Auch Leeman selbst geht trotz der Anwendung rhetorischer Terminologie an die Frage des Einflusses griechischer rhetorischer Technik auf Cato mit Behutsamkeit heran. Er ist jedoch bereit, zu den Büchern, in die Cato »hineingeschaut«[73] hat, auch griechische rhetorische Werke zu rechnen; dem wird man zustimmen. Darüber hinaus findet er aber auch noch griechische politische Theorie in der Verbindung von εὐδαιμονία, ὕβρις und τρυφή.[74] Auf staatstheoretische Berührungen mit Polybios hatte schon D. Kienast hingewiesen.[75] Da hier persönliche Bekanntschaft hinzukommt, kann man gegen diese Konstruktion nicht viel einwenden; nur ist der Gedanke so banal und naheliegend, daß es in diesem Falle wirklich keiner griechischen Quelle bedarf.

Unsere Interpretation erlaubt also zu der vielleicht manchmal überschätzten Frage nach griechischen Einflüssen auf Cato mit größerer Entschiedenheit als bisher festzustellen: Wenn Gellius behauptet, Cato führe alle Waffen der Rhetorik,[76] so bedeutet das nach einem treffenden Wort F. Leos nicht mehr, als wenn von Homer dasselbe gesagt wird.[77]

Was den Stil der Rede betrifft, so erkannten wir seinen archaischen Charakter in den Formen der reihenden Satzverbindung, in der Ringkomposition und in den Häufungen von Synonymen in bestimmten Partien, vor allem am Anfang, wo Cato starke sprachliche Mittel verwendet, um das Überquellen der Freude, das am rechten Nachdenken hindert, darzustellen. Ähnliches wird uns in den Origines begegnen, wo Cato in feierlichen Worten den Heldenkult der Griechen der römischen Schlichtheit gegenüberstellt. In beiden Fällen ist der reiche Ornat zweckbedingt und nicht ohne eine versteckte Ironie ange-

---

[71] Fr. 168 Malcovati[2], Leeman 46.

[72] Wiederholung des ersten und letzten Wortes des Satzes.

[73] Vgl. die Äußerung Catos p. 77, 1–6, Jordan.   [74] Polybios 6, 57, 5 f.

[75] A. O. 110 ff.   [76] Gell. 6, 3, 52.   [77] Leo 286.

wandt. Cato führt die freudige Stimmung durch übertriebene Stilisierung gewissermaßen ad absurdum und läßt auf sie eine nüchterne Aussage folgen.

Damit sind wir bei einem catonischen Spezifikum angelangt. Die in der Praefatio von de agricultura beobachtete Denkform, die entgegen dem sog. Behaghelschen Gesetz auf ein länger ausgeführtes Satzglied ein kurzes folgen läßt, ist auch in der Rhodierrede gegenwärtig.[78] Catos Schlagfertigkeit,[79] die sicherlich in der Senatsdebatte selbst noch mehr zur Geltung kam, ist also auch in der eigentümlichen Phrasierung der ausgearbeiteten Rede noch zu spüren: zuerst ausführliche, bewußt umständliche Vorbereitung, dann blitzschnelles, treffsicheres Zuschlagen.

[78] Man beachte die knappen, nüchternen Schlußglieder: 163 *quo maiore opere dico suadeoque....* 164 *libertatis suae causa in ea sententia fuisse arbitror.... quod illi tamen perpessi.* Vgl. auch die Schlüsse von 166, 167, 168, 169.

[79] *Urbanus homo erit cuius multa bene dicta responsaque erunt* (Domitius Marsus nach Cato bei Quint. inst. 6, 3, 105; vgl. E. de Saint-Denis, Evolution sémantique de »urbanus – urbanitas«, Latomus 3, 1939, 5–24, bes. 10–15).

Pulcrum, dii boni, facinus Graecarumque facundiarum magniloquentia condignum M. Cato libris originum de Q. Caedicio tribuno militum scriptum reliquit.

id profecto est ad hanc ferme sententiam:

imperator Poenus in terra Sicilia bello Carthaginiensi primo obviam Romano exercitu progreditur, colles locosque idoneos prior occupat. milites Romani, uti res nata est, in locum insinuant fraudi et perniciei obnoxium. tribunus ad consulem venit, ostendit exitium de loci importunitate et hostium circumstantia maturum. »censeo« inquit »si rem servare vis, faciundum, ut quadringentos aliquos milites ad verrucam illam« – sic enim Cato locum editum asperumque appellat – »ire iubeas, eamque uti occupent, imperes horterisque; hostes profecto ubi id viderint, fortissimus quisque et promptissimus ad occursandum pugnandumque in eos praevertentur unoque illo negotio sese alligabunt, atque illi omnes quadringenti procul dubio obtruncabuntur. tunc interea occupatis in ea caede hostibus tempus exercitus ex hoc loco educendi habebis. alia nisi haec salutis via nulla est.« consul tribuno respondit consultum istuc quidem atque [81] providens sibi viderier; »sed istos« inquit »milites quadringentos ad eum locum in hostium cuneos quisnam erit, qui ducat?« »si alium« inquit tribunus »neminem reperis, me licet ad hoc periculum utare; ego hanc tibi et rei publicae animam do.« consul tribuno gratias laudesque agit. tribunus et quadringenti ad moriendum proficiscuntur. hostes eorum audaciam demirantur; quorsum ire pergant, in expectando sunt. sed ubi apparuit ad eam verrucam occupandam iter intendere, mittit adversum illos imperator Carthaginiensis peditatum equitatumque, quos in exercitu viros habuit strenuissimos. Romani milites circumveniuntur, circumventi repugnant; fit proelium diu anceps. tandem superat multitudo. quadringenti omnes cum uno perfossi gladiis aut missilibus operti cadunt. consul interibi, dum ea pugna pugnatur, [82] se in locos tutos atque editos subducit.

sed quod illi tribuno, duci militum quadringentorum, divinitus in eo proelio usu venit, non iam nostris, sed ipsius Catonis verbis subiecimus: dii immortales tribuno militum fortunam ex virtute eius dedere. nam ita

---

[80] TEXT: Cato bei Gellius 3, 7 (= HRR, 1914², fr. 83; p. 78 P.).

[81] Text hier nach Bergk (siehe den Apparat von Peter).

[82] Textfassung nach Bergk.

evenit: cum saucius multifariam ibi factus esset, tamen volnus capiti nullum evenit, eumque inter mortuos defetigatum volneribus atque, quod sanguen eius defluxerat, cognovere. eum sustulere, isque convaluit, saepeque postilla operam rei publicae fortem atque strenuam perhibuit [83] *illoque facto, quod illos milites subduxit, exercitum ceterum servavit. sed idem benefactum quo in loco ponas, nimium interest. Leonides Laco, qui simile apud Thermopylas fecit, propter eius virtutes omnis Graecia gloriam atque gratiam praecipuam claritudinis inclitissimae decoravere monumentis; signis, statuis, elogiis, historiis aliisque rebus gratissimum id eius factum habuere; at tribuno militum parva laus pro factis relicta qui idem fecerat atque rem servaverat.*

hanc Q. Caedici tribuni virtutem M. Cato tali suo testimonio decoravit. Claudius autem Quadrigarius annali tertio non Caedicio nomen fuisse ait, sed Laberio.

Der punische Feldherr rückt im Lande Sizilien im ersten karthagischen Krieg vor und dem römischen Heer entgegen; er besetzt die Hügel und die geeigneten Posten als erster. Die römischen Soldaten dringen, wie es in der Natur der Sache liegt, in das Gelände ein, das der Arglist und dem Verderben ausgeliefert war. Ein Tribun kommt zum Consul und eröffnet ihm, daß der Untergang nahe bevorstehe, da der Ort ungünstig sei und die Feinde ringsum stünden. »Ich bin dafür«, sprach er, »wenn du die Lage retten willst, so solltest du etwa vierhundert Soldaten zu jener Warze« – denn so nennt Cato eine hohe und schwer zugängliche Stellung – »beordern und sie durch einen Befehl auffordern, diese zu besetzen; sobald die Feinde dies sehen, werden gerade die tapfersten und besonders einsatzbereiten Kämpfer auf sie abgelenkt werden und sich allein auf diese Aufgabe festlegen. Jene vierhundert werden ohne Zweifel alle niedergemacht werden. In der Zwischenzeit, solange die Feinde mit diesem Vernichtungskampf beschäftigt sind, wirst du Zeit haben, das Heer aus der augenblicklichen Stellung hinauszuführen. Sonst gibt es keinen Weg zur Rettung.« Der Consul entgegnete dem Tribunen, das scheine ihm durchdacht und weitblickend; »aber«, sprach er, »wer wird sich denn bereit finden, die vierhundert Soldaten dorthin mitten in die Formationen der Feinde zu führen?« »Wenn du«, erwiderte der Tribun, »keinen anderen findest, so magst du mich für die Probe verwenden; ich gebe dir und dem Staat mein Leben.« Der Consul dankt dem Tribun und lobt ihn. Der Tribun und die vierhundert Mann machen sich auf den Weg in den Tod.

[83] Besser *praehibuit* Quicherat.

Die Feinde wundern sich sehr über ihre Kühnheit und warten noch ab, wohin sie weiter gehen würden. Aber sobald es klar wurde, daß das Ziel ihres Marsches die Besetzung der »Warze« war, schickt der karthagische Feldherr Fußvolk und Reiterei gegen sie, die tapfersten Männer, die er in seinem Heere hatte. Die römischen Soldaten werden umzingelt, hierauf setzen sie sich zur Wehr; es entsteht ein Gefecht, das lange unentschieden bleibt. Schließlich siegt die Übermacht. Die vierhundert fallen alle mit dem einen, von Schwertern durchbohrt oder mit Wurfgeschossen überschüttet. Inzwischen zieht der Consul, solange dieser Kampf gekämpft wird, sich mit den Seinen heimlich in sichere und hochgelegene Stellungen zurück.

Aber was jenem Tribun, dem Anführer der vierhundert Soldaten, durch göttliche Fügung in der Schlacht widerfuhr, das haben wir nicht mehr mit unseren, sondern mit Catos eigenen Worten hinzugefügt: »Die unsterblichen Götter haben dem Militärtribun ein Glück gewährt, wie es seiner Tapferkeit entsprach. Es ging nämlich folgendermaßen zu Ende: Obwohl er dort mehrfach verwundet wurde, blieb doch sein Haupt unverletzt und man erkannte ihn unter den Toten, von Wunden und durch den Blutverlust erschöpft. Man hob ihn auf, er erholte sich wieder und diente dem Staat später noch oft durch tapfere und wackere Taten. Dadurch, daß er jene Soldaten ablenkte, hat er das übrige Heer gerettet. Aber in der Bewertung derselben guten Tat besteht je nach dem Ort[84] ein gar großer Unterschied. Der Spartaner Leonidas hat bei den Thermopylen etwas Ähnliches vollbracht – und wegen seiner Leistungen hat ganz Griechenland ihm vorzüglich Dank und Ehren gespendet und ihn mit Denkmälern seiner glorreichen Ruhmestat verherrlicht: mit Bildern, Statuen, Ehreninschriften, Geschichtsdarstellungen und in anderer Weise bezeugten sie ihren innigsten Dank für diese seine Tat; aber dem Kriegstribunen blieb für seine Taten nur geringes Lob, obwohl er doch dasselbe getan und die Lage für Rom gerettet hatte.

1. Zur Einführung

Den Stil von Catos Geschichtswerk nennt E. Norden[85] »kurz, derb, kraftvoll« und »viel entwickelter als den der Lehrschrift«. Nach F. Leo[86] ist in den

---

[84] Vgl. O. Ribbeck, Neues Schweizer Museum 1, 1861, 27: »Aber dasselbe Verdienst, hier oder dahin gestellt, wie anders sieht es sich an!«

[85] A. O. 165.   [86] A. O. 290–300.

Origines stilistisch nicht mit allzu tiefgehenden griechischen Einflüssen zu rechnen – abgesehen von der Tatsache, daß der Stoff griechisch vorgeprägt war und daß die Abfassung eines Buches als solche etwas Griechisches war. Wichtig ist seine Feststellung, daß der Stil der Origines gehobener ist als der von de agricultura.[87] A. D. Leeman,[88] der von der Literaturtheorie ausgeht, urteilt über den historischen und literarischen Wert der Origines viel reservierter als Leo[89] und veranschlagt den griechischen Einfluß höher. Cato hatte den Grundsatz, griechische Bücher »einzusehen, aber nicht durchzustudieren« (*inspicere, non perdiscere*). Er borgte aus ihnen in einem Geiste »of dissimulation and rivalry«, der auch für den Scipionenkreis bezeichnend ist (70).

Herausfordernd ist Leemans Stilurteil über die Origines: »This is an interesting sample of Cato's historical style or rather of his lack of an historical style« (71). Der Grundcharakter des betrachteten Textes ist in seinen Augen »an unpretentious colloquialism« (71). Da wir Leeman in diesem Punkt nicht zustimmen können, müssen wir hier etwas mehr ins Einzelne gehen. Er moniert endlose Wiederholungen der Fälle von *is* und von *-que*, die untergeordnete Gedanken aller Art koordinieren. Das erstere Phänomen ist aus Plautus wohlbekannt, das zweite ist uns schon in de agricultura (praef.) begegnet. Es gibt auch lose relative Anknüpfungen wie *quod... defluxerat* und *qui... fecit*. Immerhin bemerkt Leeman das plötzliche Ansteigen des Stilniveaus in der Leonidaspartie mit Paronomasie (*gloriam – gratiam*) und ›epischen‹ Vokabeln (*claritudinis inclitissimae;* allerdings kann man sich schwer vorstellen, wie das Wort *claritudo* ins epische Versmaß passen soll). Weiterhin bemerkt er die Verwendung von *-ere,* einer Endung, die einer höheren Stilebene anzugehören scheine (vgl. Sallust). Inhaltlich findet Leeman hier einen Reflex der griechischen Theorie von der Beziehung zwischen *virtus* (ἀρετή) und *fortuna* (τύχη). Der Vergleich zwischen dem unbekannten Römer und Leonidas setze die Überzeugung von der Nützlichkeit und Notwendigkeit einer nationalrömischen Geschichtsschreibung voraus.[90]

---

[87] Zum Stil bes. 299.   [88] A. O. 67–88.

[89] Leeman a.O. 68: »It is however not surprising, that a Roman amateur historian of Cato's type generally showed his abilities better in his oratorical achievements, which belonged to his *negotia,* than in his efforts in the difficult art of historiography.«

[90] Sall. Catil. 8, 2–3: *Atheniensium res gestae, sicuti ego aestumo, satis amplae magnificaeque fuere, verum aliquanto minores tamen quam fama feruntur. sed quia provenere ibi scriptorum magna ingenia, per terrarum orbem Atheniensium facta pro maxumis celebrantur.*

Leeman weist auf eine Gemeinsamkeit zwischen Cato und Polybios hin: Polybios, der maßvolle stilistische Prätentionen hatte, scheint in seiner pragmatischen Geschichtsschreibung den catonischen Grundsatz *rem tene, verba sequentur* gegen die literarischen und stilistischen Ambitionen hellenistischer Geschichtsschreiber hochzuhalten. In dieser Beziehung wirkt Polybios sehr römisch. Mißverständlich ist jedoch Leemans Behauptung, Cato setze keinerlei stilistischen Maßstab für die römische Historiographie.[91] Aus den Fragmenten schließt er sogar, daß Cato in den Origines viel weniger sorgfältig stilisierte als in den Reden. Immerhin bemerkt er »a savour of honesty, directness and severity« (71). Wie soll man sich dann jedoch die begeisterten Äußerungen Ciceros und Sallusts[92] Cato-Nachfolge erklären?

Im Grunde bedeutet die Behandlung des Stils der Origines durch Leeman einen Rückschritt gegenüber F. Leo. Dadurch, daß Leeman die Existenz eines historischen Stils bei Cato leugnet, gerät er in Widerspruch zu den Tatsachen. Es genügt, daran zu erinnern, daß sogleich im ersten Satz der Origines sich eine archaisierende Stiltendenz bemerkbar macht: Cato gebraucht die Pronominalform *ques*, die schon zu seiner Zeit in alltäglicher Rede und in weniger hohen Literaturgattungen ausgestorben war. Ebenso weist der häufige Gebrauch von *atque*[93], einer Konjunktion, die in de agricultura gegenüber *et* zurücktritt, in den Origines auf das Streben nach »hoher« Stilisierung. Daß sich an bestimmten Stellen archaische Vokabeln und Poetismen häufen, läßt sich ebensowenig bestreiten. Auch in dem parataktischen Satzbau kann man nicht nur etwas Umgangssprachliches sehen. Wie hätte Cato, der erste nennenswerte lateinische Prosaiker überhaupt, durchgehend in Perioden schreiben sollen? Für diese Form des prosaischen Ausdrucks mußte die Sprache erst biegsam gemacht werden, und Cato hat in dieser Richtung viel getan. Weiterhin ist, wie gesagt, streng zu scheiden zwischen »umgangssprachlichen« und »mündlichen« Stilelementen. Beispielsweise tragen die Sprache und der Satzbau des frühgriechischen Epos keineswegs umgangssprachliche, aber in vielen Punkten »mündliche« Züge. Ähnliches gilt von der Sprache des römischen Rechts und auch von der Kunstsprache Catos, auf deren römische Wurzeln wir bereits

[91] Es trifft zu, daß es für einen weiterreichenden Einfluß Catos auf die republikanischen Historiker kein Indiz gibt (W. D. Lebek, Verba Prisca, Hypomnemata 25, Göttingen 1970, 210 ff.); bewußtes Archaisieren finden wir bei Sallust: *für ihn* war Cato stilbildend.

[92] Cicero Brut. 85, 294; reservierter de orat. 2, 12, 53 und leg. 1, 6. – Sallust nennt Cato den redemächtigsten des römischen Volkes (hist. 1, fr. 4, p. 4 Maurenbrecher).

[93] Leo 299.

mehrfach hingewiesen haben. Was Wunder, wenn sein Satzbau in manchen Dingen noch an die Herkunft aus der Mündlichkeit erinnert? Auch im einzelnen ist, was Leeman für seine Ansicht anführt, unsicher, ja fragwürdig. [94] Als Beleg für die Zuordnung bestimmter Stellen der Caedicius-Erzählung zu einem niederen Stilniveau nennt er nur die Bezeichnung *verruca* (»Erdhöcker«). Aber Quintilians [95] Urteil, dieser Ausdruck sei zu niedrig, gilt ja nicht ohne weiteres für die Zeit Catos. Sucht man nach altlateinischen Zeugnissen, so stößt man auf einen von Quintilian zitierten Vers. Leeman verschweigt uns, was für die Beurteilung des Stilniveaus von *verruca* in der altlateinischen Zeit entscheidend ist, daß dieser Vers aus einer Tragödie stammt. Bei näherem Zusehen spricht also gerade die von Leeman herangezogene Quintilian-Stelle nicht für, sondern ganz entschieden gegen seine Ansicht.

Nach Leemans Meinung hat Cato die Reden sorgfältiger stilisiert als die Origines. Dies ist in sich unwahrscheinlich, denn Cato hat doch wohl seine Reden, ehe er sie in die Origines aufnahm, zu diesem Zwecke überarbeitet. Der neue Rahmen war also anspruchsvoller. [96]

2. Gehalt und Gestalt

Glücklicherweise kennen wir eine Erzählung aus Catos Origines recht genau. Gellius hat sie uns teils wörtlich, teils in einer zuverlässigen Paraphrase erhalten. [97] Diese wird beispielsweise von Pisani [98] so interpretiert, als wäre sie mit dem catonischen Text so gut wie identisch. Wir machen hier kleine Einschränkungen, doch ist das Vokabular so »catonisch«, daß an der stilistischen

[94] Zum Vergleich zieht Leeman (70) Cato agr. 1, 3 *naves ambulant* heran. Letzteres wohl nicht mit Recht, weil die Grundbedeutung von *ambulare* nicht berücksichtigt ist. Man sollte sich hier von der doch verhältnismäßig späten antiken Literaturkritik nicht den natürlichen Blick auf die Dinge verbauen lassen.

[95] Quint. 8, 3, 48 zitiert *verruca* in einem Tragikervers als Beispiel für *humilitas* (natürlich *vitium*). 8, 6, 14 wird nochmals auf dieselbe Dichterstelle angespielt. Von Cato ist an beiden Stellen nicht die Rede.

[96] Auch das Hyperbaton ist in dem strengeren Stil der Origines anders behandelt als in de agr. Nach Fankhänel 184 f. hat sich in de agr. das der mündlichen Rede eigene thematische Absondern von Satzteilen erhalten, in den Origines (außer den Reden) scheint das Hyperbaton auf den Akkusativ von Pronomina beschränkt.

[97] Cato orig. 83 (HRR 1² [1914] p. 78–81 Peter = Gell. 3, 7).

[98] V. Pisani, Storia della lingua latina 1 (= Manuale storico della lingua latina 1) Torino 1962, 223 f.

Treue der Nacherzählung kaum zu zweifeln ist. Vor allem hat Gellius die Reihenfolge der Tatsachen und die Grundlinie der Erzählung bewahrt; die catonische Erzählstruktur geht aus seinem Referat mit aller Deutlichkeit hervor.[99]

Im einzelnen fällt die Bezeichnung *verruca* (»Warze«) für einen Erdhöcker auf;[100] Cato vermeidet keineswegs drastische Ausdrücke, wenn sie nur treffend sind. Grammatisch und als Vokabel bezeichnend für Cato ist *strenuissimos*[101], eine Bildung, die uns in de agricultura bereits begegnet ist. An Stilmitteln ist besonders die Häufung von Synonymen oder verwandten Begriffen hervorzuheben: *fraudi et perniciei obnoxium; de loci importunitate et hostium circumstantia; imperes horterisque; fortissimus quisque et promptissimus ad occursandum pugnandumque; gratias laudesque agit; in locos tutos atque editos; fortem atque strenuam; gloriam atque gratiam; signis statuis elogiis historiis.*[102] Neben Fällen von Hendiadyoin erscheinen hier die »erschöpfenden Doppelungen«[103] der altlateinischen Amts- und Sakralsprache. Sie geben der Diktion eine gewisse Förmlichkeit und distanzierte Feierlichkeit. Pleonastische Fülle trägt auch sonst zur Würde der Darstellung bei: so in *terra Sicilia;* archaisch breit auch *interibi, dum ea pugna pugnatur.* An dieser Stelle kommt noch die *figura etymologica*[104] hinzu. Verwandt ist das Mittel der Wiederaufnahme eines Verbums durch sein Partizip: *Romani milites circumveniuntur, circumventi repugnant.*[105] Auf diese Weise wird anschaulich, wie

---

[99] Daß er auch im einzelnen vieles Catonische bewahrt, wird die Interpretation bestätigen.

[100] S. oben S. 43.   [101] Zu solchen Steigerungsformen bei Cato Till 94 f.

[102] Vielleicht gehört hierher auch die Stelle, die von Bergk folgendermaßen verbessert wird: *consultum istuc quidem atque providens* (s. den Apparat bei Peter HRR 1, 79).

[103] Dies ist ein glücklich geprägter Begriff H. Haffters, Untersuchungen zur altlateinischen Dichtersprache (= Problemata Heft 10) Berlin 1934, Kapitel 3 »erschöpfende Ausdrucksweisen«, bes. S. 77. Zur Herkunft dieses Stilmittels aus der römischen Gesetzes- und Sakralsprache, E. Lindholm 27–42. Zu Cato 46 f.; zur Sakralsprache 57 bis 59; vgl. auch Haffter 81 f.

[104] Vgl. *bonas preces precor* bei Cato agr. 134, 2 (zweimal), vgl. 139; 134, 3 *bonas preces bene precatus sum.*

[105] Dieses Stilmittel (Traductio, Ploke) begegnet später häufig in Poesie, z. B. Ov. met. 1, 33, al. Die Historikersprache behält es bei: vgl. Sisenna fr. 27 *Romanos ... protelant – protelatos persecuntur.*

ein Ereignis aus dem anderen hervorwächst. Das Stilmittel ist also mit innerer Notwendigkeit angewandt.

Durch die an die englische »progressive form« erinnernde Gerundialkonstruktion *in expectando sunt* ist der Zustand der Erwartung verdeutlicht. [106] Nicht sehr häufig, aber desto ausdrucksvoller ist das Hyperbaton: *alia nisi haec salutis via nulla est; quisnam erit, qui ducat.* In beiden Fällen sind die betonten Worte an den Anfang und ans Ende des Satzes gerückt und bestimmen so seinen Aufbau. Nähere Beachtung verdient der axial-symmetrische Satz: *ego hanc tibi et rei publicae animam do.* Die Wortstellung zeigt hier die Tendenz, die Pronomina nebeneinander zu rücken, die sich auch sonst bereits bei Cato beobachten läßt. [107] Weiter ist an dieser Stelle die anschaulich-gebärdenhafte Bezeichnung der eigenen Person durch das Pronomen *hic* als ein urtümlicher Zug zu betrachten, der der Darstellung Eindringlichkeit verleiht. [108]

[106] Vielleicht ist die Wendung dem italienischen Kommentator Pisani deshalb nicht aufgefallen, weil sie sich mühelos ins Italienische umsetzen läßt? Dieser Gebrauch des Gerundiums, das im Altlateinischen überhaupt häufiger ist als das Gerundivum, läßt sich auch aus Plautus und Terenz belegen. Vgl. Ch. E. Bennett, Syntax of Early Latin 1, Boston 1910, 452 (merc. 218 *quid hic in lamentando pereo*; Hec. 38 *in experiundo ut essem*). Der Ablativ des Gerundiums mit einer Präposition ist bei klassischen Schriftstellern ziemlich selten, begegnet jedoch bei Sallust häufig; vgl. L. Constans, De sermone Sallustiano, Paris 1880, 227; z. B. Iug. 6, 1 *pleraque tempora in venando agere.* Auch hierin schließt Sallust sich also an das Altlatein an. Vgl. auch Hofmann - Szantyr 380. Die Beispielsammlung bei Kühner - Stegmann II, 1, 753 f. zeigt die Grenzen des klassischen Sprachgebrauchs. P. Aalto, Untersuchungen über das lateinische Gerundium und Gerundivum, Helsinki 1949 (Ann. Acad. Sc. Fenn.: s. B, vol. 62, 3) war mir bisher nicht zugänglich. Unbrauchbar J. Cortese, Grammatica Catoniana, Savona 1882, vgl. auch Vincenz Bulhart, ThLL 7, 1, 1934–1964, 784, 76–785, 16 (ebenfalls ohne Scheidung von Gerundium und Gerundivum). A. Draeger, Historische Syntax der lateinischen Sprache 2, Leipzig 1878, 816 »Bei Klassikern und Späteren ist *ad* ganz gewöhnlich, ebenso *in* mit dem Ablativ des Gerundivs, selten jedoch mit dem des Gerundiums«. Folgen Beispiele aus Cicero. 817: »Altertümlich ist wohl Gell. 3, 7, 12 *in expectando sunt.* Ebenso mit Gerundiv 3, 1, 4 *iamdiu in eo ipso quaerendo fui.* Ersteres wird nämlich schon aus Cato orig. 4, 7 zitiert: *in expectando sunt.*« So macht Draeger aus einer Stelle zwei. Draeger kennt die bei Bennett aus den Komödiendichtern zitierten Stellen offenbar nicht.

[107] A. W. Ahlberg, De traiectionis figura ab antiquissimis prosae scriptoribus Latinis adhibita. Eranos 11, 1911, 89 f., bes. 90, Anm. 1. Fankhänel 185.

[108] Über den Stilwert dieses Gebrauchs in der griechischen Tragödie vgl. W. Schadewaldt in: Sophokles, König Oedipus, Berlin und Frankfurt 1955, 93 (Wir) »haben das naiv-gebärdenhafte ›dieser Mann‹ statt unseres personal-blassen ›Ich‹ durchweg fest-

Genauere stilistische Untersuchung verdient das wertende Schlußstück, das Gellius wörtlich aus Cato zitiert. Im Gegensatz zu Pisani, der merkwürdigerweise seine sprachliche Interpretation gerade dort abbricht, wo die Paraphrase des Gellius in die originalen Worte Catos übergeht, werden wir bei unserer Interpretation auch diesen Abschnitt gebührend berücksichtigen.

Nachdem nun einzelne sprachlich-stilistische Züge hervorgehoben sind, soweit sie sich bei Gellius noch fassen lassen, wenden wir uns dem Aufbau des Berichts im ganzen zu.

Die innere Form dieser Erzählung ist ebenso schlicht wie überzeugend. Der Blick fällt zunächst auf die Peripherie: Die Karthager besetzen die Hügel. Auf diese Weise ist der Rand des Schauplatzes abgesteckt. Dann wendet sich die Aufmerksamkeit der Mitte zu: Die Römer dringen ein. So hat sich das Gesichtsfeld von den Höhen auf die Talsohle verengt. An dritter Stelle konzentriert sich das Augenmerk auf einen noch kleineren Kreis: den Tribun und den Consul.

In diesem sachgemäßen Fortschreiten von außen nach innen zeigt sich Catos schriftstellerischer Instinkt. Die Bewegungen der beiden Heere sind zur Ruhe gekommen. Die Lage wird durch ein nachdrücklich ans Ende gestelltes Attribut in ihrer Gefährlichkeit charakterisiert: (*in locum insinuant*) *fraudi et perniciei obnoxium*. Dieser vollklingende Schluß bildet syntaktisch einen Haltepunkt und inhaltlich eine Vorbedingung für die folgende Handlung.

Die erste Person, die handelnd in den Vordergrund tritt,[109] ist der römische Tribun; er ist Träger der Hauptaktion: *tribunus ad consulem venit*. Sein Name erscheint in unserem Text nirgends;[110] wir wissen aus anderen Zeugnissen, daß Cato in seinem gesamten Geschichtswerk die Römer nicht mit Namen, sondern nur mit ihrer Amtsbezeichnung nennt. Dies ist ein sichtbares Zeichen dafür, daß der Ruhm des Einzelnen nicht ihm selbst – aber auch nicht bloß seiner

[Fortsetzung von Fußnote 108:]

gehalten und so manches uns in unserer Entfremdung vom Unmittelbaren und Ursprünglichen fremdartig und wild Anmutende nicht angetastet«. Zum Lateinischen Hofmann - Szantyr 180.

[109] Der *imperator Poenus* bleibt ausdrücklich im Hintergrund (*collis locosque idoneos ... occupat*).

[110] Woher kennt Gellius den Namen? Vielleicht ging Cato doch in diesem Ausnahmefall von seinem Usus ab?

gens [111] –, sondern der gesamten *res publica* gehören soll. Durch das Verschweigen des Namens wird der Tribun zum Repräsentanten römischer Haltung. Die Handlung nimmt überhaupt ihren Ausgang von dem Entschluß des Tribunen, zu seinem Vorgesetzten zu gehen und ihm einen Vorschlag für die Rettung der Römer zu machen. Die Bereitschaft zur Selbstaufopferung ist ein Grundzug römischer Religiosität (vgl. den Brauch der *devotio*). In der wörtlich angeführten Rede des Tribuns dokumentiert sich ein planender Wille; symptomatisch sind die Verbalformen: Futurum, Gerundiv, Konjunktiv. [112] Nun ist die Aufmerksamkeit nicht mehr auf die beiden Gesprächsteilnehmer, sondern auf den gedanklichen Inhalt der Rede gerichtet; dies bedeutet einen weiteren Schritt in der von Anfang an eingehaltenen Bewegung von außen nach innen.

Die Gegenrede des Consuls ist zunächst indirekt wiedergegeben (ähnlich war es mit dem Anfang der Äußerung des Tribunen gewesen); [113] erst im zweiten Teil erklingen seine Worte unmittelbar; nicht zufällig ist dies der Satz, der die heroische Antwort des Tribunen zur Folge hat.

Der Dank und das Lob des Consuls schließt diesen ersten Abschnitt ab und weist auf die Verherrlichung des Helden am Schluß der ganzen Erzählung voraus. Am Anfang wie am Ende des bisher betrachteten Abschnitts stand eine Willensentscheidung des Tribunen. Die formalen Einschnitte sind also mit den inhaltlichen identisch; die Form besitzt innere Notwendigkeit und ist bei aller Schlichtheit zweckmäßig.

Der zweite Teil der Erzählung, den Gellius wahrscheinlich stärker gekürzt hat, beginnt mit der sicher catonischen, lapidaren Vorankündigung: *tribunus et quadringenti ad moriendum proficiscuntur*. Das unabänderliche Schicksal ist im Gerundium vorausgenommen. Vom Aufbruch der Römer wendet sich dann der Blick – seit Beginn der Erzählung zum erstenmal – den Gegnern zu. Nicht nur das äußere Verhalten der Feinde wird geschildert, sondern auch ihre Gefühle angesichts der Kühnheit der Römer. Cato versteht es also, durch Einbeziehung der Gegenpartei und ihrer Empfindungen einen wirkungsvollen Hintergrund für das ungewöhnliche Unternehmen der Römer zu schaffen. Die

[111] Das gentilizische Denken ist in Rom tief eingewurzelt; als *homo novus* hat Cato sicherlich auch die Schattenseiten dieser Denkart zu spüren bekommen. Die späterhin so verbreitete Vorstellung von solcher Staatsbezogenheit des Einzelnen ist durch Catos Wirken vielleicht stärker mitbestimmt, als man sich gemeinhin klarmacht.

[112] *Faciundum; ut ... iubeas; (ut) imperes horterisque, uti occupent; praevertentur; sese alligabunt; obtruncabuntur; habebis.*

[113] *Ostendit exitium de loci importunitate et hostium circumstantia maturum.*

Stelle hat aber noch eine weitere Funktion. Die Spannung soll erhöht werden: von der ersten Verwunderung, die sich in einem ausdrucksvollen Kompositum spiegelt (*demirantur*) [114] bis zu bewußt abwartendem Verhalten, das in einer reizvollen Satzkonstruktion bildhaft zum Ausdruck kommt; *in expectando sunt*. Die Kunst des Retardierens ist hier also auch stilistisch faßbar. In einem temporalen Nebensatz folgt die Einsicht, im Hauptsatz die Reaktion der Feinde: Die Tüchtigsten treten den Vierhundert entgegen. Die Römer werden umzingelt und setzen sich verzweifelt zur Wehr. Wieder ein Satz, bei dem alles in der Schwebe bleibt und der auf diese Weise retardierend wirkt: *fit proelium diu anceps*. Dann die Feststellung, daß die Übermacht siegt. Mit dem Tode der Vierhundert schließt sich der Ring. Die Ankündigung vom Anfang des zweiten Teils (*ad moriendum proficiscuntur*) hat sich erfüllt.

Wir wissen nicht, wie stark Gellius hier umgeformt – stammen die historischen Praesentia aus seiner Feder? [115] – und gekürzt hat. Klar ist, daß er das Wechselspiel von raschem Fortschritt (im gut catonischen Asyndeton) und betonter Retardierung (für deren Echtheit die altlateinischen grammatikalischen Besonderheiten sicheres Zeugnis sind) treu bewahrt hat. Auch der Wechsel des Erzählerstandpunkts, die Spiegelung der Kühnheit der Römer in der Empfindung der beobachtenden Feinde, ist ein ebenso einfaches wie wirkungsvolles Kunstmittel.

Auf noch festerem Boden bewegen wir uns von § 19 an, wo Gellius Catos Worte zitiert. Hier lassen sich bei der Interpretation Einzelbetrachtung und Untersuchung der Gesamtform noch enger miteinander verbinden.

---

[114] Das Wort ist vorwiegend altlateinisch und umgangssprachlich. Ausdrucksvolle Komposita sind überhaupt für die Frühzeit des Lateinischen charakteristisch. W. Krause, DLZ 45, 1924, 1594, stellt fest, daß »*de* intensivum« sich meist mit Verben verbindet, die eine durative Handlung ausdrücken; *de* bezeichnet dabei, daß die Handlung von Anfang bis zum Ende durchgeführt wird. Komposita mit *de*- bei Cato stellt Till 59 zusammen.

[115] In den historischen Fragmenten dominiert das historische Perfekt entschieden. Ein Gegenbeispiel ist fr. 87; bei 138 ist der Zusammenhang unsicher. Bei der Spärlichkeit des Materials läßt sich die Frage kaum beantworten. Im Präsens steht der Bericht fr. 29 Malc.²; daß es sich auch sonst hier um einen Sonderfall handelt (Poetismen), zeigt Till 17, der jedoch die auffälligen historischen Praesentia nicht beachtet. Da Plautus das historische Präsens kennt, bleibt es möglich, auch bei Cato ausgedehnteren Gebrauch anzunehmen, als die Fragmente erkennen lassen. – Cato verwendet ja sogar den historischen Infinitiv (fr. 79). Die Farbigkeit von Catos Stil spricht vielleicht für ausgedehnteren Gebrauch.

Der erste Satz faßt überschriftartig den Inhalt der folgenden zusammen: *di immortales tribuno militum fortunam ex virtute eius dedere.* Der thematische Charakter des ersten Satzes war uns auch zu Beginn des ersten und des zweiten Teils aufgefallen; nachträglich gewinnen wir von hier aus eine Bestätigung der Zuverlässigkeit der Paraphrase in den ersten beiden Teilen. Mit *nam ita evenit* wird der Übergang zum Folgenden geschaffen. Die Erzählung bewegt sich dann in meist unverbunden aneinandergereihten Hauptsätzen, deren Verben im Perfekt stehen (was rückblickend die an sich so eleganten historischen Praesentia des Gellius etwas verdächtig macht). Nur am Anfang und am Ende des Abschnittes erscheinen Nebensätze. Beide haben eine bedeutsame Funktion: Die adversative Unterordnung tritt am Anfang auf, wo inhaltlich alles auf den Kontrast zum Vorhergehenden, auf die überraschende Wendung ankommt. Der Aufwand an Konstruktionsmitteln steht bei Cato in einem Verhältnis zur erstrebten Wirkung. Dies macht die Sachlichkeit seines Stils aus. Eine Bestätigung bietet auch der zweite, am Ende stehende Nebensatz: *quod illos milites subduxit, exercitum ceterum servavit.* Daß Cato den Abschnitt hier abschließen will, drückt sich inhaltlich in der Tatsache des Rückblicks aus, formal in der Anwendung des Nebensatzes.

Die Erzählung ist zu Ende, Cato geht zu einer Betrachtung über. Das Problem wird zu Beginn wieder überschriftartig zusammengefaßt: *sed idem benefactum quo in loco ponas nimium interest.* Die Betrachtung ist in sich zweigliedrig, wobei das zweite Glied dem ersten durch *at* als (im übrigen selbständiger) Hauptsatz gegenübergestellt ist: Der erste Teil bezieht sich auf den Griechen Leonidas, der zweite auf den römischen Tribun. Beide kontrastierenden Teile unterscheiden sich zunächst einmal durch die verschiedene Länge. Dabei wird das »Gesetz der wachsenden Glieder« von Cato an dieser entscheidenden Stelle umgekehrt: Das gewichtigere zweite Glied ist bei ihm erheblich kürzer als das erste; wir haben schon früher auf diese Besonderheit catonischen Sprechens aufmerksam gemacht. Aber nicht genug mit der Verschiedenheit des Umfangs: auch im Wortschatz und in der Stilisierung differieren die beiden gegensätzlichen Teile beträchtlich. Im ersten Teil ist der Wortschatz erlesen; *claritudo,* das durch seine archaische Bildung hervorsticht, erhält das poetische Beiwort *inclitus,* das überdies noch im Superlativ erscheint; hinzu kommt die Doppelung *gloriam atque gratiam* (Paronomasie, in der sich Alliteration mit Homoioteleuton verbindet): eine Häufung von Stilmitteln, die sich in der bemerkenswerten Reihe *signis statuis elogiis historiis*[116] fortsetzt: Vierzahl der

[116] Vgl. die Aufzählung von Frauenkleidern und Putz orig. 113.

Worte und wachsende Silbenzahl! Schließlich ein weiterer Superlativ (*gratissi-mum*) und ein Hyperbaton. [117] Der Reichtum an Kunstmitteln, die Fülle der wertsteigernden Ausdrücke ist so groß, [118] daß die Schlichtheit der Sprache im nachfolgenden Satz vor diesem Hintergrund wie eine Offenbarung wirken muß: *at tribuno militum parva laus pro factis relicta, qui idem fecerat atque rem servaverat.* Wieder faßt ein Relativsatz rückblickend die Leistung des Helden zusammen. Die Sprache hat dabei die grandiose Einfachheit einer Inschrift.

Besonders in dem wörtlich erhaltenen Schlußteil der catonischen Erzählung zeigt sich, daß Sprache und Stil im höchsten Maße *funktional* gehandhabt sind. Wo es sich um ein Nacheinander von Ereignissen handelt, wird nicht versucht, künstlich Abwechslung oder Relief zu schaffen, sofern die Sache es nicht erfordert. Sobald es aber gilt, bestimmte Glieder zu akzentuieren, Zusammenhänge oder Gegensätze aufzuzeigen, stehen Cato die logischen Partikeln und auch die hypotaktischen Satzverbindungen sämtlich zur Verfügung. Die Farbigkeit der archaischen Sprache und Syntax dient der Retardierung, wo die Sache es verlangt und wo der Geschehenszusammenhang verdeutlicht werden soll. Gilt es, römische Nüchternheit der großsprecherischen Heldenverehrung der Griechen gegenüberzustellen, so tritt in bewußter Kontrastierung neben den schweren Prunk archaischer *ubertas* inschriftartige Kargheit. In dieser wirkungsvollen Antiklimax bewährt sich aufs neue der von uns beobachtete spezifisch catonische Rhythmus, der – entgegen dem Behaghelschen Gesetz – das zuvor aufgebauschte Große durch ein Kleineres schlagend überbietet. Eine psychologische Feinheit hingegen, wie die Spiegelung des römischen Wagemuts in der Verwunderung der Feinde, erscheint eher als ein unbeabsichtigtes Nebenprodukt, das sich aus der Sachbezogenheit der Darstellung ergibt. Was Cato sagen wollte, hat er gesagt, und er hat es jeweils in einer dem Gegenstand angemessenen Form gesagt. Das Wort stand ihm zu Gebote und es folgte willig den wechselvollen, aber stets an der Sache orientierten Wegen seines Denkens. Wenn das Geschriebene oft künstlerisch wirkt, so ist jedoch gerade diese Wirkung nie letztes Ziel des Schreibenden gewesen. Daß sie zu spüren ist und sich sogar in der Geschichte der römischen Literatur als ungemein fruchtbar erwiesen hat, gehört zu den Geheimnissen der Größe des Mannes Cato, dem diese Art des Ruhmes sicherlich nicht besonders erstrebenswert schien.

[117] *Gloriam atque gratiam praecipuam claritudinis inclitissimae decoravere monumentis* (dazu Fankhänel 162).

[118] Ähnlich orig. 63 *in maximum decus atque in excelsissimam claritudinem sublimavit* (p. 73 Peter [2]).

II. KAPITEL

Zwei große Redner: C. Gracchus (154–121 v. Chr.)

und Cicero (106–43 v. Chr.)

C. Gracchus: Aus der Rede *de legibus promulgatis*

(122 v. Chr.) [1]

Nuper Teanum Sidicinum consul venit. uxor eius dixit se in balneis virili-
bus lavari velle. quaestori Sidicino M. Mario datum est negotium, uti
balneis exigerentur, qui lavabantur. uxor renuntiat viro parum cito sibi
balneas traditas esse et parum lautas fuisse. idcirco palus destitutus est in
foro, eoque adductus suae civitatis nobilissimus homo M. Marius. vesti-
menta detracta sunt, virgis caesus est. Caleni, ubi id audierunt, edixerunt,
ne quis in balneis lavisse vellet, cum magistratus Romanus ibi esset. Feren-
tini ob eandem causam praetor noster quaestores abripi iussit: alter se de
muro deiecit, alter prensus et virgis caesus est.

Kürzlich kam der Konsul nach dem sidizinischen Teanum. [2] Seine Gattin
erklärte, sie wolle das Männerbad benützen. Dem sidizinischen Quaestor
Marcus Marius wurde der Auftrag gegeben, das Publikum aus dem Bade
zu entfernen. Die Gattin meldet ihrem Mann, das Bad sei ihr nicht schnell
genug übergeben worden und nicht sauber genug gewesen. Deshalb wurde
auf dem Forum ein Pfahl aufgestellt. Dorthin wurde der vornehmste
Mann seiner Stadt, Marcus Marius, geführt. Die Kleider wurden ihm
vom Leibe gerissen, und er wurde ausgepeitscht. Als die Calener davon
hörten, erließen sie ein Edikt: wenn ein römischer Beamter dort sei, dürfe
kein Einheimischer das Bad benützen. In Ferentinum ließ aus demselben
Grund unser Praetor die Quaestoren abführen; der eine stürzte sich von
der Mauer herab, der andere wurde ergriffen und mit Ruten ausgepeitscht.

---

[1] Malcovati [2], p. 191, fr. 48.

[2] Teanum Sidicinum liegt in Campanien am Mons Massicus, wo Via Latina und Via
Appia zusammenstoßen. Teanum, Cales, Ferentinum waren Munizipien italischen
Rechts (H. Nissen, Italische Landeskunde, Berlin 1902, II [2], 693, 694, 653).

Ipse inflammatus scelere et furore in forum venit; ardebant oculi, toto ex ore crudelitas eminebat. exspectabant omnes, quo tandem progressurus aut quidnam acturus esset, cum repente hominem proripi atque in foro medio nudari ac deligari et virgas expediri iubet. clamabat ille miser se civem esse Romanum, municipem Consanum; meruisse cum L. Raecio, splendidissimo equite Romano, qui Panhormi negotiaretur, ex quo haec Verres scire posset. tum iste: se comperisse eum speculandi causa in Siciliam a ducibus fugitivorum esse missum; cuius rei neque index neque vestigium aliquod neque suspicio cuiquam esset ulla; deinde iubet undique hominem vehementissime verberari. 162. caedebatur virgis in medio foro Messanae civis Romanus, iudices, cum interea nullus gemitus, nulla vox alia illius miseri inter dolorem strepitumque⁴ plagarum audiebatur, nisi haec: ›civis Romanus sum!‹ hac se commemoratione civitatis omnia verbera depulsurum cruciatumque a corpore deiecturum arbitrabatur; is non modo hoc non perfecit, ut virgarum vim deprecaretur, sed cum imploraret saepius usurparetque nomen civitatis, crux, crux inquam, infelici et aerumnoso, qui numquam istam pestem viderat, comparabatur. 63, 163. o nomen dulce libertatis! o ius eximium nostrae civitatis! o lex Porcia legesque Semproniae! o graviter desiderata et aliquando reddita plebi Romanae tribunicia potestas! hucine tandem omnia reciderunt, ut civis Romanus in provincia populi Romani, in oppido foederatorum, ab eo qui beneficio populi Romani fascis et securis haberet, deligatus in foro virgis caederetur? quid? cum ignes ardentesque laminae ceterique cruciatus admovebantur, si te illius acerba imploratio et vox miserabilis non inhibebat, ne civium quidem Romanorum, qui tum aderant, fletu et gemitu maximo commovebare? in crucem tu agere ausus es quemquam, qui se civem Romanum esse diceret?

Wutentbrannt und mordlustig kam er zum Forum. Es loderten seine Augen; aus dem ganzen Gesicht sprach Grausamkeit. Alle waren gespannt, wohin er sich endlich wenden und was er denn tun würde, – als er plötzlich einen Mann hervorzerren, ihn mitten auf dem Forum entblößen, anbinden und die Ruten bereitmachen ließ. Der Ärmste schrie immer wie-

---

3 Cic. Verr. II 5, 62, 161–63, 163; Text: G. Peterson, Oxford (1907) 1917².

4 *strepitumque* codd. nonn. Gellii (10, 3, 12); *crepitumque* codd. Cic.

der, er sei römischer Bürger aus dem Municipium Cosa, er habe zusammen mit L. Raecius, einem hochangesehenen römischen Ritter, gedient, der in Panormus Handel treibe und der Verres dies bestätigen könne. Darauf entgegnet Verres, er habe erfahren, er sei von den Anführern der Flüchtigen nach Sizilien geschickt worden um zu spionieren – keiner, der ihn angezeigt, kein bestimmter Anhaltspunkt noch überhaupt bei jemandem ein Verdacht. Dann läßt er den Mann von allen Seiten aufs heftigste schlagen. 162. Mit Ruten gestäupt wurde mitten auf dem Forum Messinas ein römischer Bürger, ihr Richter, während kein Seufzen, kein anderes Wort des Unglücklichen mitten unter dem schmerzhaften Sausen der Schläge zu hören war als dies: »Ich bin römischer Bürger.« Durch diese Erwähnung seines Bürgerrechts glaubte er, alle Rutenhiebe abwehren und die Marter von sich fernhalten zu können. Aber nicht genug, daß es ihm nicht gelang, die gewaltsame Auspeitschung durch Bitten zu verhindern, vielmehr wurde, während er immer öfter flehte und sich auf sein Bürgerrecht berief, das Kreuz, das Kreuz, sage ich, dem Unglücklichen in seiner Drangsal, der noch nie dieses Grauen geschaut hatte, zugerüstet. 163. O süßer Name der Freiheit! O köstliches Vorrecht, römischer Bürger zu sein! O Porcisches Gesetz und ihr Sempronisches Gesetze! O heißersehnte und endlich dem Volke Roms geschenkte tribunicische Gewalt! Ist denn dies alles wiederum so weit in Verfall geraten, daß ein römischer Bürger in einer Provinz des römischen Volkes, in einer verbündeten Stadt von dem Manne, dem das römische Volk die Hoheitszeichen anvertraut hat, auf dem Markt angebunden und mit Ruten geschlagen wird? Wohlan: als er mit Feuer, glühendem Metall und den übrigen Foltern gequält wurde – wenn dich nicht da schon sein bitteres Flehen und seine klagende Stimme hemmte – was ließest du dich dann nicht einmal vom erschütternden Weinen und Stöhnen der anwesenden römischen Bürger rühren? Ans Kreuz hast du einen zu liefern gewagt, der sagte, er sei römischer Bürger?

1. Zur Problemstellung

Darüber, daß Gaius Gracchus als Redner ebenso bedeutend war wie als Staatsmann,[5] ist man sich seit der Antike einig, nicht aber über die Eigenart seines Redestils.

[5] Über Th. Mommsen hinausführend Ed. Meyer, Untersuchungen zur Geschichte der Gracchen. Kleine Schriften I¹, Halle 1910, 383–439, I², Halle 1924, 363–398. R. v. Pöhlmann, Zur Geschichte der Gracchenzeit. SB München 1907, 443 ff. F. Münzer RE 2 A2, 1923, 1375 ff. und 1409 ff. A. Heuß, Römische Geschichte. Braunschweig 1960, 144–148 und 553 f. (Lit.).

Th. Mommsen[6] findet in den »flammenden Worten« der Reden »den leidenschaftlichen Ernst, die adliche Haltung und das tragische Verhängniss dieser hohen Natur im treuen Spiegelbild« bewahrt. In den Mittelpunkt stellt er die »furchtbare Leidenschaft seines Gemüthes«, die Gracchus zum »ersten Redner« machte, »den Rom jemals gehabt hat«.[7] Auch die »nüchternen« Partien der Reden werden unter dem Aspekt der Leidenschaft interpretiert: »So sehr er der Rede Meister war, bemeisterte nicht selten ihn selber der Zorn, so daß dem glänzenden Sprecher die Rede trübe oder stockend floß«.[8] Solche Züge sind »das treue Abbild seines politischen Thuns und Leidens«.[9]

Während der Historiker Mommsen die Reden unmittelbar als Zeugnisse der Person versteht, hat andererseits die Philologie durch Erforschung der literarhistorischen Bedingtheit der Entstehung eine größere Distanz zum Objekt hergestellt. E. Norden ging von dem Grundsatz aus: »Der Stil war im Altertum nicht der Mensch selbst, sondern ein Gewand, das er nach Belieben wechseln konnte«.[10] Er hat die Abhängigkeit des Gracchus von seinen asianischen Lehrern nachgewiesen[11] und so den Weg zum literarhistorischen Verständnis gebahnt, dabei allerdings entgegen seiner eigenen Maxime doch auch wieder im Stil den Menschen suchend: »Dem leidenschaftlichen Temperament... dieses genialen Menschen mußte die aufgeregte asianische Beredsamkeit ein willkommenes Mittel sein, seinen Gedanken den entsprechenden Ausdruck zu leihen.«[12]

F. Leo[13] erkennt jedoch den Gegensatz zwischen dem Temperament des Gracchus und der asianischen Manier; sie hat zwar eingewirkt, konnte dem Redner aber nicht viel anhaben. Leo übersieht nicht, daß die erhaltenen Fragmente die allgemeine Vorstellung vom leidenschaftlichen Pathos des Gaius nicht bestätigen; ohne die raffinierte Theorie Mommsens vom sprachlos machenden Zorn zu wiederholen, sieht er darin einen Zufall der Überlieferung.

[6] Römische Geschichte, 454 f.

[7] Ebd. 104. Die Fortsetzung »ohne sie würden wir ihn wahrscheinlich den ersten Staatsmännern aller Zeiten beizählen dürfen« erinnert an Cic. Brut. 125 f.

[8] Ebd. 104.   [9] Ebd. 104.   [10] Kunstprosa, 12.

[11] Ebd. 171–173; bezüglich des Prosarhythmus ergänzend F. Leo, 508 ff.

[12] Im nächsten Satz verschiebt sich der Gedanke; es ist nicht mehr vom Stil, sondern von den Äußerlichkeiten des Vortrags die Rede: »Wir hören von seiner Aufsehen erregenden Aktion...« (Norden 171).

[13] Leo 308.

Erst N. Häpke [14] hat das Klischee vom leidenschaftlichen und demagogischen Redner zurückgewiesen und seinen sachlichen Argumentationsstil betont, [15] ein Ansatz, den es sich weiter zu verfolgen lohnt.

Worauf beruht das »emotionale« Gracchus-Bild? Nach dem von den meisten Neueren übernommenen Urteil des Tacitus ist der Stil des Gracchus reicher als der des Cato. [16] Plutarch verwendet ähnliche Epitheta und stellt in allen Einzelheiten einen Gegensatz zu der schlichteren und ruhigeren Diktion des Bruders Tiberius her: [17] eine Gegenüberstellung, die eben durch ihre Konsequenz den Verdacht erregt, eine Konstruktion zu sein – wie so manches andere in den »vergleichenden« Partien bei Plutarch. [18] Er, der nur wenig Latein konnte, [19] hatte von den Reden des Gracchus lediglich mittelbare Kenntnis; [20] der ganze Absatz geht zudem so stark deduktiv von den gegensätzlichen Temperamenten der beiden Brüder aus, daß man die Einzelaussagen über Stilistisches nur mit Vorbehalt als historisches Zeugnis ansehen darf.

Ähnliches gilt von Tacitus, der nicht die Reden des Gracchus studiert hat, sondern eine Cicero-Stelle vereinfachend referiert. Die Äußerung ist im Dialogus Teil einer schematischen Übersicht über den technischen Fortschritt der

[14] N. Häpke, C. Semproni Gracchi oratoris Romani fragmenta. Diss. München 1915.

[15] Eine willkommene Bestätigung aus historischer Sicht: Ernst Meyer, Römischer Staat und Staatsgedanke. Darmstadt 1961 [2], 303: »Rein demagogische Anträge... sind nicht darunter [unter den Anträgen des C. Gracchus]; dagegen waren rein demagogisch die Mittel, mit denen die Nobilität den unbequem gewordenen Tribunen stürzte.«

[16] Tac. dial. 18 *Catoni seni comparatus C. Gracchus plenior et uberior; sic Graccho politior et ornatior Crassus; sic utroque distinctior et urbanior et altior Cicero.* Im gleichen Sinne E. Norden 169 und A. D. Leeman 56. Tacitus steht hier unter dem Eindruck von Cic. Brut. 125: *Noli enim putare quemquam, Brute, pleniorem aut uberiorem ad dicendum fuisse.*

[17] Plutarch, Tib. Gracchus 2.

[18] Über Plutarchs Grenzen als Historiker K. Ziegler RE 21, 1951, 910. Wie Plutarch durch zu starkes Betonen des Ethischen Tatsachen umakzentuieren und verfälschen kann, zeigt sich z. B. auch an seiner moralisierenden Deutung des Stimmbildners, der Gracchus mit der Stimmpfeife den Ton angibt (vgl. die instruktive Quellenübersicht bei N. Häpke, [zit. oben Anm. 14] 36–38).

[19] Plut. v. Demosth. 2, 2 ff. Dazu K. Ziegler, RE 21, 1951, 926 f.

[20] Über Plutarchs Zitate aus Gracchus-Reden N. Häpke 13–19. Vgl. Pöhlmann 445 (mit Lit.), der Vermittlung durch ein Geschichtswerk annimmt.

römischen Redekunst und kann im Grunde nicht den Anspruch erheben, etwas Individuelles über C. Gracchus auszusagen.

Unklar bleibt also trotz Plutarch und Tacitus, wie stark und in welcher Weise die – unstreitig vorhandene – Leidenschaft des Gracchus in den Stil seiner Reden Eingang gefunden hat. Diese Frage zieht ein historisches Problem nach sich: Haben Plutarch und neuere Forscher[21] etwa das Bild des Gracchus verzeichnet, indem sie zwar mit Recht auf das Emotionale hinwiesen, aber darüber andere Aspekte dieser facettenreichen Persönlichkeit vernachlässigten?

Der verbreiteten Auffassung von der stilistischen *ubertas* des C. Gracchus steht das Urteil J. Marouzeaus gegenüber, der ihn als Schulbeispiel für die Dürftigkeit (*egestas*) des Altlateins anführt.[22] Gracchus ist ihm freilich nicht Gracchus, sondern eine Station in einer historischen Entwicklung.

Letztlich wird also bei Plutarch wie bei Marouzeau das einzelne deduktiv aus einer allgemeinen Konzeption abgeleitet. So gelangt jeder seiner Prämisse entsprechend zum entgegengesetzten Ergebnis. Der Text ist dabei kaum mehr als ein »prétexte«.

Zu einem differenzierteren Bild kann die Beachtung der verschiedenen Redearten und Stilebenen bei Gracchus führen, wie Leeman gezeigt hat.[23]

Im folgenden soll ausgehend von Texten – unter anderem im Vergleich mit Cicero – versucht werden, zu einem individuellen Bild des Redners Gracchus zu gelangen. Die Eigenart unseres Textes erfordert ausnahmsweise methodisch einige Umwege. Daß er bisher für banaler eingeschätzt wurde als er ist, liegt nicht zuletzt daran, daß man ihn isolierte. Es wird daher einiger Geduld bedürfen, die geistige Landschaft, der er angehört, sichtbar zu machen, ihn durch Heranziehung weiterer Texte von verschiedenen Seiten zu beleuchten und seine Worte zum Klingen zu bringen. Die folgenden Abschnitte behandeln

[21] Vgl. auch Val. Max. 8, 10, 1 *(flagrantissimo ingenio);* Tac. dial. 26 (*C. Gracchi impetum*); Apul. apol. 95 (*impetum*); Gell. 10, 3 (*fortis ac vehemens*); Fronto p. 132 (van den Hout) (*contionatur... Gracchus turbulente; ...tumultuatur Gracchus*); Claud. Mam. epist. 2 (p. 206 Engelbrecht) (*Gracchus ad acrimoniam...capessendam usui*). Wenig differenziert auch A. Heuß 144: »Die Leidenschaft, die ihn beseelte, war wie ein Vulkan.«

[22] J. Marouzeau, Eranos 45, 1947, 22–24. Nuancierter in RPh 45, 1921, 166–168: Gracchus verstehe sich auf »zwei Stile« (168). Zurückhaltend (aber die Knappheit anerkennend) Quint. inst. 12, 10, 10. Vgl. Sen. epist. 114, 13. Plin. epist. 1, 20 spricht von den *orationes circumcisae* des Gracchus. Kritisch Gell. 10, 3, 15. Sen. epist. 114, 13.

[23] A. O. 56–58.

der Reihe nach: Sprachhaltung, Erzählweise, Rationalität und Emotionalität.[24]

2. Sprachhaltung: Latinitas – mundities

a) Zur Wortwahl

In unserem Text wiederholen sich bestimmte Vokabeln, ohne daß eine rhetorische Absicht dahinter vermutet werden könnte: *in balneis, balneis, balneas, in balneis; lavari, lavabantur.* Ein ähnliches Bild bietet eine andere Erzählung des Gracchus, die wir hier zum Vergleich heranziehen:[25]

> *Quanta libido quantaque intemperantia sit hominum adulescentium, unum exemplum vobis ostendam. his annis paucis ex Asia missus est, qui per id tempus magistratum non ceperat, homo adulescens pro legato[26]. is in lectica ferebatur. ei obviam bubulcus de plebe Venusina advenit et per iocum, cum ignoraret, qui ferretur, rogavit, num mortuum ferrent. ubi id audivit, lecticam iussit deponi, struppis, quibus lectica deligata erat, usque adeo verberari iussit, dum animam efflavit.*

Wie weit der Mutwille und die Zügellosigkeit der jungen Leute geht, will ich euch an einem Beispiel zeigen: Vor wenigen Jahren wurde ein junger Mensch anstelle eines Gesandten aus Asien geschickt, der damals noch kein Amt bekleidet hatte. Er ließ sich in einer Sänfte tragen. Da begegnete ihm ein Ochsentreiber, ein einfacher Mann aus Venusia, und fragte zum Scherz, da er nicht wußte, wer sich da tragen ließ, ob man einen Toten trage. Als der junge Mann dies hörte, ließ er die Sänfte abstellen und befahl, den Ochsentreiber so lange mit den Tragriemen der Sänfte zu schlagen, bis er den Geist aushauchte.

Auch in diesem Text beobachten wir unrhetorische Wortwiederholungen der gleichen Art: *ferebatur, ferretur, ferrent; lectica, lecticam, lectica; iussit, iussit; per id tempus, per iocum.* J. Marouzeau betont, um wieviel kunstvoller

---

[24] Die lateinischen Stichworte lehnen sich an Gell. 10, 3, 4 an: *brevitas sane et venustas et mundities orationis est.*

[25] Fr. 49 Malcovati[2].

[26] Zum Sachlichen: Th. Mommsen, Römisches Staatsrecht, Leipzig 1887, II 681, 3 »Hier scheint ein Abgeordneter nicht des Senats gemeint, sondern eines in Asia befindlichen römischen Beamten... *pro legato* bezeichnet den Zweck der Reise«.

der Wortschatz bei Cicero behandelt sei.[27] Doch sollte man mit Wendungen wie »Lässigkeit der Umgangssprache« vorsichtig sein, da noch Quintilian[28] eine übertriebene Suche nach Synonymen um der bloßen Abwechslung willen als affektiert ablehnt. Gracchus hält sich hier – soviel ist sicher – an die *proprietas verborum.*

b) Satzverbindung

In Fragment 49 verbindet das Demonstrativpronomen *is* die Sätze: *is ferebatur... ei obviam advenit... ubi id audivit.* In Fragment 48 (unserem Haupttext) ist das Asyndeton häufig: *quaestori... uxor... vestimenta... alter.* Daneben kommt auch demonstrative Anknüpfung vor: *eius... idcirco... ubi id audierunt... ob eandem causam.* Es fehlen bezeichnenderweise die Partizipialkonstruktionen. Aber ist es richtig, daraus zu schließen: «La construction dans Gracchus est uniforme et banale»?[29]

c) Würdigung

Die Sprache der gracchischen Erzählung ist rein, klar und präzis. Den Ursprung solcher *Latinitas*[30] können wir biographisch zurückverfolgen; Gaius wuchs – mehr noch als sein Bruder – in der Obhut der Mutter Cornelia auf, die nach Ciceros Zeugnis (der ebenfalls Purist war) ihre Söhne in dem gesunden Element einer unverfälschten Muttersprache aufwachsen ließ und sich auch selbst um deren Erziehung und Bildung kümmerte[31] (wir besitzen noch einen Brief dieser bedeutenden Frau).[32]

---

[27] RPh 45, 1921, 167. Vgl. die bewußte Variation bei Cicero: *in foro medio – in medio foro* (letzteres stärker betont: »En pleine place publique«).

[28] Quint. inst. 10, 1, 7, vgl. 8, 3, 51.   [29] J. Marouzeau RPh 45, 1921, 167.

[30] Zu *Latinitas* allgemein J. Marouzeau, Quelques aspects..., 7–25 (*Latinitas – Urbanitas – Rusticitas*).

[31] Cicero, Brut. 104. *Nam et Carbonis et Gracchi habemus orationes nondum satis splendidas verbis, sed acutas prudentiaeque plenissimas. fuit Gracchus diligentia Corneliae matris a puero doctus et Graecis litteris eruditus. nam semper habuit exquisitos e Graecia magistros, in eis iam adolescens Diophanem Mytilenaeum, Graeciae temporibus illis disertissimum. sed ei breve tempus ingenii augendi et declarandi fuit.*   Cic. Brut. 210: Über Bedeutung des *usus domesticus... Sed magni interest quos quisque audiat quotidie domi, quibuscum loquatur a puero, quemadmodum patres, paedagogi, matres etiam loquantur.* 211: *Legimus epistolas Corneliae*

Die disziplinierte Sprachhaltung des Gracchus hat freilich in ihren stilistischen Auswirkungen spätere Leser, die in bestimmten Zusammenhängen eine
reichere, pathetischere Registrierung erwarteten, befremdet. In der Tat klingt
der Bericht des Gracchus im Vergleich mit Ciceros kunstvoll ausgestalteter
und affektisch getönter [33] Erzählung alltäglich und schlicht – Gellius findet die
Diktion »komödienhaft«, [34] d. h. dem Umgangston nahestehend [35] und auf
tragischen Aufputz verzichtend. [36] Darin braucht freilich kein Mangel an *gravitas* zu liegen, die Gracchus auch nach Ciceros Urteil besaß. [37] Man darf also
auch Ciceros Vorstellung von *gravitas* nicht einseitig auf das Pathos der Ver-
rinenstelle festlegen.

Besser als die Vorstellung des Komödienhaften trifft den Tenor der gracchischen Erzählung der Schönheitsbegriff *mundities* [38]. Etymologisch wohl zur

[Fortsetzung von Fußnote 31:]

*matris Gracchorum: apparet filios non tam in gremio educatos quam in sermone
matris.* Zur Bedeutung der Cornelia vgl. auch Tac. dial. 28, 9; Quint. inst. 1, 1, 6;
Plut. Tib. Gr. 1, 8. F. Münzer RE IV 1592–1595.

[32] Er ist im Anschluß an die Atticus-Vita des Nepos überliefert; Nepos hatte ihn
offenbar in seiner Schrift de inlustribus viris zitiert. HRR ² (ed. H. Peter, Bd. II, Leipzig 1914, S. 38–40). F. Leo hat im Anhang zu seiner Literaturgeschichte diesen Brief
übersetzt (479).

[33] S. unten S. 61; 67 ff.

[34] Gell. 10, 3, 4. Er findet bei Cicero mehr *gravitas.*

[35] Vgl. Don. Ter. Hec. 611 κωμικῷ χαρακτῆρι *et usu cotidiano.*

[36] Vgl. Gloss. Plac. 5, 56, 11 *comoedia est quae res privatarum et humilium per-
sonarum comprehendit non tam alto ut tragoedia stilo, sed mediocri et dulci.*

[37] Cic. Brut. 125: *genere toto gravis* (über C. Gracchus). – Über das *genus grave:*
Cic. orat. 96–99 (dazu W. Kroll), bes. 97 *huius eloquentiae est tractare animos...
haec... inserit novas opiniones, evellit insitas.* Auch Plutarch 2, 3 nennt C. Gracchus
γεγανωμένος (= μεγαλοπρεπής; K. Jeudkens, Plutarch von Chaeronea und die Rhetorik, Diss. Straßburg 1907, 177; Häpke 34).

[38] Zur Bedeutung vgl. lat. *lautus.* – Da der Begriff von P. Monteil (Beau et laid en
latin, Paris 1964) überraschenderweise nicht behandelt ist, seien einige Belege angeführt: Cic. or. 79: *removebitur omnis insignis ornatus... elegantia modo et munditia
remanebit, sermo purus erit et Latinus.* Quint. 8, 3, 87: *quaedam velut e tenui diligentia
circa proprietatem significationemque munditiae.* Gell. 1, 23, 1 (über Cato) *cum
multa ... venustate atque luce atque munditia verborum.* 10, 24, 2 (Augustus) *mun-
ditiarum ... patris sui in sermonibus sectator.*

Wurzel *meu- (»waschen«) gehörig, bezeichnet es den ästhetischen Eindruck, der durch Sprachreinheit (*Latinitas*) erzielt wird.

3. Erzählweise: Brevitas

In der Sprachreinheit selbst zeigte sich noch kein grundsätzlicher Unterschied zwischen Gracchus und Cicero. Anders steht es hinsichtlich der *brevitas* [39]; die Analyse des Cicero-Textes wird indirekt zeigen, wie knapp Gracchus schreibt.

In fr. 48 reiht Gracchus asyndetisch die Fakten. Relief schafft der Tempuswechsel bei der Reaktion der Gattin: *uxor renuntiat;* das historische Präsens sticht von den umgebenden Perfekta absichtlich ab. [40] Die Satzverbindung durch *idcirco* leitet das Aufstellen des Schandpfahles ein und hebt stark die Geringfügigkeit des Grundes hervor. In einem sonst asyndetischen Stil gewinnt ein solches Adverb strukturelle Bedeutung. In der ganzen Erzählung herrscht Zweigliedrigkeit, die durch gleichartige Satzanfänge unterstrichen wird: Satz 1 und Satz 3 beginnen mit *uxor;* vgl. später die Eigennamen *Caleni – Ferentini* und im Schlußsatz *alter – alter*. Ähnliche Funktion hat die Alliteration: *vestimenta – virgis*. Der Gesamtaufbau ist dreigliedrig: Vorgeschichte (2 mal 2 Sätze); Ereignis (2 mal 2 kurze Sätze); Folgen (2 längere Sätze).

Man beachte das Fehlen jeglichen emotionalen Kommentars.

39 Über die Kürze als Eigenschaft der lateinischen Sprache Plut. Cato maior 12, 7 (über Cato) θαυμάσαι δέ φησι τοὺς Ἀθηναίους τὸ τάχος αὐτοῦ καὶ τὴν ὀξύτητα τῆς φράσεως· ἃ γὰρ αὐτὸς ἐξέφερε βραχέως, ἰὼν ἑρμηνέα μακρῶς καὶ διὰ πολλῶν ἀπαγγέλλειν· τὸ δ'ὅλον οἴεσθαι τὰ ῥήματα τοῖς μὲν Ἕλλησιν ἀπὸ χειλέων, τοῖς δὲ Ῥωμαίοις ἀπὸ καρδίας φέρεσθαι.

Plut. Caesar 50, 3 καὶ τῆς μάχης ταύτης τὴν ὀξύτητα καὶ τὸ τάχος ἀναγγέλλων εἰς Ῥώμην, πρός τινα τῶν φίλων Ἀμάντιον, ἔγραψε τρεῖς λέξεις. Ἦλθον, εἶδον, ἐνίκησα. Ῥωμαϊστὶ δὲ αἱ λέξεις εἰς ὅμοιον ἀπολήγουσαι σχῆμα ῥήματος, οὐκ ἀπίθανον τὴν βραχυλογίαν ἔχουσιν.

In diesem Zuge begegnen sich (wie in manchem anderen) die Römer und die Stoiker. Συντομία galt diesen als eine Kardinaltugend des Stils (s. A. D. Leeman, 39 mit Anm. 81; Hinweis auf SVF [ed. H. von Arnim, Leipzig 1903] 214, 16.) In ähnlichem Sinne Quint. 4, 54, 68; Cic. inv. 1, 32; Rut. Lup. 2, 8. Über die *brevitas* (auch des Gracchus) kritisch Plin. epist. 1, 20, 1–4.

40 Darin liegt eine Hervorhebung, vielleicht auch die Kennzeichnung des Geschehens als Folge aus den vorhergehenden Ereignissen.

Am Anfang der Cicero-Stelle herrscht wie bei Gracchus asyndetische Satz-verbindung. Neu ist das physiognomische Portraitieren des Seelischen: *toto ex ore crudelitas eminebat.* Viel zu blaß wäre eine Übersetzung wie »Grausam-keit stand ihm auf der Stirn geschrieben«. Das Seelische spiegeln affektische Adjektive und Partizipien (*inflammatus scelere et furore; illius miseri; o nomen dulce; o ius eximium; o graviter desiderata... tribunicia potestas; acerba imploratio et vox miserabilis; fletu gemituque maximo*) sowie psycho-logische Abstrakta (*scelere et furore; crudelitas*). Während Gracchus sich damit begnügt, nur *eigentliche* Bezeichnungen zu gebrauchen, wie es dem Stil des Berichtes entspricht, verwendet Cicero ausdrucksvollere Verben: [41]

Gracchus	Cicero
adductus....Marius	*proripi*
vestimenta detracta sunt	*nudari.*

Gehen wir nun zum Gesamtaufbau über! Während Gracchus einfach berich-tet, versteht es Cicero, die Ereignisse durch weitere Aufgliederung in Teilvor-gänge, die stufenweise aufeinander folgen, den Zuhörern szenisch vor Augen zu führen. [42] Eines der wichtigsten Mittel ist dabei das Imperfekt [43] und der umschriebene coni. fut.: *expectabant omnes, quo tandem progressurus aut quidnam acturus esset.* Durch diese Verbalformen wird eine erwartungsvolle Spannung geschaffen, die sich in dem folgenden *cum repente* blitzartig löst.

Bei Gracchus ist die Handlung, kaum daß sie begann, schon zu Ende; Cicero schafft hingegen z. B. durch das Bereitstellen der Ruten eine wirkungsvolle Retardierung. Während Gracchus sich durch das nüchterne Perfekt *caesus est* die Möglichkeit intensiver Vergegenwärtigung nimmt, gebraucht Cicero – noch dazu in expressiver Anfangsstellung [44] – das Imperfekt *caedebatur.* Durch *diutina repraesentatio*, wie Gellius es nennt, kann Cicero eine Szene aufbauen: allgemeines Schweigen, Knallen der Peitschenschläge... und vor diesem Hin-tergrund erklingen aus dem Munde des Gequälten die Worte: »Ich bin römi-scher Bürger«. So läßt Cicero das Empörende des Vorgangs dramatisch im Ge-

[41] Vgl. J. Marouzeau, RPh 45, 1921, 167.

[42] Die Tempus-Struktur der Erzählung ist bei Cicero mehrplanig, bei Gracchus einplanig.

[43] Bereits Gellius hat treffend die Funktion des Imperfekts beobachtet (10, 3, 12).

[44] J. Marouzeau, L'ordre des mots dans la phrase latine, Bd. 2, Paris 1938, 71 Ebenso bei Cicero: *ardebant oculi...; expectabant omnes... .*

schehen selbst hörbar werden, während Gracchus sich mit der bloßen Feststellung begnügt, daß es sich um den vornehmsten Mann seiner Stadt handelt.

Das phantasiebetonte Imperfekt erscheint nochmals bei der Zurüstung des Kreuzes, begleitet von einer ausdrucksstarken Gemination: *crux, crux, inquam*, ... *comparabatur.* Überhaupt haben die Wortwiederholungen in dem Cicero-Text intensivierende Wirkung, so das thematisch wiederkehrende *civis Romanus* bzw. *civitas* und *populus Romanus*, ebenso das Polysyndeton mit *neque* und das anaphorische *o*.

Cicero läßt also den Affekt nicht nur unterschwellig mitschwingen, sondern im Wort in Erscheinung treten (dies zeigt der Gebrauch affektischer Adjektive und psychologischer Abstrakta und überhaupt die ausführliche, sich an die Erzählung anschließende *commiseratio*). [45]

Er stellt dem Zuhörer das Geschehen dramatisch vor Augen (diesem Ziel dient die Wahl expressiver Verben, betonter Anfangsstellung, die Schaffung eines spannungs- oder erwartungsvollen Hintergrundes durch die Verwendung des – hier bei Gracchus völlig fehlenden – Imperfekts und die Kunst der Retardierung durch die Auffächerung eines Gesamtvorgangs in Einzelphasen, die in ihrer Abfolge einen dramatischen Stufengang ergeben). [46]

Die Versuchung ist groß – und in der Tat sind ihr die meisten Deuter erlegen –, Cicero gegen Gracchus auszuspielen, sei es als absolute stilistische Norm oder als die historisch reifere Erscheinung. Diese Ansichten sind im Prinzip ebenso einseitig wie es der eigensinnige Versuch mancher Archaisten war, Gracchus über Cicero zu stellen. [47]

Wie gefährlich z. B. die Vorstellung ist, Gracchus habe diese oder jene Mittel »noch nicht« zur Verfügung gehabt, zeigt folgender Cato-Text, der eine reiche Palette der Affekte aufweist und doch aus der Zeit vor Gracchus stammt: [48]

---

[45] Hierzu Gell. 10, 3, 14: *haec M. Tullius atrociter, graviter, apte copioseque miseratus est.*

[46] Gell. 10, 3, 7/8 betont die *sub oculos subiectio* und umschreibt die Wirkung des Cicero-Textes auf den Leser folgendermaßen: *Animum hercle meum, cum illa M. Ciceronis lego, imago quaedam et sonus verberum et vocum et eiulationum circumplectitur.*

[47] Gellius ist so einsichtig, sich von solchen Sonderlingen ausdrücklich zu distanzieren (10, 3, 15). Vgl. auch Sen. epist. 114, 13: *multi ex alieno saeculo petunt verba, duodecim tabulas locuntur. Gracchus illis et Crassus et Curio nimis culti et recentes sunt.* Vgl. W. Soltau, NJbb 9, 26, 1.

[48] Cato fr. IX J. = fr. 58 Malcovati [2].

Dixit a decemviris parum bene sibi cibaria curata esse. Iussit vestimenta detrahi atque flagro caedi. decemviros Bruttiani [49] *verberavere, videre multi mortales. quis hanc contumeliam, quis hoc imperium, quis hanc servitutem ferre potest? nemo hoc rex ausus est facere: eane fieri bonis, bono genere gnatis, boni consultis? ubi societas? ubi fides maiorum? insignitas iniurias, plagas, verbera, vibices, eos dolores atque carnificinas per dedecus atque maximam contumeliam, inspectantibus popularibus suis atque multis mortalibus, te facere ausum esse? set quantum luctum, quantum gemitum, quid lacrimarum, quantum fletum factum audivi! servi iniurias nimis aegre ferunt: quid illos, bono genere gnatos, magna virtute praeditos, opinamini animi habuisse atque habituros, dum vivent?* [50]

Er sagte, er sei von den Zehnmännern nicht gehörig mit Lebensmitteln versorgt worden. Er befahl, ihnen die Kleider auszuziehen und sie auszupeitschen. Zehnmänner von Bütteln geprügelt! Viele Menschen haben es gesehen. Wer kann diesen Schimpf, wer diesen Mißbrauch des Oberbefehls, wer diese Knechtschaft ertragen? Kein König hat dies zu tun gewagt: Darf wohlangesehenen Leuten aus guter Familie mit guter Gesinnung dies widerfahren? Wo bleibt das Bündnis? Wo das Wort, das die Vorfahren gaben? Schreiende Ungerechtigkeiten, Streiche, Schläge, Striemen, Schmerzen und Schindereien in Schmach und höchstem Schimpf vor den Augen ihrer Landsleute und vieler Menschen hast du dir erlaubt! Aber wie groß war die Trauer, wie groß der Jammer, welche Fülle von Tränen, wie gewaltig das Schluchzen, wie ich vernommen habe! Schon Sklaven nehmen ungerechte Behandlung gewaltig übel: Wie, meint ihr, muß jenen Leuten aus guter Familie, sehr verdienten Männern, zumute gewesen sein, und wie wird ihnen noch zumute sein, solange sie leben? [51]

Im Vergleich mit Gracchus ist die Wortfolge bei Cato freier; er kennt – wie

---

[49] Die Bruttier versahen solche Dienste zur Strafe für ihre hannibalfreundliche Haltung im zweiten Punischen Krieg.

[50] Zum rhythmischen Aufbau der Stelle A. W. De Groot, La prose métrique des anciens, Paris 1926, 44 f. («périodes arrondies, membres symétriques et souvent isochrones, mais pas de métrique»).

[51] Übersetzung zum Teil nach O. Ribbeck, im Neuen Schweizer Museum 1, 1861, 12.

später Cicero – auch die expressive Anfangsstellung des Verbs: [52] *videre multi mortales.* [53]

Der Text zeigt, daß der Censor nicht um jeden Preis nach Kürze strebt, sondern daß auch er die *ubertas* liebt. Die ciceronische *miseratio* mit Anaphern, affektischen Substantiven und Adjektiven ist vorweggenommen, nur haben die Sätze bei Cato kürzeren Atem, und es fehlt die dramatische Steigerungstechnik. [54]

Der Vergleich mit Cicero und Cato ermöglicht somit zwei negative Aussagen über Gracchus:

1) Er erzählt nicht eigentlich anschaulich und dramatisch, er baut keine effektvolle Steigerung auf wie Cicero.

2) Er setzt hier die *miseratio* nicht ein, obwohl schon Cato sie kennt.

Zumindest bei dem zweiten Punkt muß man also von Absicht sprechen. [55] Damit wäre aber die Auffassung, die bei Gracchus nur Primitivität sehen will, überwunden. Wir sind also berechtigt, auch positiv nach den Kunstprinzipien des Gracchus in der vorliegenden Erzählung zu fragen.

4. *Rationalität:* Acutum

Der Aufbau der gracchischen Erzählung ist, wie wir feststellten, streng rational; es dominiert Zweigliedrigkeit, mehrfach durch Parallelismus unterstrichen. Die Durchschaubarkeit der Struktur, verbunden mit der harten

---

[52] Hierüber allgemein J. Marouzeau, L'ordre des mots..., passim, bes. 49 ff.

[53] Was Fankhänel (s. oben S. 27, Anm. 42) 230, über Konsulberichte als Vorlage für solche Stellung sagt, überzeugt nicht, dagegen ist die gliedernde Funktion derartigen Stellungswechsels klar.

[54] C. Gracchus ist z. B. in Synonymhäufungen erheblich zurückhaltender als Cato, zeigt also auch hierin geläuterten Geschmack. Vgl. die von N. Häpke, a. O., S. 40, nachgewiesenen Beispiele für *ubertas*, die fast durchweg die Eleganz des Unauffälligen besitzen: *sapientia atque virtute; commoda et rem publicam; bonam existimationem atque honorem; pretium et praemium; eodem loco atque ordine; sumptus atque pecunias.*

[55] Eine gewisse Stütze dieser Auffassung bedeutet es, daß *miseratio* von unserer Überlieferung hauptsächlich dem *Tiberius* Gracchus zugesprochen wird (vgl. Plut. Tib. Gr. 2), während man den Stil des Gaius als männlicher empfand.

Sprache der Tatsachen, gibt dem Ton etwas Schneidendes, Entlarvendes. In solcher Rationalität liegt das Charisma, das Gracchus als »Intellektuellen« auszeichnet.

Der *brevitas* steht das *acutum* [56] (ὀξύτης) nahe, dem die Vorstellung einer kurzen, scharfen Stoßwaffe zugrunde liegt. Inhaltlich wird der Sinn auf engstem Raume zusammengedrängt, [57] ethisch zeugt der Ausdruck von ernster und würdevoller Haltung (*gravitas*), formal kommt er häufig der Sentenz nahe oder erscheint sonstwie pointiert. [58]

Nicht zufällig ist daher die Antithese die am häufigsten in den Fragmenten erscheinende Figur. [59] Einige Beispiele: *pessimi Tiberium fratrem meum optimum interfecerunt.* [60] Wie treffend die Umkehrung des für den Mörder Nasica als erblich beanspruchten Titels *vir optimus* [61] unter Verwendung der Schlagwörter *boni* und *mali cives!* Mit der nah verwandten Gegenüberstellung von *boni und improbi* [62] spielt Gracchus in folgendem Fragment: *abesse non potest, quin eiusdem hominis sit probos improbare, qui improbos probet.* [63] Wir verdanken das Zitat Cicero, der jedoch einen Verbesserungsvorschlag macht: *qui improbos probet probos improbare.* [64] Dies ergibt eine noch schärfere Pointie-

---

[56] Vgl. z. B. Quint. 6, 3, 45: *acutior est illa atque velocior in urbanitate brevitas.*

[57] Eustathios erklärt im Prooemium seines Odyssee-Kommentars die ὀξύτης als νοημάτων βαθύτης ἐν ἐπιπολαζούσῃ ἁπλότητι. (Ed. Rom. 1379 = ed. G. Stallbaum, Lips. 1825, T. I p. 2). Vgl. auch Jo. C. Ernesti, Lexikon Technologiae Graecorum Rhetoricae, Leipzig 1795 (Nachdruck Hildesheim 1962) s. v. ὀξύτης.

[58] B. R. Voss, Der pointierte Stil des Tacitus, Münster 1963, setzt sich weder mit den antiken Begriffen noch mit dem modernen (»Pointe«) auseinander. Zum Begriff der *pointe* s. H. Lausberg, Handbuch der literarischen Rhetorik II, München 1960, 933.

[59] Richtig Häpke 38 f. mit Belegen. Häpke mißversteht F. Leo 309, 1 »weniger hervortretend ist Parallelismus und Antithese, aber sehr gesucht, in den Sätzen Gell. 11, 10, 4« (das zweite Komma hat Häpke übersehen).

[60] Fr. 17 Malcovati². Das Fragment stammt aus einer Empfehlung des Antrags des Volkstribunen Carbo, der die Wiederwahl zum Tribunat ermöglichen sollte (131 v. Chr.).

[61] F. Münzer, RE 2 A 4, 1923, 1380.

[62] *improbus* = *rerum novarum cupidus* Thes. L. L. 7, 1934/1964, 690, 30; 36; 40; 42; 68 ff.

[63] Fr. 24 Malcovati².

[64] Was wir aus der Benennung *commutatio* für diese Stilfigur gewinnen, bleibt mir unklar (Leeman 57).

rung und vor allem eine Klausel. Die Wortstellung ist in der ciceronischen Fassung verschränkter, etwas künstlicher, als es bei Gracchus erwartet werden kann. [65] Hellenistische Schulung spricht aus folgendem Satz: *quae vos cupide per hosce annos adpetistis atque voluistis, ea si temere repudiaritis, abesse non potest quin aut olim cupide adpetisse aut nunc cupide repudiasse dicamini.* [66]

Die Periodisierung ist sorgfältig: Der Vordersatz umfaßt 32 Silben, der Nachsatz 31; wir beobachten darin je zwei mit *aut* beginnende Stücke von jeweils 10 Silben. [67] An Gorgias und Isokrates erinnert angesichts dieser Periode E. Norden. [68] Allerdings ist er ausnahmsweise weniger kritisch als ein antiker Kenner, [69] der hier eine Tautologie entdeckt: In der Tat leidet die Pointe darunter, daß die entscheidenden Adverbien schon in der ersten Satzhälfte erscheinen. Eine Übersetzung macht die Schwäche sichtbar: »Wenn ihr, was ihr diese Jahre hindurch begierig erstrebt und gewollt habt, jetzt blindlings verschmäht, so kann es nicht ausbleiben, daß man von euch entweder sagt, ihr hättet es einst in blinder Gier begehrt oder jetzt blindlings verschmäht.« In der Übertragung verliert der Satz seinen strengen Aufbau und damit seine Wirkung. Um der Architektonik willen hat Gracchus hier eine Tautologie in Kauf genommen. In jeder Beziehung geglückt ist jedoch folgende Steigerung: *pueritia tua adulescentiae inhonestamentum fuit, adulescentia senectuti dedecoramentum, senectus rei publicae flagitium.* [70] Dieser Satz ging unter die Schulbeispiele für eine gute Klimax ein, und diesem Umstand verdanken wir seine Erhaltung. [71]

Von der entlarvenden Erzählung ist nur ein Schritt zur schonungslosen Offenheit und Konsequenz des Fragments 44. Hier sein Gedankengang: Alle wollen etwas von euch; keiner von uns arbeitet umsonst; auch ich nicht: Ich will Ehre von euch; wer gegen das zur Debatte stehende Gesetz spricht, will nicht Ehre von euch, sondern Geld von Nikomedes; wer für das Gesetz spricht,

[65] Scharf pointiert sind auch die Fragmente 28, 43, 58 und 60, Malcovati [2].

[66] Fr. 32 Malcovati [2].

[67] Norden, Kunstprosa 1, 172. Gracchus beachtet im Prooemium der Rede *de legibus promulgatis* die asianischen Rhythmen, besonders den Ditrochäus (Leo 309, 2). Vgl. auch N. Häpke 59. »Metrische« und »nichtmetrische« Partien bei C. Gracchus unterscheidet A. W. de Groot 46 f.

[68] Ebd.   [69] Titus Castricius bei Gell. 11, 13.

[70] Fr. 43 Malcovati [2] aus der Rede gegen L. Calpurnius Piso Frugi aus dem Jahr 123 v. Chr.

[71] Isidor. orig. 2, 21, 4.

will auch nicht Ehre von euch, sondern Geld von Mithridates; wer schweigt, ist der schlimmste: er ließ sich von beiden bestechen.

Wir versuchten, das *acutum* im Stil des Gracchus inhaltlich und formal als Symptom seiner ausgeprägten Rationalität zu begreifen. Derselbe Zug spiegelt sich auch, wie wir beiläufig feststellen konnten, in der Anwendung griechischer Technik;[72] in beidem liegt jedoch für Gracchus nichts Fremdartiges. Einerseits bedeutet das Streben nach pointierten Formulierungen die Sublimierung einer genuin italischen Anlage, andererseits gewinnt gerade im rhythmischen Aufbau des Satzes nicht griechische Lehre allein, sondern auch die »architektonische« Tendenz der lateinischen Sprache Gestalt. Der Reinheit des sprachlichen Substrats entspricht die Luzidität gracchischer Diktion, die dem *acutum* einen anderen Charakter verleiht, als es bei Cato der Fall ist.[73]

5. Stil und Affekt

a) Wortstellung

In der Wortstellung macht Gracchus im Gegensatz zu Cato und zu Cicero nur selten von der Inversion Gebrauch.[74] Die Verben stehen meist – regelrecht und ohne besondere Betonung – am Ende der Sätze.

Berücksichtigt man aber die übrigen Satzteile, so entsteht ein anderes Bild:[75] Zweimal tritt in Fragment 48 der Eigenname *Marcus Marius* an bevorzugte Stelle; ähnlich die Ortsnamen *Teanum Sidicinum* und *Ferentini*. Gracchus empfand, daß Eigennamen besonders hervorgehoben werden müssen (was Goethe den Schauspielern ans Herz legte)[76] und rückte die Namen daher jeweils an den Anfang bzw. an das Ende des Satzes.

[72] Bei Cato sieht solche Züge Leeman; Bedenken dagegen bei M. Fuhrmann, Gnomon 38, 1966, 360.

[73] Ciceros Haltung ist nicht etwa weniger rational, nur steht neben Pathos und Ironie auch Humor und neben der analytischen auch die spezifisch künstlerische Rationalität. S. das Ende des Kapitels.

[74] J. Marouzeau, L'ordre des mots ... II, 71.

[75] J. Marouzeau hat dies merkwürdigerweise nicht beachtet.

[76] Goethe, Regeln für Schauspieler (1803) § 13 (WA 40, 143) »Auf die Eigennamen muß im allgemeinen ein stärkerer Ausdruck in der Aussprache gelegt werden als gewöhnlich, weil so ein Name dem Zuhörer besonders auffallen soll«. Wichtig auch § 27 (WA 40, 150 f.) (die Eigennamen seien deutlicher und mit besonderem Ton auszusprechen, um die Phantasie des Hörers anzuregen).

Die bei stillem Lesen wenig auffallenden Anfangs- und Endstellungen offenbaren ihre Gewalt im mündlichen Vortrag.[77] In dem Satz *eoque adductus suae civitatis nobilissimus homo M. Marius* entsteht die Emphase durch ungewöhnliche Endstellung des Subjekts und durch das Attribut *nobilissimus*,[78] zumal Gracchus sonst mit Beiwörtern spart.[79]

In Fragment 49 ist durch die Endstellung jeweils das entscheidende Element des Satzes hervorgehoben: einmal das Subjekt, das nicht ohne ironischen Unterton dem Publikum als *homo adulescens pro legato* vorgestellt wird; zum andern der Witz des Ochsentreibers: *num mortuum ferrent;* schließlich der empörende Schluß der Szene: *dum animam efflavit.* Unter diesem Gesichtspunkt gewinnt auch das scheinbar so matte *idcirco* am Satzanfang Gewicht (»aus diesem Grund und keinem andern, aus diesem lächerlichen Grund«). Im Gegensatz zu J. Marouzeau, der Inversionen bei Gracchus vermißt, müssen wir also zu dem Ergebnis kommen, daß das geschickte Ausnützen der Anfangs- und Endstellung im Satz unserem Text Lebendigkeit und Eleganz verleiht.

b) Vortrag

Wenn Gellius das Fehlen emotionaler Appelle beanstandet, achtet er vielleicht zu wenig auf die feinen Nuancen der Wortstellung, die innerhalb jener schlichten Sprache doch Akzente setzen. Affekt, Haß und Ironie – so meint er – kommen hier nicht genügend zum Ausdruck.[80] Konnte der Redner sie

---

[77] Die Bedeutung der Endstellung erkennt Quint. 9, 4, 29. Vgl. ebd. 67 (allerdings im Zusammenhang mit dem Satzrhythmus): *initia clausulaeque plurimum momenti habent, quotiens incipit sensus aut desinit.* Die Auffälligkeit des Schlusses ist noch größer als die des Anfangs (vgl. 9, 4, 63).

[78] Zu der fast regelmäßigen Voranstellung solcher Adjektive in früher Prosa: A. Reckzey: Über grammatische und rhetorische Stellung des Adjektivums bei den Annalisten, Cato und Sallust. Programm Berlin 1888, 29.

[79] Wenn er sie gebraucht, dann desto wirkungsvoller: fr. 17 *pessimi – optimum;* 27 *postremissimum nequissimumque.*

[80] Gell. 10, 3, 4 *In tam atroci re ac tam misera atque maesta iniuriae publicae contestatione ecquid est, quod aut ampliter insigniterque aut lacrimose atque miseranter aut multa copiosaque invidia gravique et penetrabili querimonia dixerit? brevitas sane et venustas et mundities orationis est, qualis haberi ferme in comoediarum festivitatibus solet...* ebd. 13 über Cicero: *complorationem deinde tam acerbae rei et odium in Verrem detestationemque aput civis Romanos inpense atque acriter atque inflammanter facit.*

aber nicht in den Ton des Vortrags legen? Was schon die Wortfolge nahelegt, bestätigt die Überlieferung. Gracchus war ein Meister des Vortrags und griff sogar zu starken außerliterarischen Mitteln, um seinen Worten Nachdruck zu verleihen. Plutarch schildert sein lebhaftes Agieren im Gegensatz zu dem gesetzten Wesen des Bruders.[81] Cicero stellt C. Gracchus als Vortragskünstler in eine Reihe mit Demosthenes.[82] Man darf bei Gaius von einer Kunst des »Registrierens« sprechen, hatte er doch, was uns Moderne bei einem Redner überrascht, stets einen Mann neben sich, der, sooft sein Herr zu tief oder zu heftig sprach, mit einer Stimmpfeife den Ton angab.[83]

Eine der pathetischsten Stellen des Gracchus hat nach dem Zeugnis Ciceros auf das Publikum offenbar noch mehr durch die Kunst des Vortrags als durch ihren bloßen Wortlaut gewirkt:[84] *»quo me miser conferam? quo vertam? in Capitoliumne? at fratris sanguine madet.[85] an domum? matremne ut miseram lamentantem videam et abiectam?«*[86]

Man hat seit langem bemerkt, daß es zu dieser Stelle in der vorausgehenden und späteren Literatur Parallelen gibt.[87] Dabei ist die Berührung mit Euripi-

---

[81] Plut. Tib. et C. Gracchus 2.   [82] Cic. de orat. 3, 214.

[83] Cic. de orat. 3, 224. 227. Daraus Quint. inst. 1, 10, 27. Val. Max. 8, 10, 1. Gell. 1, 11, 10 ff. Ethisch umgedeutet bzw. mißverstanden von Plutarch Tib. Gracch. 2, 4. mor. 456 A, Cass. Dio fr. 85, 2. Grundlegend R. Büttner, Porcius Licinus, Leipzig 1893, 80 ff. Vgl. auch E. Norden, Kunstprosa 1, 57, mit dem wichtigen Hinweis auf L. Cresollius: *Vacationes autumnales, sive de perfecta oratoris actione et pronunciatione libri III,* Paris 1620, 499.

[84] Fr. 61 Malcovati[2]; Cic. de orat. 3, 214.

[85] Die Überlieferung schwankt an dieser Stelle: *sanguine madet* M: *sanguinem (-ne* P[2]*) redundat* L. Quint. inst. 11, 3, 115 verkürzt zu: *ad fratris sanguinem.* Daraus C. Iulius Victor (p. 443 Halm); *redundat* ist das bei Cicero in solchem Zusammenhang zu Erwartende. *madet* ist wohl richtig. Das Wort ist typisch poetisch (z. B. Cato agr. 85). Merkwürdigerweise ist unsere Stelle im Thesaurus 8, 1936/66, 33, 29 s. v. *madere* ohne Hinweis auf Gracchus als Cicero-Zitat (!) angeführt (W. Richter).

[86] Die ergreifenden Worte weist man einer Rede zu, die C. Gracchus in den letzten Tagen seines Lebens hielt (121 v. Chr.). (So H. Malcovati z. St., die sich jedoch nicht, wie N. Häpke [90], auf den letzten Tag festlegen will.) Mir scheint dies plausibel, aber nicht restlos sicher. Deutet nicht *madet* vielleicht sogar darauf hin, daß der Mord an Tiberius noch nicht allzu lange vorüber ist? Mit diesem Argument ließe sich vielleicht die Auffassung K. W. Piderits (zu de or. 3, 214) stützen, die Rede sei kurz nach dem Tode des Tiberius gehalten. Freilich müßte man dann die Gegenargumente N. Häpkes (88) entkräften.

[87] Eurip. Med. 502–505 Νῦν ποῖ τράπωμαι; πότερα πρὸς πατρὸς δόμους; οὓς σοὶ προδοῦσα καὶ πάτραν ἀφικόμην; ἢ πρὸς ταλαίνας Πελιάδας; καλῶς γ' ἂν οὖν

69

des enger als mit Ennius: Wie Euripides setzt Gracchus hinter jede Frage sogleich den Einwand und gewinnt dadurch eine lebendige, abwechslungsreiche und doch sehr klare Gliederung. Da E. Norden den Gedanken einer direkten Benutzung des Demosthenes zurückgewiesen hat[88] – denn es ist unwahrscheinlich, daß Gracchus aus der demosthenischen Trivialisierung dies gewaltige Pathos entwickelt haben sollte[89] –, bleibt es die beste Erklärung, daß Gracchus aus griechischer Schultradition schöpft. Die frappierende Ähnlichkeit mit Euripides erklärt sich m. E. am einfachsten daraus, daß die griechischen Rhetoren ihre Lehren aus mnemotechnischen Gründen gern mit Dichterzitaten exemplifizierten.

Fragt man sich, warum die Stelle bei Gracchus ergreifend wirkt, so drängen sich bezeichnenderweise zunächst nicht stilistische Erwägungen auf, sondern einmal die beklemmende Situation, in der die Worte gesprochen wurden, zum andern die durch Cicero bezeugte Meisterschaft des Vortrags, die sogar die Feinde in ihren Bann schlug.[90]

Die stilistische Eigenart wird klar am Vergleich mit späteren Parallelen, aus denen wir nur Cicero pro Murena 41, 88 f.[91] herausgreifen.

> *Si, quod Iuppiter omen avertat, hunc vestris sententiis adflixeritis, quo se miser vertet? domumne? ut eam imaginem clarissimi viri, parentis sui, quam paucis ante diebus laureatam in sua gratulatione conspexit, eandem deformatam ignominia lugentemque videat? an ad matrem, quae misera modo consulem osculata filium suum nunc cruciatur et sollicita est, ne*

[Fortsetzung von Fußnote 87:]

δέξαιντό μ'οἴκοις ὧν πατέρα κατέκτανον. Enn. trag. 231 R.: *quo nunc me vortam? quod iter incipiam ingredi? Domum paternamne? anne ad Peliae filias?* Demosth. or. 28 (=κατὰ 'Αφόβου β') 18 ποῖ δ'ἂν τραποίμεθα... εἰς τὰ ὑποκείμενα τοῖς δανείσασιν; ἀλλὰ τῶν ὑποθεμένων ἐστίν. ἀλλ' εἰς τὰ περιόντ' αὐτῶν; ἀλλὰ τούτου γίγνεται... Dazu E. Norden, Kunstprosa 1. Nachträge S. 13 f. (zu S. 171). Daselbst Belege und Literaturangaben; diese wichtigen Nachträge sind E. Malcovati z. St. entgangen; Norden bietet dort reicheres Material als der von Malcovati zitierte Aufsatz von M. Bonnet REA 8, 1906, 40–46.

[88] Leeman 56 f. scheint trotz E. Norden direkten Einfluß des Demosthenes anzunehmen.

[89] E. Norden ebd.

[90] Cic. de or. 3, 214: *Quae sic ab illo esse acta constabat oculis, voce, gestu, inimici ut lacrimas tenere non possent.*

[91] Text: A. C. Clark, Oxford 1905.

eundem paulo post spoliatum omni dignitate conspiciat? sed quid ego[92]
*matrem aut domum appello, quem nova poena legis et domo et parente
et omnium suorum consuetudine conspectuque privat? ibit igitur in exsi-
lium miser? quo? ad Orientisne partis, in quibus annos multos legatus
fuit, exercitus duxit, res maximas gessit? at habet magnum dolorem, unde
cum honore decesseris, eodem cum ignominia reverti. an se in contrariam
partem terrarum abdet, ut Gallia Transalpina, quem nuper summo cum
imperio libentissime viderit, eundem lugentem, maerentem, exsulem videat? in ea porro provincia quo animo C. Murenam, fratrem suum, aspi-
ciet?*

Wenn ihr – was Juppiter verhüten möge – diesen Mann [Murena]
durch euer Urteil niederschmettert, wohin wird der Unglückliche sich
dann wenden? Nach Hause, um anschauen zu müssen, wie das Bild seines
ruhmreichen Vaters, das er noch vor wenigen Tagen, als man ihn beglück-
wünschte, mit Lorbeer bekränzt sah, jetzt schmachvoll entehrt ist und
trauert? Oder zu seiner Mutter, der armen, die ihren Sohn eben noch als
Consul küßte und die nun von der Sorge gemartert wird, ihn bald aller
Würde entblößt zu sehen? Aber was erwähne ich seine Mutter, sein Haus,
da doch die neue Strafe des Gesetzes ihm Haus und Mutter, Anblick und
Umgang aller seiner Angehörigen raubt? Wird der Arme also in die Ver-
bannung gehen? Wohin? In den Orient, wo er viele Jahre Legat war,
Heere geführt und Großes vollbracht hat? Aber es ist ein tiefer Schmerz,
dorthin, von wo man mit Ehren geschieden ist, mit Schande zurückzu-
kehren. Oder wird er sich am andern Ende der Welt verstecken, damit
das transalpine Gallien, das ihn kürzlich als obersten Befehlshaber so
gerne bei sich hatte, ihn jetzt als Trauernden, Gramgebeugten, Heimat-
losen wiedersieht? Mit welchen Empfindungen wird er ferner in dieser
Provinz seinem Bruder C. Murena in die Augen schauen?

Im einzelnen sehe man, wie Cicero viermal (bei Vaterbild, Mutter, Orient
und Okzident) den Kontrast zwischen einst und jetzt herausarbeitet. Für das
Ganze ist bestimmend, daß sich an das erste Dilemma sogleich ein zweites
schließt, das das vorhergehende überbietet. Die *miseratio* beschränkt sich nicht
auf Vaterhaus und Mutter, sondern bezieht auf einer weiteren Stufe den gesamten Erdkreis – Orient und Okzident – mit ein. Schon in der vorhin betrachteten Erzählung von der Mißhandlung des römischen Bürgers konnten
wir eine ähnliche Technik beobachten. Hier wie dort ergibt die Kunst des Zer-
legens in Einzelmomente und eine Disposition, die jeweils das Bedeutendere

92 *Ego* codd.; *eius* Clark.

71

aus dem weniger Bedeutenden hervorwachsen läßt, eine Steigerung und starke Reliefwirkung.[93]

Gegenpol ist die Ennius-Stelle, die dem Sachverhalt nicht durch Aufgliederung, sondern durch gedrängtes Nebeneinanderstellen der Gegensätze Glanz verleiht. In der Mitte zwischen der epigrammatisch andeutenden Reduktion bei Ennius und der steigernden Entfaltung bei Cicero steht die ausgewogene und dennoch knappe Formulierung bei Gracchus. Sieht man von den außerliterarischen Komponenten – der Situation und der Vortragsweise – ab, so beruht auch hier die stilistische Wirkung hauptsächlich auf der sparsamen Anwendung der Mittel: reine Latinität, klare Antithesen, Breite nur, soweit es das Verständnis, und Farbigkeit, soweit es die Wirkung auf die Zuhörer verlangt. Selbst an dieser Stelle, die zu den pathetischsten des Gracchus gehört, waltet in der Klarheit der Disposition und in der Ökonomie[94] der Mittel eine ausgeprägte Rationalität.[95]

6. Schluß

E. Norden hat gezeigt, daß für die römischen Redner – ähnlich wie für die Dichter – zunächst der hellenistische Stil und nicht etwa der klassisch-griechische maßgebend war.[96] Was Gracchus bei Diophanes von Mytilene[97] oder Menelaos aus Marathus[98] gelernt hat, war in seiner Zierlichkeit und Geschliffenheit mehr dazu geeignet, italischen Formsinn anzusprechen als römischer *gravitas* und gracchischer Leidenschaftlichkeit[99] ein angemessenes sprachliches

---

[93] Ob der Nachdruck mit der Expansion zugenommen hat, ist eine zweite Frage (Leeman 57 gibt Zunahme an *ubertas* zu, nicht aber an *vis*).

[94] Man beachte z. B. die Sparsamkeit im Gebrauch der Anapher. Gracchus kennt auch sonst absichtliche Wortwiederholungen, z. B. häufiger in fr. 44.

[95] »Wilde Leidenschaft und asianische Rhetorik« sah E. Meyer 368 f. hier im Anschluß an E. Norden. Auch F. Leo ließ sich von der Ansicht E. Nordens stark beeindrucken, doch bekennt er implizit, daß die Fragmente nur selten pathetischen Charakter haben (Geschichte der römischen Literatur, 309). Unvoreingenommen hatte E. Meyer zunächst die Fragmente beurteilt, doch hat er unter E. Nordens Einfluß seine Meinung geändert, vgl. Kleine Schriften ... 368.

[96] E. Norden, Kunstprosa 1, 169.   [97] Vgl. Cic. Brut. 104.

[98] Dieser Phöniker unterstützte nach Cic. Brut. 100 den Gracchus bei der Abfassung seiner Reden.

[99] S. S. 56, Anm. 21.

Gefäß zu bereiten. [100] In den scharf ziselierten Sätzen kam das Temperament des Gracchus nur unterschwellig zum Vorschein; es mußte sich zusätzlich in der intensiven *actio*, in Haltung und Gebärde, entladen, und dies war es, was dem Publikum an dem Redner Gracchus am meisten auffiel. [101] Entsteht doch, für jeden aufmerksamen Leser der Fragmente feststellbar, in den knappen und betont einfachen Formulierungen eine Stauung des Temperaments. Daraus ergibt sich eine besondere Art nervöser, ironischer Gespanntheit, wie wir sie insbesondere in der Wortstellung der scheinbar so schlichten und sachlichen Erzählungen feststellen konnten. Die Anwesenheit des Mahners mit der Stimmpfeife hatte wohl den Zweck, eine Überanstrengung der Stimme zu verhüten, denn in die Überforderung des Organs flüchtete sich bei Gracchus die zurückgedrängte Dynamik nur allzu leicht. In dieser selbstauferlegten rationalen Kontrolle finden wir eine äußere Spiegelung jener Kombination von starkem Temperament und scharfem Verstand, die den Reiz der Redenfragmente des Gracchus ausmacht. Die Spannung zwischen heftiger Emotion und diszipliniertem Stil beruht bei ihm – so müssen wir abschließend feststellen – nicht auf Unvermögen und auch nicht auf der Unvollkommenheit des damaligen Lateins, sondern gehört zum Wesen dieses Mannes.

In diesem Sinne bedürfen sowohl der Topos vom »leidenschaftlichen« Gracchus als auch die Ansichten über die *ubertas* bzw. die *egestas* seines Stils einer abwägenden Nuancierung.

Gracchus gegen Cicero? Cicero gegen Gracchus? Urtümliche Kraft gegen Dekadenz? Künstlertum gegen Roheit?

All diese Antithesen sind verfehlt. Wie Leeman [102] gesehen hat, ist der Stil des Gracchus vielfältig. Was wir darüber hinaus zeigen konnten, deutete mehr auf den Geist und die Art, wie die Mittel verwendet werden, als auf eine einseitige Auswahl.

Noch mehr gilt solches von Cicero. Die kunstvolle *narratio* aus *de suppliciis* darf man nicht für den einzigen Typus einer ciceronischen Erzählung halten. Das Pathos ist hier dadurch gerechtfertigt, daß es sich um einen besonders schwerwiegenden Fall handelt; die künstlerische Ausarbeitung kann auch mit dem Charakter der Buchrede zusammenhängen.

Sonst weiß auch Cicero, daß Schlichtheit die Glaubwürdigkeit einer *nar-*

[100] Etwas anders E. Norden 171.

[101] Cic. de or. 3, 213 f. Quint. inst. 11, 3, 8 ff. 115 ff. Iul. Vict. p. 443, 2 Halm. Plut. Tib. et C. Gr. 2, 2. Cass. Dio fr. 85, 2.

[102] Zit. oben S. 56.

ratio erhöht. Selbst eine so kunstvolle Rede wie die Miloniana erzählt den Hergang betont einfach. [103]

Auch die Sprachhaltung zeigt verwandte Züge. Bei Gracchus, der nach einem Wort Münzers [104] nie aufgehört hat, »der große Herr zu sein«, ist das natürliche und durch Bildung [105] verfeinerte Stilgefühl eine Komponente seines grandseigneuralen Wesens, bei Cicero durch Studium und Selbstdisziplin zweite Natur.

Die höhere künstlerische Vollendung erklärt sich nicht allein durch die strengeren Forderungen einer veränderten Umwelt, sondern auch durch die stärkere literarische Neigung des Späteren. Aber spricht aus dem Eingehen der Leidenschaft ins Wort nicht auch ein vielleicht weniger kraftvolles, aber mehr nach Ausgleich strebendes Naturell? Nicht mehr glühende Lava unter der Eisdecke schneidender Rationalität, sondern ins Wort gehobener Affekt und das Seelische bewußt durchdringende künstlerische Ratio. [106]

[103] Quint. inst. 4, 2, 57 f. *callidissima simplicitatis imitatio.*

[104] RE II A2, 1923, 1397. Vgl. auch L. Homo, Nouvelle histoire romaine, Paris 1941, 185.

[105] Vgl. Cic. Brut. 2.

[106] Die bei uns seit dem 18./19. Jahrhundert aufs neue geschätzte Fähigkeit, über Erhabenes einfach zu sprechen, besaß nicht nur Gracchus, sondern auch Cicero; vgl. unser Kapitel über rep. Cicero hat einen untrüglichen Sinn für das jeweils Angemessene (*aptum*).

III. KAPITEL

Caesar (100–44 v. Chr.)

I. Leichenrede auf Iulia

(69 v. Chr.)

Amitae meae Iuliae maternum genus ab regibus ortum, paternum cum diis inmortalibus coniunctum est. nam ab Anco Marcio sunt Marcii Reges, quo nomine fuit mater; a Venere Iulii, cuius gentis familia est nostra. est ergo in genere et sanctitas regum, qui plurimum inter homines pollent, et caerimonia deorum, quorum ipsi in potestate sunt reges. [1]

Meiner Tante Iulia mütterlich Geschlecht [2] ist Königen entsprossen, ihr väterliches mit den unsterblichen Göttern verwandt. Denn von Ancus Marcius stammen die Marcii Reges – diesen Namen führte die Mutter –; von der Venus die Iulier, die Sippe, der unsere Familie angehört. Also ist in ihrem Geschlecht sowohl die unantastbare Würde der Könige, der mächtigsten unter den Menschen, als auch die Weihe der Götter, in deren Macht sogar Könige stehen.

Caesar – der »größte der Sterblichen« [3]: so dachten vor nicht allzulanger Zeit mit seltener Einmütigkeit Demokraten wie Mommsen [4], Aristokraten wie Gundolf [5] und Monarchen wie Napoleon I. und III. [6]

---

[1] TEXT: ORF [2] fr. 29, p. 390. Sonstige Redenfragmente ebd. 383–397; vgl. auch den dritten Band der Teubneriana von A. Klotz (Leipzig 1927, Neudruck Stuttgart 1966), bes. p. 175.

[2] In dem vorliegenden Text ist der Unterschied zwischen *genus* (Geschlecht als Herkunft) und *gens* (Geschlecht als Sippe) zu beachten.

[3] J. Burckhardt, Gesamtausgabe, Berlin / Leipzig 1930–34, 7, 237.

[4] Römische Geschichte (zit. oben S. 16, Anm. 5).

[5] F. Gundolf, Caesar, Gesch. s. Ruhms, Berlin 1924 (Neudruck Darmstadt 1968).

[6] Napoléon I, Darstellung der Kriege Caesars, Turennes, Friedrichs des Großen,

Dem Jahrhundert, das sich gern für das nüchternste hielt, entlockte diese Gestalt fast religiöse Töne. Wir versuchen uns ihr hier von einer menschlicheren Seite zu nähern, die man nicht immer würdigt und die etwas von der persönlichen Ausstrahlung Caesars empfinden läßt: Betrachten wir ihn zunächst als Redner!

Der Text aus der Leichenrede auf Iulia besticht durch Klarheit des Aufbaus und der Gedankenführung. Das Grundthema ist in sich zweigliedrig: mütterlicherseits Abstammung von Königen, väterlicherseits von Göttern.

Zunächst wird der Gedanke allgemein ausgesprochen. Dabei ist das Gesetz der wachsenden Glieder beachtet; für die größere Länge des zweiten Kolon ist dadurch gesorgt, daß das kurze Substantiv *diis* durch das Adjektiv *inmortalibus* erweitert wird. Die Verbindung ist gewöhnlich (sie ist uns schon bei Cato begegnet), das Stilmittel also unauffällig – die Art der Eleganz, die Caesar liebt. Der nächste Satz – mit *nam* eingeleitet – begründet und konkretisiert die bisher nur allgemein aufgestellte Behauptung. Die Reihenfolge ist dieselbe wie im ersten Satz. Caesar zieht also im Gedanklichen den Parallelismus *a b a b* der bei Cato beobachteten Ordnung *a b b a* vor: Abkehr vom Archaischen.

Auf den Hauptsatz folgt jeweils ein Relativsatz. Wieder ist der zweite dieser Nebensätze (*cuius gentis familia est nostra*) voller als der erste (*quo nomine fuit mater*). Ein kleines Gegengewicht entsteht durch die Kürze des zweiten Teils des Hauptsatzes (*a Venere Iulii*).

Der dritte Satz, der wieder gedanklich den Aufbau *a b* aufweist, zieht – mit *ergo* – die Folgerung aus dem Vorhergehenden. Er fügt gegenüber dem Anfang die würdevollen Substantive *sanctitas* und *caerimonia*[7] hinzu und bildet dadurch eine Steigerung. Zugleich nimmt er die relativische Struktur des zweiten Teiles auf. Inhaltlich ist neu, daß ausdrücklich zwischen Königen und Göttern eine Rangordnung hergestellt wird. So schließt die dreiteilige Struktur mit einer überzeugenden Verbindung der bisher getrennt aufgetretenen Motive.

Der Aufbau unseres Textes zeigt also dreifachen Parallelismus. Die gedankliche Verknüpfung der drei Glieder ist durch logische Partikeln klar gekenn-

[Fortsetzung von Fußnote 6:]

dt. hrsg. von H. E. Friedrich, Berlin 1938 (vgl. hierzu: Précis des guerres de César par Napoléon, écrit par M. Marchand à l'île Sainte-Hélène sous la dictée de l'empereur, Paris 1836; Commentaires de César, suivis du précis des guerres de Jules César par Napoléon, Paris 1872). – Napoléon III, Histoire de Jules César, Paris 1865/66; deutsche Übersetzung, 2 Bde. Wien 1865/66.

7 *Sanctitas* kommt bei Caesar nur hier vor, *caerimonia* außerdem nur Gall. 7, 2, 2.

zeichnet; das Fortschreiten macht sich durch Zunahme des Umfangs (14 : 19 : 21 Wörter) und des Gewichts jedes Satzes bemerkbar: Im zweiten Satz kommen Relativsätze hinzu, im dritten abstrakte Substantive und ein die Motive verbindender Schlußgedanke.

Auch im einzelnen sind die Kola und Kommata sorgfältig gestaltet; wir notieren in Klammern bei jeder Atempause den zuletzt erklungenen Rhythmus: *Amitae meae Iuliae* (− ∪ − − ∪ − Dikretikus) *maternum genus ab regibus ortum* (− ∪ ∪ − ∪ heroische Klausel), *paternum cum diis inmortalibus coniunctum est* (− − − − Dispondeus). *nam ab Anco Marcio sunt Marcii*[8] *Reges* (− ∪ − − − Kretikus mit Spondeus), *quo nomine fuit mater* (∪ ∪ ∪ − − ∪ 4. Paeon mit Trochaeus), *a Venere Iulii* (− ∪ ∪ ∪ − ∪ − 1. Paeon und Kretikus), *cuius gentis familia est nostra* (∪ ∪ ∪ − − ∪ 4. Paeon und Trochaeus). *est ergo in genere et sanctitas regum* (− ∪ − − ∪ Kretikus und Trochaeus), *qui plurimum inter homines pollent* (∪ ∪ ∪ − − − 4. Paeon und Spondeus), *et caerimonia deorum* (− ∪ ∪ ∪ − ∪ 1. Paeon und Trochaeus), *quorum ipsi in potestate sunt reges* (− ∪ − − − Kretikus und Spondeus).

Am häufigsten erscheint am Kolonschluß der Typus ∪∪ ∪ ∪∪ − ∪̄ (Kretikus und Trochaeus), wobei der Kretikus durch die ihm metrisch gleichwertigen Paeone (1. und 4. Paeon) ersetzt werden kann. Es dominieren also die uns auch aus Cicero wohlbekannten Klauseltypen *clausulas esse* bzw. *esse videatur*. An zweiter Stelle steht der Dikretikus (bzw. Paeon und Kretikus); auch dies ein Cicero vertrauter Formtypus (*clausulas fecimus*). Innerhalb dieser recht einheitlichen Rhythmik hat die heroische Klausel (*regibus ortum*) eine Sonderstellung, sie unterstreicht akustisch die vornehme Abkunft durch den epischen Rhythmus.

Die *laudatio* steht rhythmisch Ciceros Reden näher als Caesars eigenen *commentarii*[9]. Gattungsunterschiede spielen in der Antike eine bedeutende Rolle. In den Reden verzichtet Caesar nicht auf Schmuck; der Tonfall ist gehobener, feierlicher, musikalischer; mit Händen greifen läßt sich die Umkehrung der normalen Wortfolge um des Klauselrhythmus willen z. B. an der

[8] Bei *Marcii* und *Iulii* stellt sich das Problem der Aussprache; zwar ist in klassischer Zeit die Schreibung *-i* für *-ii* häufiger, aber keineswegs einheitlich; bei Cicero wird *-ii* sehr oft durch den Prosarhythmus bestätigt; auch bei Caesar darf die Überlieferung hier also nicht geändert werden.

[9] Bezeichnenderweise werden jedoch in den direkten Reden Gall. 7, 76 (Critognatus) und civ. 2, 32 (Curio) die oratorischen Rhythmen auch nicht vermieden (was E. Norden, Kunstprosa 2, 939 nicht beachtet); richtig hierüber L. Holtz, C. Iulius Caesar quo usus sit in orationibus dicendi genere. Diss. Jena 1913, 30–40.

Stelle *familia est nostra*. Auch der Wortschatz ist erlesener (*ortum; sanctitas; caerimonia*). In den Reden tritt uns also in mancher Beziehung ein unbekannter Caesar entgegen. [10] Plutarch [11] nennt ihn den zweitbesten Redner Roms. Wenn Caesar in den Anticatones, [12] einer Entgegnung auf Ciceros Lob des jüngeren Cato, bittet, man möge die Worte eines Soldaten nicht an der Kunst eines geschickten Redners messen, der ja auch Muße genug habe, so ist dies ein echt caesarisches ›understatement‹.

Nach Ciceros Urteil [13] erfüllen Caesars Reden einerseits die Forderung der *elegantia*, d. h. des jeweils treffenden Ausdrucks. Damit entspricht Caesar dem attizistischen Ideal, (ohne daß man ihn deshalb zum Attizisten stempeln darf). Caesar wird niemals der Unsitte gehuldigt haben, um der Vermeidung einer Wortwiederholung willen nach Synonymen zu suchen; dies läßt sich auch in unserem Text beobachten. [14]

Aber Ciceros weitere Worte führen über den strengen Attizismus hinaus und zeigen, daß Caesar sich als Redner nicht mit bloßer Korrektheit begnügt: »Und wenn Caesar dann noch zur treffenden Wortwahl die rednerischen Schmuckmittel hinzufügt, dann scheint er mir gleichsam gut gemalte Bilder in guter Beleuchtung aufzustellen«. [15] Ciceros Lob bestätigt also, daß Caesar in seinen Reden nicht in der Art der *commentarii* gesprochen hat.

Die Beobachtung des rhythmischen Ornats [16] erlaubt es nun auch, präziser zu der Frage Stellung zu nehmen, ob Caesar im vollen Sinne als »Attizist« zu bezeichnen ist. Wir meinen hier nicht den grammatischen Attizismus (die ja an sich selbstverständliche Forderung nach Sprachrichtigkeit – ἑλληνισμός, *Latinitas*), sondern den rhetorischen Attizismus, eine Richtung, die sich in letzter Schärfe eigentlich erst im Rom des ersten vorchristlichen Jahrhunderts ausgeprägt hat und Lysias und Thukydides als Stilmuster wählte. Mit einem

[10] Leeman 158 scheint die Unterschiede zwischen den Reden und den *commentarii* zu unterschätzen.

[11] Plut. Caes. 3.   [12] Ebd. = Caesar ed. Klotz III p. 188.

[13] Brut. 72, 252.   [14] S. unten S. 79 und 82.

[15] Brut. 75, 261 *cum ad hanc elegantiam verborum Latinorum adiungit illa oratoria ornamenta dicendi, tum videtur tamquam tabulas bene pictas conlocare in bono lumine.*

[16] Vgl. auch K. Deichgräber, Elegantia Caesaris, Gymnasium 57, 1950, 112–123; s. jetzt auch Caesar, hrsg. D. Rasmussen, Darmstadt 1967, 208–223; auch in *de analogia* beachtet Caesar die Klauseln (E. Löfstedt, Syntactica II, 307–311; Cic. Brut. 72, 253).

der Hauptvertreter dieser Richtung, Calvus, war Caesar verfeindet – was freilich noch kein entscheidendes Argument gegen Caesars Attikertum wäre. Während E. Norden Caesar mit Selbstverständlichkeit dem Attizismus zurechnet,[17] sind neuere Forscher wie J. F. D'Alton[18] und A. D. Leeman[19] zurückhaltender – wie ich glaube mit Recht. In der vorliegenden Rede – und auch in den übrigen[20] – zeigt schon die Cicero nahestehende Rhythmik, daß Caesar nicht als strenger Attiker zu bezeichnen ist.

Wir können noch einen Schritt weiterkommen, wenn wir die Verteilung der Rhythmen beachten. Wie wir sahen, gebraucht Caesar hier vorwiegend ein einziges rhythmisches Schema, das er nur leicht variiert. Dieses Bild des Klauselrhythmus paßt gut zu der zuvor beobachteten Symmetrie des Satzbaus. Manches daran erinnert an die fast erschreckende Ausgewogenheit der frühen Reden Ciceros – vor allem von Pro Quinctio. Beide großen Autoren haben sich von dieser anfänglichen Hyperkorrektheit später frei gemacht. Man wird also auch hier nicht dieselben Züge bei Caesar als »attizistisch«, bei Cicero als »asianisch« interpretieren dürfen, zumal ja beide Schüler des Rhodiers Molon waren.[21]

Trotzdem trägt auch diese frühe Äußerung unverkennbar caesarische Züge. Schon inhaltlich ist die Rede ein geistesgeschichtliches Dokument: Bereits hier, in Caesars Frühzeit, erscheint die Berufung auf die göttliche Abstammung. Caesar hat also nicht nur als Gott geendet, sondern auch als Göttersohn begonnen. Auch unser Versuch, sich ihm von einer »menschlichen« Seite zu nähern, hat uns somit ungewollt in heroische Höhen[22] geführt. Doch zurück! Das Caesarische manifestiert sich auch in der Sprache: Anspruchsvolle Vokabeln bezeichnen die Macht (*pollent*[23] neben *potestas*) und Würde (*sanctitas, caerimonia*); die zentralen Worte werden aber nicht variiert: *reges* (viermal), *di* (zweimal), *genus* (zweimal). Abwechslung wird nur erstrebt, wo sie sachlich gerechtfertigt ist (vgl. *quo nomine* mit *cuius gentis;* an der ersteren Stelle kommt es in der Tat auf den Namen besonders an: *Marcii Reges!*). Mit der »geometrischen« Anmut der Form paart sich also ein ausgeprägter Sinn für

[17] Die römische Literatur, Leipzig 1954 [5], 39.

[18] Roman Literary Theory and Criticism, New York 1931 (Neudruck 1962) 254.

[19] A. O. 156. [20] Holtz 24–26.

[21] Suet. Iul. 4, 1. Holtz passim. [22] Vgl. auch Hor. carm. 3, 1, 5 f.

[23] Zum archaisch feierlichen Stilwert von *polleo* vgl. R. Syme, Sallust, Berkeley und Los Angeles 1964, 306. (Das Wort nimmt bei Sallust an Häufigkeit zu.)

Würde. Was wir der Sprache und dem Stil entnehmen können, wird durch den unmittelbaren Eindruck, den Caesar als Redner auf seine Zeitgenossen machte, bestätigt: Er hatte, wie Augenzeugen berichten, ein würdevolles Auftreten und dabei eine packende Frische des Sprechens, der man die Routine nicht anmerkte: *splendidam quandam minimeque veteratoriam rationem dicendi tenet, voce motu forma etiam magnificam et generosam quodammodo.* [24] Deichgräber [25] hat die Diszipliniertheit von Caesars Stil in unserem Text richtig erkannt, wenn auch m. E. noch ein Rest von formaler Starrheit nicht zu verkennen ist.

II. Überlegung und blitzschnelles Handeln

(Gall. 7, 27) [26]

Postero die Caesar promota turri perfectisque operibus, quae facere instituerat, magno coorto imbri non inutilem hanc ad capiendum consilium tempestatem arbitratus, quod paulo incautius custodias in muro dispositas videbat, suos quoque languidius in opere versari iussit et quid fieri vellet ostendit, legionibusque intra vineas in occulto expeditis, cohortatus ut aliquando pro tantis laboribus fructum victoriae perciperent, iis qui primi murum ascendissent, praemia proposuit militibusque signum dedit. illi subito ex omnibus partibus evolaverunt murumque celeriter compleverunt.

Am nächsten Tag – ein Turm war vorgeschoben und die geplanten Schanzarbeiten vollendet – setzte starker Regen ein, ein Wetter, das Caesar für besonders geeignet hielt, um einen Entschluß zu fassen; da er sah, daß die Wachtposten etwas zu sorglos auf der Mauer verteilt waren, ließ er auch die Seinen die Schanzarbeit nachlässiger betreiben und traf seine Anordnungen. Er machte die Legionen im Verborgenen innerhalb der »Lauben« [27] zum Kampf bereit; er ermahnte sie, endlich einmal für so viele

---

[24] Cic. Brut. 75, 261.   [25] Zit. S. 78, Anm. 16.

[26] TEXT: O. Seel, Leipzig 1961. KOMMENTAR und BIBLIOGRAPHIE: F. Kraner - W. Dittenberger - H. Meusel, mit Nachwort und bibliographischen Nachträgen von H. Oppermann, 3 Bände, Berlin 1961 [19].

[27] Zur Textkritik s. unten S. 89.

Mühen die Siegesfrucht zu ernten, stellte für diejenigen, die als erste die Mauer erstiegen haben würden, Belohnungen in Aussicht und gab den Soldaten das Zeichen zum Kampf. Die brachen plötzlich von allen Seiten wie im Fluge hervor und besetzten rasch die Mauer.

1. Sachlicher Stil

Caesars Commentarien-Stil ist zutiefst »sachlich« und steht dadurch dem der Reden fern. Wichtig ist es, auf den Einfluß des Kanzleistils der Senatsakten hinzuweisen; hierher gehört die Wiederaufnahme eines Wortes des Hauptsatzes im Relativsatz (z. B. *diem, quo die*), ein Typus, der am Anfang des Bellum Gallicum häufiger ist als später. In unserem Text finden wir nur einen sublimierten Anklang an diesen Stil: *perfectisque operibus, quae facere instituerat.* Derartige Wiederholungen waren bei Cato in viel größerem Umfang aufgetreten, aber sie hatten einen anderen Grund als bei Caesar; sie entsprangen der Nähe von Catos Prosa zu einer gehobenen Mündlichkeit;[28] bei Caesar hingegen ist eine Wiederholung wie die soeben charakterisierte ein Ingrediens des Commentarien-Stils.[29]

Zum Amtsstil gehört auch die Häufigkeit des ablativus absolutus (der z. B. bei Sallust, Livius und Tacitus erheblich seltener ist).[30] Dieses stehende Element in Dankgebeten und Triumphalinschriften siegreicher Feldherrn wird schon von Plautus parodiert: *hostibus victis civibus salvis re placida pacibus perfectis / bello exstincto re bene gesta integro exercitu et praesidiis* Persa 753–755 (vgl. Amph. 188 f.).[31] Dabei liegt in der formelhaften Wiederholung etwas Feierliches; der ablativus absolutus als solcher ist aber nüchtern und gehört zur Sprache militärischer Lageberichte.[32] Ein Merkmal desselben Stils ist auch die oratio obliqua, die zwar in unserem Text nur andeutungsweise er-

[28] Die es von der Umgangssprache zu trennen gilt, s. oben S. 21 f. und 33.

[29] Über Wiederholungen farbloser Wörter bei Caesar vgl. jetzt auch P. T. Eden, Caesar's Style. Inheritance Versus Intelligence. Glotta 40, 1962, 74–117, bes. 83 ff. Edens Gleichsetzung des Commentarien-Stils mit dem des Annalisten Claudius Quadrigarius kann ich nicht zustimmen, s. unser Livius-Kapitel.

[30] Leeman 176, der den Stilwert des abl. abs. bei Caesar m. E. richtig beurteilt.

[31] Vgl. E. Fraenkel, Plautinisches im Plautus, Berlin 1922, 236. Elementi Plautini in Plauto, Firenze 1960, 228; mit Zusätzen 428 f. (reiche Belege und gute Erläuterung).

[32] Vgl. auch E. Laughton, The Participle in Cicero, Oxford 1964, 151 u. ö.

scheint, sonst aber bei Caesar beliebter ist als bei anderen Historikern und im senatus consultum de Bacchanalibus eine amtssprachliche Parallele findet. [33]

Ein weiteres Element der Sachlichkeit von Caesars Sprache und Stil ist sein Streben nach *elegantia*[34], d. h. nach der *proprietas verborum*, also nicht nach besonders erlesenem, sondern nach treffendem Ausdruck. Daher scheut er sich in unserem Text nicht, das Wort *murus* so oft zu verwenden wie nötig, und sucht nicht etwa um der Abwechslung willen nach Umschreibungen. Er begnügt sich überhaupt bei Wortwiederholungen mit leichten Variationen: *perfectis – facere; operibus – in opere*. Andererseits führt das Streben nach *proprietas* gerade in unserem Text zu so charakteristischen Formen wie *incautius*[35] und *languidius*,[36] die sich durch den Parallelismus gegenseitig hervorrufen und stützen.

Sachlich und ganz im Sinne der lateinischen Tradition ist in unserem Text die Stellung des Verbum finitum. Es steht durchweg am Ende – anders als bei Cicero, bei dem in den Reden außerdem die emphatische Anfangsstellung und in den philosophischen Schriften die logische Mittelstellung eine Rolle spielt. [37]

Andererseits variiert Caesar jedoch die Wortstellung beim ablativus absolutus: in unserem Text und auch sonst gerne geht bei ihm die Verbalform voraus. [38] Bei der Anfangsstellung der Verbalform liegt der Akzent auf der funktionalen Eingliederung in das Satzganze; zugleich wird dadurch in der Caesar eigenen unauffälligen Art eine gewisse Belebung erreicht – doch geschieht dies bei Caesar so oft, daß man die Einzelstelle interpretatorisch nicht überanstrengen sollte.

33 Leeman ebd.

34 Zu Caesars *elegantia* und seinem Purismus jetzt auch Eden 97–106.

35 Der Komparativ von *incaute* ist vor Caesar nicht belegt (O. Prinz ThLL 7, 1, 6, 1939, 852, 56). Cicero kennt nur den Komparativ des Adjektivs (ebd. 850, 73).

36 Cic. Att. 7, 3, 11 ist der einzige weitere klassische Beleg. Später Sen. dial. 6, 9, 2, benef. 2, 17, 4. Curt. 4, 16, 4. Plin. nat. 37, 92; 37, 94 (Mitteilung von W. Ehlers, ThLL München).

37 B. J. Porten, Die Stellungsgesetze des verbum finitum bei Cicero und ihre psychologischen Grundlagen. Diss. Köln 1922.

38 In den ersten elf Kapiteln des siebten Buchs ist die Endstellung des Partizips (*his rebus agitatis*) etwa ebenso oft belegt wie die Anfangsstellung (in unserem Text: *promota turri perfectisque operibus*) und die Mittelstellung (in unserem Text: *magno coorto imbri*); Schlußstellung des Substantivs ist also etwa doppelt so häufig wie Anfangsstellung.

Ähnlich stellt Caesar in unserem Text auch einmal das Gerundivum voran: *ad capiendum consilium;* durch diese Umstellung wird der in seinem Zusammenhang etwas überraschende Gedanke gebührend hervorgehoben.

Bemerkenswert ist, daß Caesars Feldherrnrede selbst in der indirekten Form stilistisch stark von ihrer sachlichen Umgebung absticht: hier erscheinen gefühlsbetonte Wörter wie *aliquando* oder auch *tantus* (*pro tantis laboribus*) und eine zwar abgegriffene, aber wirkungsvolle Metapher: *fructum victoriae perciperent.* Caesar setzt das Pathos also nur zweckbestimmt ein. Darin gleicht er Cato; doch geht er dem Commentarien-Stil und seiner eigenen unbarocken Haltung entsprechend mit den Mitteln viel sparsamer um.

2. Funktionales Denken

Schon die Voranstellung der Partizipien in einem großen Teil der ablativi absoluti unseres Textes hebt, wie wir feststellten, die funktionale Beziehung zum Ganzen hervor. Ähnliches gilt von der bei Cicero relativ seltenen Erscheinung, daß auf ein zunächst im ablativus absolutus isoliertes Substantiv im Satze selbst nochmals in einem anderen Casus Bezug genommen wird: *magno coorto imbri ... hanc ... tempestatem arbitratus.* O. Weise [39] erklärt dies aus dem Streben nach Hervorhebung. Man müßte hinzufügen, daß es in unserem Falle dem Bemühen entspringt, den Vorgang in allen Einzelheiten zu analysieren; als äußerer Umstand hat das Einsetzen des Regens für alles Spätere auslösende Bedeutung; dieses Moment muß also isoliert werden. Die innere Logik der Sache hat hier zu einer grammatikalisch etwas unlogischen Konstruktion geführt.

Der Isolation gerade dieses auslösenden Momentes dienen auch die beiden Sperrungen: *magno coorto imbri* ist eine geschlossene Form mit Betonung des Wichtigen durch Randstellung. In den darauf folgenden Worten führt dieselbe Tendenz, funktionale Einheiten zu bilden, zu folgender Sperrung: *non inutilem h a n c ad capiendum consilium t e m p e s t a t e m arbitratus.* Für diese Wortstellung waren nicht primär ästhetische, sondern funktionale Gesichtspunkte maßgebend. Eine Verselbständigung eines Vorganges durch Sperrung beobachten wir auch etwas später: *l e g i o n i b u s q u e intra vineas in occulto e x p e d i t i s.*

Am großartigsten zeigt sich jedoch Caesars funktionales Denken im Gesamtaufbau unseres Abschnitts, dem wir uns nun zuwenden.

[39] O. Weise, Charakteristik der lateinischen Sprache. Leipzig und Berlin 1909⁴, 156.

I. Subjekt: Caesar

    abl. abs.: Was durch andere erledigt wurde oder zufällig eintrat.

    ptc. coni.: Was Caesar selbst denkt.

        Nebensatz: Was er beobachtet (Begründung für
        das Folgende).

            Zwei Hauptverben: Caesars Anordnungen
            (Inhalt: Inf. und Nebensatz).

    abl. abs.: äußere Bewegung der Truppen.

    ptc. coni.: Caesars Mahnrede.

        Nebensatz: Inhalt der Ermahnung

            Zwei Hauptverben: Aussetzung von
            Belohnungen (mit Relativsatz)
            und Zeichen zum Kampf.

II. Subjekt: die Truppen

    Zwei Hauptverben: rasche Ausführung.

Wie schon in der Leichenrede für Iulia zeigt sich auch hier ein erstaunlicher Sinn für Parallelismus und Symmetrie; doch ist das Schema mehr mit Leben erfüllt.

Andererseits besitzt Caesars Bericht die Sachlichkeit einer catonischen Erzählung, verbindet sie jedoch mit einem ungleich kunstvolleren Aufbau. Cato gewinnt Tiefendimension und Perspektive nur von der Sache und dem Schauplatz her, Caesar aber auch gedanklich. Seine Logik bedient sich in höchst nuancierter Weise der sprachlichen Mittel, die gleich Soldaten in hierarchisch strenger Rangordnung funktional eingesetzt werden:

Die ablativi absoluti geben die gleichsam selbstverständliche Ausführung von Anweisungen und das Eintreten äußerer Umstände wieder, die participia coniuncta bleiben den Gedanken und der Rede des Feldherrn vorbehalten, die Hauptverben seinen entscheidenden Anordnungen.

Bezeichnend ist die Verteilung der Subjekte in unserem Text: Während Caesar als Handelnder das komplizierte, in sich zweischenklige Gebilde beherrscht, das den Hauptteil unseres Abschnitts ausmacht und von der Einsicht über die Planung bis zur Anweisung führt, ist die Truppe Subjekt des Schlußsatzes, der die rasche Ausführung mitteilt. [40]

Die Disposition wird übrigens auch durch rhythmische Mittel sichtbar gemacht. An »Halbschlüssen« erscheint mehrmals der Ditrochaeus: *arbitratus; dispositas videbat; expeditis.* Am Ende des Satzes aber schafft der Doppelkretikus einen ins Ohr fallenden Einschnitt: *militibusque signum dedit.* Im zweiten Satz bildet *evolaverunt* die Klausel (Typ: *clausulas esse*) und *compleverunt* einen Dispondeus. Selbst wenn diese Rhythmen sich ungesucht eingestellt haben sollten, ist ihr Auftreten an formal wichtigen Einschnitten ein weiterer Beleg dafür, mit welch sicherem Instinkt Caesar alle Mittel zweckmäßig verwendet. Die Pausenwirkung solcher Rhythmen erschließt sich uns weniger unmittelbar als den Römern, die stets laut lasen und also die rhythmische Beschaffenheit eines Textes als akustische Realität erlebten.

4. Facultas dicendi imperatoria [41]

Der beträchtliche Unterschied des Umfangs der zwei Sätze fällt auf. Was drückt sich darin aus? Inhaltlich umfaßt der erste Satz sämtliche Überlegungen und Vorbereitungen bis zum Kampfsignal, der zweite, kurze, den überraschenden und erfolgreichen Angriff. Das eine wächst aus dem anderen hervor. Der erste Satz bildet den Hintergrund für den zweiten. Dabei enthält der erste nicht weniger als vier ablativi absoluti, zwei participia coniuncta und fünf Nebensätze. Der zweite Satz hat dagegen nur zwei Hauptverben, die mit *-que* verbunden sind; zur Bezeichnung der Plötzlichkeit und Schnelligkeit treten zwei Adverbien hinzu; auch die Verben selbst sind auffallend farbig und frisch: *complere* [42] akzentuiert die Vollständigkeit des Erfolges, *evolare* die Raschheit. [43] Im großen zeigt sich hier dieselbe überraschende Folge »lang – kurz«, die auch für Catos Willenshaltung charakteristisch war.

---

[40] P. T. Eden a. O. sieht allgemein eine Nähe Caesars zu Claudius Quadrigarius, die m. E. im Entscheidenden nicht besteht; der klare rationale Aufbau fehlt bei dem Annalisten (s. auch unser Livius-Kapitel), dessen künstlerische Eigenart Eden allerdings auch entgeht.

[41] Fronto, ad Verum 2, 1, 8 p. 117 van den Hout.

[42] *complere murum* wird als Besonderheit des siebten Buches notiert (G. Ihm, Die stilistische Eigenart des 7. Buches von Caesars Bellum Gallicum. Philologus Suppl. Bd. 6, 1892, 767–777, bes. 769). Vgl. auch später civ. 3, 81, 1.

[43] *evolare* erscheint bei Caesar nur hier und 3, 28, 3.

So ist ebenso einfach wie wirkungsvoll die Darstellung der Sache selbst angepaßt. Die Gründlichkeit der Vorbereitungen und der Überlegungen zeigt sich hier als eine der Vorbedingungen für Caesars rasches und erfolgreiches Handeln. In diesen beiden Sätzen hat das Geheimnis von Caesars Erfolgen gleichsam urbildlich sprachliche Gestalt angenommen. Wir können hier buchstäblich ablesen, was Herder einmal theoretisch folgendermaßen formuliert hat: »Caesars Leichtigkeit zu siegen ist auch an seiner Schreibart kenntlich.« [44] Ähnlich schon Quintilian (10, 1, 114) *tanta in eo vis est, id acumen, ea concitatio, ut illum eodem animo dixisse, quo bellavit, appareat.*

5. Selbstoffenbarung und Selbststilisierung

Caesar hat seine stilistische Naturbegabung durch Studien vervollkommnet, zu denen er frühzeitig angeregt wurde: Seine Mutter Aurelia war eine bedeutende und gebildete Frau. Tacitus [45] nennt sie in einem Atemzug mit Cornelia, der Mutter der Gracchen, und hebt hervor, daß diese Frauen, was in vornehmen Kreisen Roms nicht immer die Regel war, sich persönlich um die Erziehung und Bildung ihrer Kinder kümmerten. Von Bedeutung war auch der Oheim C. Iulius Caesar Strabo, ein gebildeter, geistreicher Mann, der in Ciceros Meisterwerk über den Redner [46] als Fachmann für Humor erscheint. Strabo ist es, der Caesar die Neigung zum sprachlichen Purismus eingepflanzt hat und dadurch seinen Stil entscheidend prägte, wenn ihm selbst auch die geraffte Energie des Neffen abging. [47] Der Grammaticus, bei dem Caesar in die Lehre ging, war der berühmte M. Antonius Gnipho, der seine Bildung in Alexandrien empfangen hatte. Caesar hat übrigens auch bei demselben Lehrer wie Cicero auf Rhodos studiert, bei Apollonios Molon. [48]

Der Widerspruch zwischen der scheinbaren Kunstlosigkeit und der tatsächlichen Vollkommenheit von Caesars Schriften wurde schon in der Antike emp-

---

[44] Vom Einfluß der Regierung auf die Wissenschaften und der Wissenschaften auf die Regierung, Kap. 3, 25 (=Suphan 9, 333).

[45] Dial. 28, 5 f.   [46] Vgl. Cic. de orat. 2, 23, 98; 54, 216–71, 291.

[47] Vgl. Mar. Vict. GL 6, 8 über die korrekte Schreibung und Aussprache von *Tecmessa*. Eine energische Redeweise konnte Caesar bei seinem Onkel freilich nicht lernen; vgl. Cic. Brut. 48, 177; s. auch Suet. Iul. 55, 3.

[48] Vgl. oben S. 79, Anm. 21.

funden. Kein Geringerer als Cicero hat diese Tatsache unübertrefflich formuliert. [49] In seinen Augen sind Caesars *commentarii* »sehr anzuerkennen; denn sie sind nackt, gerade gewachsen und anmutig, ohne jeden Redeschmuck, als trügen sie kein Gewand. Aber indem er anderen für ihre Geschichtsdarstellungen Stoff bereitstellen wollte, hat er Geschmacklosen vielleicht einen Gefallen getan, die sie mit dem Brenneisen werden zurechtfrisieren wollen, vernünftige Leute hat er jedenfalls vom Schreiben abgeschreckt; denn es gibt in der Geschichtsschreibung nichts Angenehmeres als reine, lichtvolle Kürze.« Ähnlich äußert sich Caesars General Hirtius, [50] ein Schüler Ciceros. Cicero wie Hirtius setzen voraus, die commentarii seien als Materialsammlung für Historiker gedacht. [51] Diese Auffassung findet auch in der sonstigen historiographischen Theorie der Antike eine Stütze. [52] Caesar benützt diese Commentarien-Form wohl als Fiktion, er gibt ihr jedenfalls literarischen Rang. [53]

[49] *Valde quidem probandos; nudi enim sunt, recti et venusti, omni ornatu orationis tamquam veste detracta. sed dum voluit alios habere parata, unde sumerent qui vellent scribere historiam, ineptis gratum fortasse fecit, qui volent illa calamistris inurere, sanos quidem homines a scribendo deterruit; nihil est enim in historia pura et inlustri brevitate dulcius.* Brut. 75, 262.

[50] Gall. 8, praef. 4–6. *constat enim inter omnes nihil tam operose ab aliis esse perfectum, quod non horum elegantia commentariorum superetur. qui sunt editi ne scientia tantarum rerum scriptoribus deesset, adeoque probantur omnium iudicio, ut praerepta, non praebita facultas scriptoribus videatur. cuius tamen rei maior nostra quam reliquorum est admiratio; ceteri enim quam bene atque emendate, nos etiam quam facile atque celeriter eos perfecerit scimus.*

[51] Andererseits hat man versucht, den *commentarius* auf eine rein römische Tradition des »Amtsbuchs« zurückzuführen (F. Bömer, Der commentarius. Hermes 81, 1953, 210–250). Hierfür lassen sich auch stilistische Argumente ins Feld führen (Leeman 176).

[52] Lukian (De hist. conscr. 48) unterscheidet drei Stadien in der Abfassung eines Geschichtswerkes: 1. Materialsammlung, 2. Vorläufige Formulierung in einem Hypomnema (*commentarius*), 3. Künstlerische Darstellung. Vor Caesar hatten Sulla und Cicero solche Commentarii verfaßt.

[53] H. Oppermann, Caesars Stil (handelt nicht von Stilistischem) NJbb 7, 1931, 111–125. Deichgräber a. O. weist darauf hin, daß Caesar nirgends ausdrücklich von *commentarii* spricht, doch sehe ich nicht, wie man dieses Werk sonst auf lateinisch bezeichnen soll. Über literarische Kunst in den *commentarii* Caesars s. jetzt Eden 107–117, der allerdings das Emotionale stärker betont als das m. E. zumindest ebenso wichtige Rationale. Daß das Emotionale bei Caesar im Laufe der Zeit stärker hervortritt, ist längst bekannt, ebenso der Konservatismus des Commentarien-Stils im 1. Buch des bellum Gallicum.

Damit kommen wir zu dem schwierigen Problem der Selbstdarstellung, das wir nicht umgehen können, zumal unser Text manches von Caesars Wesen offenbart.

Nur kurz können wir hier die Vorfrage nach seiner Glaubwürdigkeit und nach der Objektivität des Standpunktes streifen: Kann man Caesar als Historiker bezeichnen? Für antike Auffassung könnte der meist unepische und unrhetorische Stil gegen eine Zuordnung zur Historiographie sprechen. [54] In der Neuzeit ist das Kriterium hierfür weniger der Stil als die Parteilichkeit. Mommsen [55] sieht in den *commentarii* eine »in der Form des Militärberichts entworfene Gelegenheits- und Tendenzschrift«, aber kein »Geschichtswerk im rechten Sinne des Wortes«. M. Rambaud [56] hat dann die Tendenziosität Caesars in weitem Umfange nachzuweisen versucht. Demgegenüber hob J. Collins [57] hervor, daß die wirkungsvollste Form der Propaganda die Wahrheit ist; überhaupt hat Caesar fast nur von Erfolgen zu berichten, und die wenigen Fehlschläge, die er darstellt, werden von ihm nicht beschönigt.

Dennoch wird man die hohe formale Strenge von Caesars Darstellung nicht mit historischer Objektivität gleichsetzen dürfen. [58] Ist er immer so sachlich, wie er sich den Anschein gibt? Bei der späteren Darstellung des Bürgerkrieges, die Caesars Großmut und Friedensliebe so stark hervortreten läßt, hat sogar Mommsen ein leises Unbehagen empfunden, das er jedoch, seinen erklärten Liebling schonend, auf die allgemein menschliche Erfahrung reduziert, »daß in Caesars Seele, wie in jeder anderen, die Zeit der Hoffnung eine reinere und frischere war als die der Erfüllung«. [59]

---

[54] Cicero hatte trotz seiner Anerkennung Caesars selbst ein anderes historiographisches Ideal (Herodot, Theopomp, Isokrates; Leeman 168–197). Selbstverständlich kennt und beherrscht Caesar die Grundelemente der Historiographie (hierüber zuletzt H. A. Gärtner, Bauelemente der antiken Historiographie. Habil.-Schr. Heidelberg 1971 (Mschr.). Doch drängt sich das Epische und Rhetorische bei anderen Historikern viel mehr in den Vordergrund. [55] Römische Geschichte 3, 616.

[56] L'art de la déformation historique dans les commentaires de César (Annales de l'Université de Lyon, Lettres 3, 23) Paris 1953.

[57] Propaganda, ethics and psychological assumpts in Caesar's writings. Mschr. Diss. Frankfurt a. M. 1952; vgl. auch spätere Rezensionen desselben Verfassers im Gnomon.

[58] Auch der Hinweis, »daß es überhaupt nur Parteiengeschichte gibt« (H. Fränkel, Über philologische Interpretation am Beispiel von Caesars Gallischem Krieg, NJbb 9, 1933, 26–41, bes. 39) verschiebt das Problem nur; in mancher Beziehung nimmt Fränkel aber auch schon die Position von Collins vorweg.

[59] Römische Geschichte 3, 616.

Was kann unsere Interpretation zu dieser Fragestellung beitragen? In unserem Text offenbart sich Caesars Feldherrntum in exemplarischer Weise. Hat der Autor an diese Wirkung gedacht? Man wird das nie mit letzter Sicherheit entscheiden können, aber zwei Kleinigkeiten scheinen dafür zu sprechen, die Meusels [60] Scharfblick nicht entgangen sind, wenn er auch m. E. aus seinen Beobachtungen die falsche Konsequenz gezogen hat, Caesars Text zu ändern. Caesar läßt die Legionen sich »im Verborgenen in den Lauben« kampfbereit machen. Meusel sieht, daß der Raum in den Lauben nicht für alle Legionen ausgereicht hätte, und erklärt die Worte für unecht. Verdächtig erscheint ihm auch *ex omnibus partibus,* denn die Stadt war überhaupt nur von einer Seite zugänglich. Auch derjenige, dem Meusels Kritik kleinlich erscheint, muß zugeben, daß Caesar sich in bezug auf das Faktische zumindest ungenau und mißverständlich ausgedrückt hat. Aber selbst angenommen, bei Caesar stünde etwas objektiv Unrichtiges, so wäre m. E. der Text dennoch nicht zu ändern. Caesar erreicht nämlich durch die beanstandeten Zusätze ein Doppeltes: Einerseits wird die Heimlichkeit seiner Vorbereitung durch die Erwähnung der Lauben beispielhaft veranschaulicht, andererseits der zugleich schlagartige und umfassende Charakter des Angriffs durch *ex omnibus partibus.* Caesar hat also die historische Wahrheit um der höheren Wahrheit der Selbstdarstellung willen wo nicht zurücktreten lassen, so doch eigenwillig interpretiert und ihr durch Zuspitzung eine allgemeine Bedeutung verliehen. [61]

Ebenso wie im Inhaltlichen dürfen wir aber auch in der mathematischen Klarheit und funktionalen Präzision von Caesars Stil nicht nur eine Selbstoffenbarung, sondern auch ein Stück Selbststilisierung sehen.

[60] Kritischer Anhang, S. 578.

[61] Kleine Zuspitzungen gerade zur Akzentuierung der eigenen Schnelligkeit und der Kriegslisten beobachtet auch Th. Feller, Caesars Commentarien über den Gallischen Krieg und die kunstmäßige Geschichtsschreibung, Diss. Breslau 1929. Doch sollte man solche Züge nicht überbetonen (was auch Feller erkennt). Caesar stellt nicht so sehr die Fakten als vielmehr seine *consilia* dar (H. Oppermann in: Caesar, hrsg. von D. Rasmussen, Darmstadt 1967, 522 mit Hinweis auf Hirt. Gall. 8 praef. 7). Im übrigen steht das 7. Buch des Bellum Gallicum in mancher Hinsicht schon dem erregteren Stil des Bellum Civile nahe: K. Barwick, Caesars Bellum Civile, Berichte über die Verh. der Sächs. Akad. der Wiss. zu Leipzig, phil.-hist. Kl. 99, 1, Berlin 1951, 170 f., 174. In dieser Beziehung kann unser Text als reizvolle Übergangserscheinung zwischen Strenge und Auflockerung gelten.

IV. KAPITEL
Sallust (geb. 86 v. Chr.)

I. Die Ehrsucht [1]

Ambitio multos mortalis falsos fieri subegit, aliud clausum in pectore, aliud in lingua promptum habere, amicitias inimicitiasque non ex re, sed ex commodo aestumare, magisque voltum quam ingenium bonum habere. haec primo paulatim crescere, interdum vindicari; post ubi contagio quasi pestilentia invasit, civitas inmutata, imperium ex iustissumo atque optumo crudele intolerandumque factum.

Die Ehrsucht zwang viele Menschen, falsch zu werden, anderes in der Brust zu verschließen als mit der Zunge zu bekennen, Freundschaft und Feindschaft nicht sachlich, sondern nach dem Vorteil abzuschätzen und mehr ein anständiges Gesicht als ein anständiges Wesen zu haben. Diese Einstellung nahm zunächst nur allmählich zu, zuweilen schritt man noch dagegen ein; als dann aber die Ansteckung wie eine Seuche um sich griff, veränderte sich das Gemeinwesen, und aus einer höchst gerechten und guten Regierung wurde eine grausame und unerträgliche.

1. Lautliches, Wortschatz, Syntaktisches

Gehen wir von Einzelnem aus! *Lautlich* fallen Formen wie *aestumare, optumo* auf. Während Caesar die Orthographie mit *i* zur Norm erhebt und auch Cicero sie meist durchführt, bewahrt Sallust die altertümlichere Schreibung. [2] Schon in der Behandlung der Orthographie stellen wir also eine archaisierende Tendenz fest.

---

[1] Sall. Catil. 10, 5 f. TEXT: A. Kurfess, Leipzig 1957³. Zur Übersetzung vgl. auch W. Schöne, Sallust, Die Verschwörung des Catilina, Lat.-Dt., München 1941.

[2] In der Aussprache ist wohl kein Unterschied anzunehmen; man vermutet allgemein, daß ein Laut, der unserem *ü* ähnlich ist, gesprochen wurde.

Auch an der Wortwahl ist einiges ungewöhnlich: Obwohl die Verbindung *multi mortales* auch bei Cicero gelegentlich vorkommt,[3] nehmen schon antike Leser Anstoß, wenn *mortales* im Sinne von »Menschen« in Prosa erscheint, vgl. Gell. 13, 29: Beim Vorlesen einer Stelle aus Claudius Quadrigarius beanstandet einer der Zuhörer den Ausdruck *mortalibus multis: pro »hominibus multis« inepte frigideque in historia nimisque id poetice dixisse.* Fronto verteidigt dagegen den Ausdruck: *»multorum hominum« appellatio intra modicum quoque numerum cohiberi atque includi potest, »multi« autem »mortales« nescio quo pacto et quodam sensu inenarrabili omne fere genus, quod in civitate est et ordinum et aetatum et sexus conprehendunt; quod scilicet Quadrigarius, ita ut res erat, ingentem atque promiscam multitudinem volens ostendere »cum multis mortalibus« Metellum in Capitolium venisse dixit* ἐμφατικώτερον *quam si »cum multis hominibus« dixisset.*[4] In der Tat trifft die Feststellung, daß *mortales* eine umfassendere Bedeutung hat als *homines*, hier auf Sallust noch mehr zu als auf Quadrigarius; doch glaube ich nicht, daß die Bedeutungsnuance dazu ausreicht, die Verwendung bei Sallust voll zu erklären. Handelt es sich doch an unserer Stelle (im Gegensatz zu Cicero) nicht um einen Einzelfall, bei dem also die Verwendung einer besonderen Vokabel semantisch zu erklären wäre; vielmehr hat Sallust überhaupt eine Vorliebe für *mortales* im Sinn von *homines*. Hat diese »unnatürliche« Verlagerung, die in Sallusts Sprache viele Parallelen findet,[5] keine semantischen, sondern stilistische Ursachen? Den Schlüssel gibt uns wiederum Gellius in die Hand: Das bei ihm bewahrte Quadrigarius-Zitat zeigt, daß Sallust mit dieser Wortwahl einer Historiker-Tradition folgt. Wir können ein Cato-Zitat hinzufügen.[6] Wel-

---

[3] Zur Bedeutung und zum Stilwert vgl. J. Ph. Krebs, Antibarbarus, 7. Auflage von J. H. Schmalz, Basel 1905 (Nachdr. 1962), Band 2, 104 f. »Sallust u. a. brauchen ›studio quodam gravitatis et magnificentiae‹ *mortales* geradezu für *homines* ohne alle Hervorhebung des Begriffes.«

[4] Gell. 13, 29, 4.

[5] Sallust ersetzt oder ändert geläufige Ausdrücke gern: R. Syme, Sallust, Berkeley and Los Angeles 1964, z. B. 263; vgl. auch K. Latte, Sallust, Leipzig und Berlin, 1935, 10; 2., unveränderte Auflage, Darmstadt 1962, 10. Sallust liebt catonische Wörter (s. unten S. 98 ff. und Anm. 6); zu ihnen gehört übrigens auch das scheinbar alltägliche *existumo*, dessen Häufigkeit bei Sallust R. Syme (307) unerklärt läßt (vgl. dazu unsere Interpretation der Praefatio von Cato agr.).

[6] Vgl. außerdem noch Cato orat. fr. 58 Malcovati[2]: *videre multi mortales.* Für Sallust allerdings noch bestimmender dürfte Sisenna gewesen sein (fr. 123 Peter), worauf G. Bruennert hinweist: De Sallustio imitatore Catonis Sisennae aliorumque veterum historicorum Romanorum, Diss. Jena 1873, 23; ebendort sind auch diejeni-

che stilistische Nuance hat dieser Wortgebrauch für den Historiker? Die alliterierende Wortverbindung[7] legt den Gedanken an das Epos nahe. In der Tat finden wir sie dort bereits seit Naevius.[8] Die Wahl des Wortes *mortales* hat also hauptsächlich stilistische Gründe. Dabei ist das Streben nach σεμνότης aufs engste mit Sallusts Gattungsvorstellung verknüpft.

Die Gegenüberstellung[9] von *pectus* und *lingua* – wobei beide Vokabeln über das Konkrete hinausweisen und nach unserer modernen Auffassung stellvertretend für abstraktere Begriffe (Inneres, Rede) stehen – läßt Ähnliches beobachten. E. Skard hat gezeigt, daß das Wort *pectus* bei Sallust in figürlicher Bedeutung aus hoher Dichtung – Tragödie und Epos – stammt.[10] Auch hier offenbart die Wortwahl dieselbe Tendenz zum Dichterischen. Nur ein geduldiges Nachspüren kann uns hierfür im einzelnen den Blick schärfen. Im ganzen hat A. D. Leeman recht, der betont, daß Sallust viel »poetischer« sei, als ein moderner Leser unmittelbar empfinde,[11] wobei ich, ohne den Erkenntniswert antiker Literaturtheorie herabsetzen zu wollen (den Leeman in diesem Zusammenhang betont), auf die vielleicht noch größere Bedeutung lexikalischer und stilistischer Einzelobservation hinweisen möchte. Parallelen aus anderen Autoren erklären freilich nicht die besondere Kraft, die die einzelne Vokabel bei Sallust im jeweiligen Zusammenhang gewinnt.[12] Was bei einem

[Fortsetzung von Fußnote 6:]

gen Stellen gesammelt, an denen bei Sallust *mortales* ohne den Zusatz *multi* steht. Für Claudius Quadrigarius hat Lebek 255 (zit. S. 42, Anm. 91) wahrscheinlich gemacht, daß der Ausdruck *multi mortales* bei ihm keine feierliche Nuance hat; das gilt für Sallust nicht mehr.

7 Zur Alliteration: E. Skard, Ennius und Sallustius, Oslo 1933, 72–75.

8 Naev. fr. 5, 1 Morel = 6, 1 Str.; *mortales* auch bei Enn. ann. 23; 409 V. Vermittlung epischer Elemente durch historiographische Vorgänger nimmt auch E. Skard, Sallust und seine Vorgänger, Oslo 1956 (SO fasc. supplet. 15) jetzt an.

9 Zur Antithese als Denkform bei Sallust K. Latte 2; 5.

10 Skard, Sallust und seine Vorgänger, 47.

11 1, 184. Vgl. über die Nähe der Historiographie zur Dichtung Quint. inst. 10, 1, 31. Über den Stilwert poetischer Wörter Cic. de orat. 3, 38, 153; orat. 24, 28. Sallusts Stilprinzip ist also dem Caesars geradezu entgegengesetzt. (Caesar de anal. bei Gell. 1, 10, 4 = Caesar ed. Klotz III p. 178 f.).

12 Ein Beispiel ist *amicitiae*, ein Plural, der in unserem Text durch *inimicitiae* gestützt wird; sonstige Abstrakta im Plural: S. L. Fighiera, La lingua e la grammatica di C. Crispo Sallustio, Savona 1896, 91–97.

mittelmäßigen Schriftsteller angelernte Manier wäre, führt bei ihm sehr oft zu einem Neuentdecken der dem einzelnen Wort ursprünglich eigenen Bedeutung; dies heißt nichts anderes, als daß die Bildersprache Sallusts den Leser oft mit dichterischer Unmittelbarkeit in ihren Bann schlägt. Hier liegt vielleicht die Quelle für das schwerwiegende Mißverständnis eines unserer größten Forscher, E. Wölfflins, der Sallusts Sprache als »vulgäres Demokratenlatein« interpretieren wollte. [13] Man hat hier die einer hohen Kunstsprache abgerungene »zweite Unmittelbarkeit« mit der ungefilterten »ersten Unmittelbarkeit« verwechselt.

Als Vokabel fällt auch *subegit* auf. Die Kommentatoren erklären es im allgemeinen als sallustisches Synonym zu *cogo*. [14] Durch die Verwendung des Präverbs *sub-* erscheint die Vorstellung freilich gegenüber normalem *cogere* intensiviert; der Reiz, der auf die Phantasie des Zuhörers ausgeübt wird, ist stärker. Diese Wirkung ist derjenigen konkreter, sinnenhafter Vokabeln, wie wir sie im vorhergehenden Abschnitt betrachteten, verwandt. Die Sprache gewinnt durch dieses wie durch jenes Mittel an unverbrauchter Frische. Doch verbindet sich die Frische mit Gewähltheit.

Belebend wirkt auch der historische Infinitiv, den man eigentlich besser den beschreibenden Infinitiv nennen sollte: *haec primo paulatim crescere, interdum vindicari.* Sallust hat für diese Konstruktion eine besondere Vorliebe, die sich vom Catilina zum Iugurtha hin noch bedeutend steigert. [15] Der Gebrauch des historischen Infinitivs geht, wie wir wissen, bereits auf Cato zurück. [16] Für den an unserer Stelle belegten selteneren passiven infinitivus historicus (*vindi-*

---

[13] Bemerkungen über das Vulgärlatein, Philologus 34, 1876, 137–165, besonders 146 f.

[14] Etwas schärfer interpretiert es F. Kritz (Sallust-Ausgabe Leipzig 1856) z. St.: *subegit* non plane idem est, quod *coegit*, sed *eo adegit, ut fierent*; vgl. Catil. 51, 18; Iug. 24, 2; 31, 4; 44, 4. In dieser Bedeutung begegnet das Wort in der Komödie und später bei Livius, Tacitus und Curtius (vgl. z. B. Lewis-Short s. v.), die Konstruktion mit dem Infinitiv erscheint auch bei Livius und bei Vergil (Liv. 9, 41, 5; vgl. Weissenborn - Müller zu Liv. 1, 5, 6; 5, 24, 11; Verg. Aen. 5, 794.)

[15] F. Uber (Quaestiones aliquot Sallustianae grammaticae et criticae. Diss. Berlin 1882, 22) zählt im Catilina ca. 100, im Iugurtha 360 historische Infinitive. Zieht man in Betracht, daß der Catilina in der Teubneriana von A. Kurfess (Leipzig 1957³) 51 Seiten umfaßt, der Iugurtha 94 Seiten, so ergibt sich eine relative Zunahme um fast das Doppelte.

[16] Vgl. oben S. 48, Anm. 115.

cari) finden sich bei den lateinischen Historikern Belege. [17] Auch bei der An-
verwandlung dieser aus der Tradition der Historikersprache stammenden
Form zeigt sich – vor allem, wenn man die Zunahme des Stilmittels in dem
späteren Werk berücksichtigt –, daß Sallust den beschreibenden Infinitiv nicht
als etwas Starres und Gegebenes übernahm, sondern daß eine innere Affinität
zwischen dem Ausdruck und der Denkart des Schriftstellers bestand. Ein mit-
telmäßiger Autor hätte an unserer Stelle wahrscheinlich das Imperfekt gebraucht. Was erreicht Sallust durch die Infinitive? Der Satz wird zugleich
knapper und allgemeiner; vor allem aber fällt er durch die infinitivische Form
aus der ihn umgebenden Darstellung heraus. Dadurch entsteht der Eindruck
der Unverbundenheit, den Sallust mit den verschiedensten Mitteln anstrebt
und der wesentlich dazu beigetragen hat, daß man ihm besondere »Kürze«
nachrühmt. [18]

Was nun den Satzbau betrifft, so ist es am fruchtbarsten, ihn in Verbindung
mit der Gedankenführung zu betrachten; folgen wir daher nun dem Text!

2. Gesamtüberblick: Satzbau und Gedankengang

Zwei Sätze zuvor hat Sallust auf die verhängnisvolle Wirkung der Herrsch-
sucht und der Geldgier hingewiesen, behandelt dann aber beide Gesichtspunkte in umgekehrter Reihenfolge; [19] wir kennen solche chiastische Gedan-
kenordnung aus Cato, der für Sallust auch sonst von Bedeutung ist. Mit der

[17] Claud. Quadr. fr. 45 P² *noctu multa domum dimitti*; Sisenna 120 (*milites...
civitate donari*). Dazu mit Salluststellen Fighiera 184 f.

[18] Die antiken Zeugnisse über Sallusts *brevitas* bei Leeman 2, 435 Anm. 86. Sehr
richtig weist J. C. Scaliger, Poetices libri septem, Lyon 1561, 196 darauf hin, daß man
die *brevitas* nur auf den *Stil* Sallusts beziehen könne, während er in der Darstellung
der Ursachen und Hintergründe, sowie in der psychologischen Motivierung ausgesprochen reichhaltig (*opulentus*) sei. Treffend charakterisiert Scaliger den Stil Sallusts:
non circumducit, non interponit; asyndetis utitur, omittit verba... Den infinitivus
historicus könnte man in diesem Zusammenhang auch nennen; der Effekt des Abrup-
ten wird dabei oft noch dadurch unterstrichen, daß mehrere Infinitive asyndetisch
nebeneinander stehen (wie auch hier an unserer Stelle). Man kann vielleicht hinzufügen, daß Sallust sich in bezug auf die Darlegung des Faktischen auch größter Kürze
befleißigt, allerdings dort ausführlicher wird, wo es sich um physiognomisch sprechende Einzelzüge handelt, die etwas Wesentliches sichtbar machen.

[19] Ankündigung (10, 3) a) *imperi cupido*, b) *pecuniae cupido*. Ausführung: 10, 4:
b; 10, 5–6: a; 11, 1–2: a; 11, 3: b.

Behandlung des zweiten Punktes setzt der ausgewählte Abschnitt ein. Der erste Satz beginnt mit der Feststellung, die Ehrsucht habe viele Sterbliche unaufrichtig gemacht (ein Perfekt, das nicht gnomisch ist, sondern einen bestimmten historischen Vorgang bezeichnet). Der zunächst generell ausgedrückte Gedanke wird sodann unter drei Gesichtspunkten entfaltet. Der erste, der Widerspruch zwischen Gesinnung und Wort, wird antithetisch entwickelt: aliud *clausum* in pectore, aliud in lingua *promptum* habere. Sieht man von dem gliedernden *aliud* ab, so ist der Aufbau chiastisch. Auf die Bedeutung des Chiasmus bei Sallust wird noch zurückzukommen sein. Der zweite Aspekt: das soziale Verhalten und die es bestimmenden Maximen. Der Aufbau dieses Gliedes ist streng parallel: *amicitias inimicitiasque non ex re, sed ex commodo aestumare*. Dabei wird jeweils das zweite Glied länger als das erste. An dritter Stelle erscheint in etwas abgewandelter Form der bereits anfangs erwähnte Gegensatz zwischen Außen und Innen: *magisque voltum quam ingenium bonum habere*. Auch hier sind wiederum wie im Satz zuvor zwei einander entgegengesetzte Worte parallel gereiht.

Wie sind nun die betrachteten Satzglieder verbunden? Sie folgen asyndetisch aufeinander; [20] das dritte Glied endet mit demselben Wort wie das erste (*habere*); auch das mittlere Glied schließt mit einem Infinitiv (*aestumare*).

In jedem der drei Glieder kommt eine Antithese vor, wobei jedoch die gliedernden Wörter verschieden sind: erst *aliud – aliud*, dann *non – sed*, schließlich *magis – quam*. Für Abwechslung ist auch durch die Wortstellung gesorgt: Sie ist im ersten Glied (abgesehen von dem parallel gestellten *aliud – aliud*) chiastisch; im zweiten und im dritten dominiert der Parallelismus, wobei im zweiten Glied der höhere Gesichtspunkt an erster Stelle (*non ex re*), im dritten aber an letzter Stelle auftritt. Auf diese Weise ist das zweite mit dem dritten Glied nicht allein durch -*que*, sondern auch durch die Stellung der wichtigen Wörter zu einer Einheit verbunden und dem ebenfalls in sich chiastisch geformten ersten Glied selbständig gegenübergestellt. So bewegt sich der Grundgedanke nach dem Gesetz der wachsenden Glieder in einer kürzeren und einer längeren Welle, wobei die zweite in sich wieder untergeteilt ist, und zwar nun nach dem uns auch bei Cato kenntlichen Prinzip der rhetorischen Minderung: Sallust endigt mit einem relativ kurzen und einprägsamen Satz, der das Ganze anschaulich zusammenfaßt: *magisque voltum quam ingenium bonum habere*. Damit ist der Gedanke in archaischer Art wiederum zu seinem Ausgangspunkt zurückgekehrt, wenn auch konkreter gefaßt.

[20] Zum Asyndeton bei Sallust vgl. auch S. 104, Anm. 47.

Im folgenden Satz ist mit *haec* wohl beides, *avaritia* und *ambitio*, gemeint; vgl. oben Satz 3 *igitur primo imperi, deinde pecuniae cupido crevit; ea quasi materies omnium malorum fuere*. Auf diesen Satz zurückgreifend bezeichnet Sallust nun näher die Art des Wachstums. Betont ist also das Adverb *paulatim*; der folgende Zusatz bringt trotz des Parallelismus keinen Gegensatz zum ganzen Gedanken, sondern nur eine kleine Einschränkung; der eigentliche Gegensatz erscheint erst mit Verspätung (*post*, vgl. *primo*); doch bevor der Hauptgedanke ausgesprochen wird, tritt noch eine weitere Retardierung durch einen temporalen Nebensatz ein, der die Ausbreitung des Übels mit der einer ansteckenden Krankheit vergleicht; der Schluß stellt zunächst allgemein die Veränderung fest (*civitas inmutata*) und dann erst durch zwei Paare von Adjektiven endgültig den Niedergang. Die Formulierung ist wieder antithetisch, bezeichnenderweise werden zwei Superlative durch zwei Positive überboten. Dahinter steht nicht allein eine auch sonst zu beobachtende Abneigung Sallusts gegen den Superlativ und auch nicht nur das Bestreben, einen allzu nahen Anklang an 5, 9 zu vermeiden (*ut paulatim inmutata ex pulcherruma atque optuma pessuma ac flagitiosissuma facta sit*), sondern vor allem das Gefühl dafür, daß ein Positiv unter Umständen intensiver wirkt als ein Superlativ. Sallust wählt dementsprechend hier sehr starke Adjektive, deren zweites nicht gesteigert werden kann: *crudele intolerandumque*.[21]

3. Symmetrie und Asymmetrie

Was hat die Betrachtung des Satzbaus ergeben? In unserem Text durchdringen sich, wie im ganzen Werk Sallusts, zwei Bauprinzipien, ein symmetrisches und ein asymmetrisches. Man muß bei Sallust jedes dieser beiden Prinzipien zu seinem Recht kommen lassen und nicht etwa das eine gegen das andere ausspielen.[22] Symmetrische Strukturen sind Parallelismus und Chiasmus. Parallele Bauweise fanden wir in unserem Text mehrfach; jeder aufmerksame Sallust-Leser, der nicht einseitig das Prinzip der Inkonzinnität überschätzt,

---

[21] Vgl. ThLL 7, 2, 1, 1956, 24, 59 f.

[22] Vgl. A. D. Leeman in seiner Rezension des Sallust-Buches von R. Syme, Gnomon 39, 1967, 61 gegen Syme 265 und mit Hinweis auf Orationis ratio 356 ff. Ähnlich schon früher A. W. Ahlberg, Prolegomena in Sallustium, Göteborg 1911, 173–182. C. Zander, Eurythmia III, Leipzig 1914, 265 ff.

kann bei ihm eine Fülle von Belegen für Satzparallelismus finden. [23] Dem Parallelismus scheinbar entgegengesetzt, in anderer Beziehung aber analog – denn auch hier ist Symmetrie mit im Spiele – ist der Chiasmus. Es genüge, an einen auffälligen Beleg zu erinnern: *aliud clausum in pectore, aliud in lingua promptum*. Spezialarbeiten haben gezeigt, daß gerade bei *alius – alius* der Chiasmus für Sallust bezeichnend ist. [24] Man hat bezweifelt, daß es sich dabei um eine absichtlich angewandte Kunstform handle, doch steht fest, daß der Gebrauch des Chiasmus im Iugurtha gegenüber dem Catilina zunimmt. [25] Ähnlich wie beim infinitivus historicus schließen sich bewußte technische Anwendung (wie sie hier vorliegt) und Gebrauch der Form aus einer inneren Affinität heraus ja keineswegs aus. Daß Sallust auch größere Abschnitte chiastisch disponiert, [26] ist für seine Denk- und Darstellungsart charakteristisch. K. Latte [27] hat erkannt, »wie der rein sprachlich-formalen Antithese bei Sallust eine Eigentümlichkeit der Gedankenführung entspricht, die den Hörer ruhelos zwischen Gegensätzen hin- und herwirft«. Bei chiastischer Wortgruppierung ist die Spannung zwischen den gegensätzlichen Worten durch die Stellung verstärkt. [28] Das gilt unabhängig davon, ob man diese Bauform technisch als rhetorisches Stilmittel bezeichnet oder nicht, was kaum mehr als eine terminologische Frage ist.

Nun zu den Asymmetrien. In der Tat fallen diese Züge in unserem Text besonders auf, und es hat doch wohl seine Berechtigung, bei ihnen eingehender zu verweilen als bei den Symmetrien. [29] Am zweiten Satz ist in dieser Beziehung eine ganze Reihe lehrreicher Beobachtungen zu machen. Einmal ist schon der Anschluß an den vorhergehenden Satz unerwartet, ja fast irreführend. Wir hatten es bisher mit einer Reihe von Infinitiven zu tun, die sämtlich von dem Hauptverb *subegit* abhingen. Jetzt folgen zwei weitere Infinitive, die jedoch überraschenderweise selbständig sind. In Verbindung mit der Verminderung des Satzumfangs bringt dies eine Beschleunigung mit sich. Raffiniert setzt Sallust also die Reihe der Infinitive scheinbar fort, legt aber demselben Mittel

[23] Konrad Meyer, Die Wort- und Satzstellung bei Sallust, Programm Magdeburg 1880, 16 erkennt mit Recht im Parallelismus »ein Hauptprinzip der Wortstellung« bei Sallust.

[24] R. B. Steele, Chiasmus in Sallust, Caesar, Tacitus. Diss. Northfield, Minn. 1890.

[25] Steele 13.   [26] Vgl. Konrad Meyer 21 f.   [27] A. O. 5.

[28] *Opposita iuxta se posita magis exsplendescunt.* Kühner - Gerth S. 602 § 607. 2.

[29] Zu Sallusts Inkonzinnität vgl. K. Latte 10; dazu H. Dahlmann, Gnomon 12, 1936, 255–260.

nach Art einer »enharmonischen Verwechslung« eine neue Funktion bei. Es vollzieht sich ein Übergang, der den Leser zu einer inneren Umstellung zwingt – genau dies erstrebt Sallust mit der Durchbrechung des Gleichmaßes.

Aber auch das Folgende ist reich an syntaktischen Überraschungen. Der Parallelismus von

> *primo paulatim crescere*
> *interdum vindicari*

trägt keinen Gegensatz aus; die Antithese wird aufgeschoben und erst in einem viel umfangreicheren Schlußsatz ausgeführt: *post ubi contagio quasi pestilentia invasit, civitas inmutata, imperium ex iustissumo atque optumo crudele intolerandumque factum*. In diesem Schlußsatz wird die begonnene Konstruktion – der infinitivus historicus – nicht wieder aufgenommen, sondern in einer neuen Brechung des Gedankens durch ein elliptisches Passiv weitergeführt: *inmutata, factum*. Auch hier ist im kleinen das Streben nach Abwechslung zu bemerken; zwei Superlativen (*iustissumo atque optumo*)[30] treten, sie überbietend, zwei Positive gegenüber: *crudele intolerandumque*. Von der Bedeutung dieser Erscheinung war bereits die Rede. Die Variation ist dabei bis in die Konjunktionen durchgeführt: einerseits *atque*, andererseits nur *-que*. Durch den Wechsel der Ausdrucksweise wird auf den Leser ein Denkreiz ausgeübt; dabei drücken die verschiedenen Formen auch jeweils eine andere Nuance aus: Der infinitivus historicus bezeichnet einen Zustand, der in der Dauer vorgestellt wird und somit einen Hintergrund für den folgenden Satz bildet; dieser Satz stellt einen Wandel fest und gebraucht dafür das Perfekt; die Veränderung wird also als abgeschlossen betrachtet. In beiden Fällen syntaktischer Variation entspricht der Wechsel der Form also einer Verschiebung und neuen Akzentuierung im Inhaltlichen; Sallust gewinnt somit durch die Asymmetrie die Möglichkeit, feinste Nuancen auszudrücken.

4. Catonisches und Sallustisches

In mehreren Fällen konnten wir lexikalische und syntaktische Besonderheiten aus der Sprache der Catonischen Historiographie erklären. Sallusts Sprache ist nicht zuletzt geprägt durch die Leistung und Persönlichkeit Catos.

---

[30] Solche Doppelungen sind altlateinisch. Vgl. dazu K. Latte 7 mit psychologischer Erklärung aus Sallusts Wesensart.

Von seiner sentenzbildenden[31] Formulierkraft und *brevitas* führt eine Linie zu Sallust, wie andererseits von Catos *ubertas* zu Cicero. Sallust liebt catonische Wendungen und Denkformen; catonisch ist auch das »Abbrechen« (vgl. Sen. epist. 114, 17) – manchmal mehr stilistische *brevitas* als echte caesarische Kürze, zuweilen aber auch Überbietung selbst thukydideischer Knappheit.[32] Dabei ein neuer Ton, den es abschließend zu kennzeichnen gilt. Wenden wir uns dem Inhalt unseres Textes zu, so werden wir wieder mit Cato konfrontiert. Wir deuteten bereits an, wie Sallust in den Superlativen die altrömische Vergangenheit verklärt. Für ihn ist *ambitio* neben *avaritia* eine zerstörende Macht, die er mit einer ansteckenden Krankheit vergleicht; dabei steht freilich die *ambitio* immer noch der *virtus* näher, da sie die Menschen zu hohen Leistungen anspornt (vgl. 11, 1). Die Gebärde Sallusts in dem betrachteten Text ist »censorisch«, sie weist auf das Urbild des römischen Censors, auf den alten Cato. Es ist kein Zufall, daß der Gedanke, von dem Sallust hier ausgeht, uns bereits in Catos Rhodierrede begegnet: Der Untergang Karthagos hat den Verfall der römischen *virtus* dadurch eingeleitet, daß Rom fortan ohne ebenbürtigen Gegenspieler blieb.[33] Aber ebensowenig wie Cato selbst sich auf das Moralisieren beschränkt hat, begnügt sich Sallust mit erbaulichen Reden. Er fragt nach den Ursachen von Roms Größe und Verfall, und in diesem Zusammenhang wollen seine ethischen Begriffe gesehen und einem höheren Gesichtspunkt, der Frage nach der historischen Wahrheit, untergeordnet werden.[34] Cato der Stilist, Cato der Censor, Cato der Geschichtsforscher, ersteht vor Sallust; die Tradition verkörpert sich für ihn in dieser Gestalt (man darf deshalb die Cato-Nachfolge nicht literaturtheoretisch verharmlosen, indem man sagt, sie habe Sallust nur dazu gedient, um mit Thukydides wetteifern zu können).[35] Wenn er am Anfang seiner Historien Cato den »beredtesten Römer«[36] nennt, so meint er dies mit vollem Ernst. Anspielungen auf Cato finden sich

---

[31] Vgl. *aliud clausum in pectore, aliud in lingua promptum habere; non ex re, sed ex commodo; magisque voltum quam ingenium bonum habere.*

[32] Sen. contr. 9, 1, 13 f. = Sall. hist. 1, fr. 49, 24 Kritz = 55, 24 Maurenbrecher.

[33] Vgl. Sallust Catil. 10, 1; Cato, HRRI 83 Peter (Scipio-Zitat).

[34] K. Büchner, Sallust, Heidelberg 1960 passim; darüber, wie der Aufbau »Wahrheit verkörpert« (252 f.).

[35] So in merkwürdiger Verkennung der Tatsachen A. D. Leeman 182.

[36] Zit. oben S. 42, Anm. 92.

bei ihm auch sonst auf Schritt und Tritt. [37] Das Entscheidende aber ist, daß Sallust als Stilist, als Betrachter der römischen Grundwerte und als Historiker in seiner Zeit etwas Analoges zu schaffen versucht. Doch bleibt Sallust auch so nicht bei einer blinden Cato-Nachfolge stehen.

Kehren wir von dem Inhalt zu Sallusts Stil zurück, so läßt sich hier in allen Einzelheiten ablesen, wie die Mittel altlateinischer Geschichtsschreibung dem Ausdruck eines modernen, vielfach gebrochenen und äußerst fein nuancierten Denkens dienstbar gemacht werden. Sallust ist nicht mehr archaisch, [38] er archaisiert auch nicht in schwärmerischer Weise, sondern das Archaische wird ihm – in einer Zeit, die bereits den klassischen Stil Ciceros gesehen hatte – zum neuartigen Mittel, dem raffinierten, zu überraschenden Wendungen wie zu unmerklichen Nuancierungen und Verschiebungen fähigen Denken ein angemessenes und in dieser Weise noch nie dagewesenes Gewand zu geben, den unverkennbaren und höchst persönlichen Stil Sallusts, in dem das einzelne Wort durch die ungewöhnliche Art der Verbindung immer wieder in neuem Lichte erscheint und dadurch eine Strahlkraft gewinnt, die ans Dichterische heranreicht. [39] Was dies für die Erzählstruktur bedeutet, wird der folgende Text zeigen.

[37] Zu Sallusts Cato-Nachfolge s. Augustus bei Suet. Oct. 86. Pollio bei Suet. gramm. 10. E. Skard, Sallust und seine Vorgänger, 75–107. S. L. Fighiera 11 f. 13–15. F. Deltour, De Sallustio Catonis imitatore, Paris 1859.

[38] Sallusts Denkformen nähern sich zum Teil archaischer Kompositionsweise (Fankhänel 269, der aber wohl Sallusts Ursprünglichkeit überschätzt; er sieht im Iugurtha ein Schwinden der Kraft), er »ist« nicht archaisch, aber er archaisiert aus einer inneren Affinität heraus; es gibt neben echter Archaik und äußerlichem Archaisieren auch ein »echtes Archaisieren« – das verwirklicht Sallust. Er bildet seinen archaisierenden Sprachstil erst allmählich aus; s. z. B. E. Löfstedt, Synt. 2, 290 f., 412 f., 422. Zur Spiritualisierung altrömischer Begriffe bei Sallust sehr treffend Leeman 186.

[39] Ein Zeugnis seiner »poetischen« Würde ist wohl auch die Vermeidung mancher Schlagwörter des politischen Tagesgeschehens wie: *optimates, populares, consensus, auctoritas, dignitas, felicitas, gravitas* (Syme 256 f.).

Sed nocte ea, quae proxuma fuit ante diem conloquio decretum, Maurus adhibitis amicis ac statim inmutata voluntate remotis ceteris dicitur secum ipse multum agitavisse, voltu ⟨colore motu⟩ corporis pariter atque animo varius; quae scilicet ita tacente ipso occulta pectoris patefecisse, tamen postremo Sullam adcersi iubet et ex illius sententia Numidae insidias tendit. deinde ubi dies advenit et ei nuntiatum est Iugurtham haud procul abesse, cum paucis amicis et quaestore nostro quasi obvius honoris causa procedit in tumulum facillumum visu insidiantibus, eodem Numida cum plerisque necessariis suis inermis, uti dictum erat, adcedit, ac statim signo dato undique simul ex insidiis invaditur. ceteri obtruncati, Iugurtha Sullae vinctus traditur et ab eo ad Marium deductus est.

Aber in der Nacht unmittelbar vor dem Tag, der für die Unterredung angesetzt war, rief der Maure seine Vertrauten herbei, änderte alsbald wieder seinen Entschluß und entfernte die anderen; dann soll er lange mit sich zu Rate gegangen sein, wobei Mienenspiel, Gesichtsfarbe und Gebärde je nach seiner augenblicklichen Gemütslage wechselten; dies offenbarte freilich, trotz seinem Schweigen, die geheimen Gedanken in seiner Brust. Schließlich läßt er doch Sulla herbeirufen und legt der Absicht des Römers entsprechend dem Numider einen Hinterhalt. Sobald es Tag geworden war und er erfuhr, daß Iugurtha nicht mehr fern war, begibt er sich mit wenigen Freunden und dem römischen Quaestor, als wolle er Iugurtha entgegengehen, um ihn zu ehren, auf einen Hügel, der für die Männer im Hinterhalt sehr gut sichtbar war. Ebendorthin kommt der Numider mit sehr vielen seiner Vertrauten, die verabredungsgemäß keine Waffen trugen, [41] und er [42] wird sofort auf ein Zeichen hin von allen Seiten zugleich aus dem Hinterhalt angegriffen. Die Übrigen wurden niedergemetzelt, Iugurtha wird dem Sulla gefesselt übergeben und von ihm zu Marius gebracht.

1. Gehalt und Gestalt

Der vorhergehende Abschnitt schloß mit den Worten: *illi pariter laeti ac spei bonae pleni esse.* Auf diesen hellen Abschluß folgt – für Sallusts Freude

[40] Sall. Iug. 113, 3–7.   [41] *Inermis* hier wohl von *inermus.*

[42] Sallust konstruiert *invadere* mit acc.: Fighiera 127 f.

am Kontrast bezeichnend – mit *sed*[43] der Einsatz. Zunächst gibt das Wort *nocte* die Zeit an; dann wird in einem Relativsatz ergänzt, daß es sich um die Nacht unmittelbar vor dem angesetzten Termin handelt. Die nachträgliche Präzisierung enthält ein Zukunftsmoment; das unmittelbare Bevorstehen der Unterredung wird durch das Adjektiv *proxuma* noch unterstrichen; dieser Zusatz, der logisch gesehen überflüssig wäre, beweist, daß Sallust die Spannung erhöhen will. Nachdem so im Vorderteil des Satzes die Bezogenheit der Szene auf die kommende Verhandlung herausgearbeitet ist, schaltet Sallust ein retardierendes Moment ein: das innere Schwanken des Maurenfürsten vor der Entscheidung. Dabei wird das seelische Geschehen konzentrisch immer näher umkreist. Zunächst offenbart es sich im wechselhaften Verhalten des Maurenkönigs seinen Vertrauten gegenüber, die er herbeibefiehlt, sogleich aber wieder entfernt; seine Unentschlossenheit spiegelt sich also zuerst sehr reizvoll in den Bewegungen dieser Menschengruppe. Nun ist der König mit seinen unruhigen Gedanken allein. Der Schriftsteller zieht um ihn einen engeren Kreis: Das Innere spricht jetzt aus Mienenspiel, Haltung und Gebärde. Auch hier ist das Seelische noch nicht unmittelbar, sondern in den körperlichen Reflexen dargestellt.

Entscheidend ist jedoch der letzte Schritt: *quae scilicet ita tacente ipso occulta pectoris patefecisse*. Manche Herausgeber haben diesen letzten Satz gestrichen.[44] Es handelt sich jedoch nicht um ein überflüssiges Glossem, sondern um die notwendige letzte Stufe der bisher verfolgten Bewegung, um den innersten der konzentrischen Kreise: nicht mehr Beobachtung äußerlich sichtbarer Massenbewegungen oder Gebärden, sondern die Vorgänge im Inneren selbst (*occulta pectoris*). Die Bedeutung, die Sallust ihnen beimißt, zeigt sich an der Wortwahl: *pectus* ist, wie schon festgestellt, ein dichterischer Ausdruck; aber auch die Syntax ist erlesen: die Konstruktion *occulta pectoris* erinnert an Griechisches. Derartige ›Graecismen‹ hat Sallust im Laufe seiner Entwicklung immer häufiger angewandt;[45] nicht zuletzt sind es solche syntaktischen Kühnheiten, die seinem Stil ein würdevolles Gepräge verleihen. Emphatisch ist auch die Stellung: *occulta pectoris* steht gewichtig am Ende; es ist der Ziel- und Kernpunkt der im ersten Satz entwickelten zentripetalen Bewegung: Nacht

---

43 Zu *sed* vgl. K. Büchner, Sallust, 139.

44 C. Sallusti Crispi de Bello Iugurthino Liber. Erklärt von Rudolf Jacobs, 11., verbesserte Auflage von H. Wirz, Berlin 1922, S. 148 (im Anschluß an H. R. Dietsch).

45 Vgl. E. Löfstedt, Syntactica II 290–294; 412 ff.; solche Konstruktionen substantivischer Neutra mit Genetiven fehlen bei Sallust vor dem Iugurtha.

– widersprechende Befehle an die Umgebung – Mienenspiel – Schweigen und innerste Gedanken. Der Satz entfaltet somit auf verschiedenen Ebenen ein einziges Motiv: das Schwanken zwischen gegensätzlichen Polen. Die Darstellung ist dabei ihrerseits von Gegensätzen durchzogen. Sie ergeben sich zum Teil aus der Sache: *adhibitis amicis / remotis ceteris*, teils aus der besonderen Art von Sallusts Darstellung: *voltu ⟨colore motu⟩ corporis pariter atque animo varius;* hier akzentuiert die Gegenüberstellung von *corpus* und *animus* die Betrachtungsweise des Schriftstellers, der am Äußeren das Innere physiognomisch darzustellen sucht. Im letzten Stück des Satzes schließlich hebt Sallust den Kontrast zwischen dem Schweigen des Mauren und der Sprache seiner Mienen hervor, die offenbart, was insgeheim in ihm vorgeht. Die »dunkle Folie« *tacente ipso* steht unmittelbar vor dem Hauptgedanken *occulta pectoris* und verleiht ihm höchste Leuchtkraft.

Vom Standpunkt der dramatischen Entwicklung (die wir hier zunächst verfolgen) ist die kunstvolle Darstellung des inneren Schwankens ein retardierendes Moment. In Satz 4 wird demgegenüber der endlich gefaßte Entschluß und die für den nächsten Tag entscheidende Maßnahme mit sallustischer *brevitas* berichtet: *tamen postremo Sullam adcersi iubet et ex illius sententia Numidae insidias tendit.* Der Satz ist erheblich kürzer als der vorhergehende. Den Eindruck, den diese Proportion vermittelt, unterstreichen die Adverbien *tamen* und *postremo:* Spät ist der Entschluß gefaßt, aber dann endgültig. Die Verben stehen im historischen Präsens (*iubet; tendit*): Der Leser erlebt die Ereignisse, die sich im Vordergrund abspielen, ganz aus der Nähe, während zuvor ein distanzierendes *dicitur* die verborgenen inneren Vorgänge in den Hintergrund gerückt hatte. Der knappe vierte Satz enthält mehr Aktion als der umfangreiche dritte. Gleich zwei Entscheidungen des Mauren sind hier zusammengefaßt und durch einfaches *et* einander beigeordnet. Diese betont schlichte Struktur kontrastiert mit der verwickelten des dritten Satzes, ein Wechsel, in dem sich die sallustische *velocitas* [46] dokumentiert.

Im fünften Satz ändert sich der Schauplatz. Das neue Geschehen wird durch *deinde* an das vorhergehende angeknüpft; der Übergang von der Nacht zum Tage und das Herannahen Iugurthas ist nicht in selbständigen Sätzen mitgeteilt; die Darstellung eilt vielmehr über einen Temporalsatz, der diese Nebenumstände erwähnt, hinweg zum Auszug des Numiderfürsten und des römischen Quaestors. An dem Hauptsatz selbst fällt auf, daß an seinem Ende auf die Männer im Hinterhalt verwiesen ist (das letzte Wort des Satzes lautet *insi-*

---

[46] Vgl. Quint. 10, 1, 102.

diantibus). So drängt das Geschehen über die Satzgrenze hinaus. Unmittelbar vor dem Auftreten des Numiders steht also ein Wort, das die folgende Szene von Anfang an in ein eigentümliches Licht stellt. Aber auch innerhalb unseres Satzes beleuchten geschickt vorausgenommene Nebenbestimmungen das dargestellte Geschehen: *quasi obvius honoris causa* tritt vor *procedit in tumulum;* ähnlich war *tacente ipso* als Folie vor *occulta pectoris patefecisse* gestellt worden. Der vorbereitende Satz endet am spannendsten Punkt. Alles entwickelt sich dann in einem erstaunlichen accelerando weiter: In der ersten Hälfte des sechsten Satzes, der durch *eodem* mit dem Schauplatz des fünften verknüpft ist, herrscht noch eine gewisse Ausführlichkeit – es ist wichtig, zu betonen, daß das Gefolge des Numiders unbewaffnet war; der Einschub *uti dictum erat* unterstreicht nochmals die Perfidie des Anschlags und schafft zugleich nach dem Wort *inermis* die nötige Kunstpause. Dann aber überschlagen sich die Ereignisse: *ac* verbindet das kommende Geschehen eng mit dem vorhergehenden. Das ausdrucksstarke Adverb *statim* malt das Ruckartige und *undique* und *simul* das Geballte des Überfalls. Das Zeichen zum Angriff hat kein eigenes Hauptverb, sondern wird im ablativus absolutus vorausgeschickt. Auch diese Konstruktion spiegelt die Einheitlichkeit und den raschen Vollzug der Handlung. Es scheint, als ließe sich keine größere Beschleunigung mehr erreichen. Aber Sallust hat das Mittel des Asyndeton, das wir aus Cato kennen,[47] bis hierher aufgespart und steigert es noch durch Ellipse: *ceteri obtruncati, Iugurtha Sullae vinctus traditur et ab eo ad Marium deductus est.* Hier wird mehr Handlung zusammengefaßt als in Satz 5 und 6. Ein weiteres Mittel der Raffung ist das Partizip: *vinctus traditur.* Wenn der letzte Satz bei aller Beschleunigung zugleich doch als Schlußstein wirkt, so ist dies einmal der Dreigliedrigkeit zu verdanken, die dem Gesetz der wachsenden Glieder folgt, zum andern dem Tempuswechsel: Das abschließende Perfekt *deductus est* löst die lebhafteren Präsentia ab und schafft durch seinen nüchtern-konstatierenden Charakter eine Distanz zum Gegenstand.

Die Eigenart des von uns betrachteten Textes soll unter folgenden Gesichtspunkten herausgearbeitet werden: zentripetaler Stil, Dramatik, konstruktiver Wille, Psychologie und immanente Deutung.

---

47 Auch Caesar verwendet es zur effektvollen Beschleunigung am Ende: Gall. 7, 89, 3 *mittuntur de his rebus ad Caesarem legati, iubet arma tradi, principes produci. ipse in munitione pro castris consedit; eo duces producuntur. Vercingetorix deditur, arma proiciuntur.* Für diese Seite von Caesars Stil hatte Sallust Sinn.

Läßt man das 113. Kapitel des Bellum Iugurthinum an sich vorüberziehen, so entsteht der Eindruck, Sallusts Erzählweise habe recht wenig mit Cato zu tun. Schon aus diesem Grunde war es gut, zunächst den Blick aufs Ganze zu richten. Solange man auf einzelne Vokabeln starrt, kann man Fremdabhängigkeiten konstatieren; betrachtet man aber einen Erzählverlauf als Ganzes, so tritt die individuelle Eigenart des Autors ans Licht. Dieser Erzählstil in seiner Gedrängtheit, mit den vielen partizipial ausgedrückten Nebenumständen hat sehr wenig mit Cato gemein. Die syntaktischen Mittel sind bei Sallust differenzierter. In der zunehmenden Verengung der Perspektive konnten wir freilich eine ähnliche Form der Gedankenbewegung beobachten wie bei Cato.

Dieselbe zentripetale Tendenz zeigt sich auch im kleinen: Ein wesentliches Mittel der Konzentration sind bei Sallust die Partizipialkonstruktionen, die Cicero an ›rhetorischen‹ Stellen eher meidet.[48] Demgegenüber stehen in unserem Sallusttext gleich zu Beginn drei ablativi absoluti, von denen zwei ineinander gedrängt sind. Das ergibt eine unklassische Ballung. Das Geschehen wird zwar berichtet, aber durch die Form des ablativus absolutus wirkt es, kaum erwähnt, schon als vergangen: Die Kürze schafft Energie.

Noch bezeichnender ist ein participium coniunctum: *Iugurtha Sullae vinctus traditur.* Die Fesselung wird in das Hauptgeschehen hineingenommen, nicht durch ein eigenes Hauptverb von ihm abgetrennt. Hier führt der Vergleich mit der in unserem Kapitel über C. Gracchus[49] herangezogenen Erzählung Ciceros weiter.

Wie intensivierte Cicero die Vorstellung der Auspeitschung? Er gliederte das Gesamtgeschehen in eine Reihe von Einzelphasen auf: Festnahme, Fesselung, Bereitstellung der Ruten usw. Dies führte in abgestufter Steigerung zu einer »expansiven« Vergegenwärtigung, die das Gefühl anspricht. Im Gegensatz zu solcher analytischen, »zentrifugalen« Darstellungsweise bemerkt man bei Sallust Zusammenziehung, Konzentration. Die Ziele des Redners, der über das Gemüt auf den Willen der Zuhörer einwirken will, sind eben nicht diejenigen des Historikers, der bei aller Einfühlung doch vor allem Betrachter und Erkennender ist.

[48] E. Laughton 156, vgl. 142.

[49] S. oben S. 52 ff. und 61 f.

Seneca der Ältere [50] hat einmal über Sallust gesagt, man könne aus seinem Text nichts wegnehmen, ohne daß der Sinn Schaden leide. Und Friedrich Nietzsche hat bekannt: [51] »Mein Sinn für Stil, für das Epigramm als Stil, erwacht fast augenblicklich bei der Berührung mit Sallust. Gedrängt, streng, mit so viel Substanz als möglich auf dem Grunde: eine kalte Bosheit gegen das schöne Wort, auch das schöne Gefühl.« In seiner Überspitztheit ist dieses Wort für Nietzsche charakteristischer als für Sallust. Aber die zentripetale Tendenz von Sallusts Stil ist hier richtig erfaßt, die allerdings nicht zu einer Abneigung gegen das schöne Wort und das schöne Gefühl führt, sondern den rationalen Gegenpol zur spezifisch rhetorischen und expansiven Aktivierung des Gefühls und Willens bildet.

Es weist in dieselbe Richtung, wenn Sallust als Geschichtsschreiber die ciceronische Rhythmik ablehnt, [52] eine ganze Reihe politischer Schlag- und Modewörter, [53] die wir aus Cicero kennen, vermeidet und auch innerhalb der historiographischen Tradition sich nicht Ciceros herodoteisch-isokratisches Stilideal zu eigen macht, sondern sich stärker zu Thukydides und Cato hingezogen fühlt. Sogar in der Wortstellung [54] ist er übrigens konservativer als Cicero – wie es dem Historiker in Rom auferlegt war. [55]

3. Dramatik

Die Fähigkeit zu dramatischer Darstellung ist bei Sallust – vollends im Iugurtha [56] – entwickelter als bei Cato. Das spiegelt sich im Stil: Im Unter-

[50] *At ex Sallusti sententia nihil demi sine detrimento sensus potest* (Sen. contr. 9, 1, 13), auf eine Einzelstelle bezogen.

[51] F. Nietzsche, Der Wille zur Macht, Leipzig 1922, Bd. 10 der Gesamtausgabe, 342.

[52] Zu Sallusts Rhythmen s. R. Ullmann, SO 3, 1925, 65–75. J. Perret, REL 40, 1962, 49 f. (vor allem »gerade« Füße: Spondeen, Daktylen, Anapaeste). Der Unterschied zu Cicero ist gattungsbedingt, aber nicht ausschließlich (vgl. die größere rhythmische Nähe zu Cicero bei Tacitus: Ullmann ebd.). [53] S. oben S. 100, Anm. 39.

[54] E. Norden, Kunstprosa 203, 1; A. W. Ahlberg, …Eranos 11, 1911, 88–106, besonders 95–106 (etwas größere Freiheit in den Historien); differenziert W. Kroll, Glotta 15, 1927, 280–305, besonders 299.

[55] Bei Livius wird in vielfacher Beziehung ein Wandel festzustellen sein.

[56] Vgl. K. Büchner, Der Aufbau von Sallusts Bellum Iugurthinum, Hermes Einzelschriften 9, Wiesbaden 1953, 89 (größere Bedeutung der hellenistischen Technik im Iugurtha; zum Vergleich mit dem Catilina vgl. 77–84).

schied zu Cato fällt die Fülle der Konjunktionen und Adverbien auf, die temporale und andere Zusammenhänge bezeichnen: *sed, scilicet, tamen, postremo, deinde*. Überhaupt sind die Sätze nicht nebeneinander gestellt, sondern im allgemeinen kunstvoll verbunden, sei es durch die genannten Partikeln, oder durch Relativa (*quae; eodem*). Diese Technik wird bis kurz vor dem Ende beibehalten. Da erst erscheint das Asyndeton. Durch Aufsparen wird es zu einem Mittel der Beschleunigung.

Auch trägt der kunstmäßige Gebrauch verschiedener Tempora mit zur feinen Nuancierung bei: Die ganze Erzählung steht nach Art des römischen Epos im Präsens, anders als an unserer Catostelle [57] (jedenfalls in dem echten Catotext!). Im Umspringen des Tempus in das Perfekt kommt der lebhafte Bericht von der Gefangennahme zur Ruhe.

Die Satzverbindung ist also jeweils dem Inhalt und dem Tempo der Erzählung angepaßt. Eine viel größere Rolle als bei Cato spielen Nebensätze und Partizipialkonstruktionen. Beides sind Mittel, die Zusammenfassung größerer Komplexe zu ermöglichen und das Verhältnis einzelner Vorgänge untereinander genau zu bezeichnen. Das Sprachmaterial Sallusts ist biegsamer.

Unsere detaillierte Betrachtung hat die dramatische Kunst Sallusts sichtbar werden lassen. Der Effekt der »Kürze« und Schnelligkeit resultiert – darauf müssen wir hinweisen – nicht so sehr aus dem Gebrauch bestimmter Stilmittel (wie des Asyndeton) schlechthin, als vielmehr aus ihrer überlegten und fein abgestuften Anwendung im Anschluß an breiter gefaßte »retardierende« Partien.

4. Konstruktiver Wille

Aus den im vorhergehenden Abschnitt genannten Formen der Satz- und Gedankenverbindung und ihrer sinnvollen Verteilung im Text spricht mehr als nur dramatischer Instinkt: ein klarer konstruktiver Wille. Ein feiner Kenner des Altlateins wie Fronto [58] bewundert Sallusts Archaismen und Redefiguren, vor allem aber seine Bauform: Sallust schreibt *structe*. Er strebt nicht um jeden Preis nach Asymmetrie. Unsere Aufbauanalysen zweier Texte ließen erkennen, daß man die »Inkonzinnität« Sallusts nicht einseitig beto-

---

[57] S. oben S. 48.

[58] Fronto 2, 48 Haines; 132, 1 van den Hout; 114, 3 Naber; vgl. 2, 158 f. Haines; 100 van den Hout; 107 Naber.

nen sollte, [59] sondern daß symmetrische und asymmetrische Gestaltungsprinzipien sich bei ihm die Waage halten. Planender Wille bestimmt auch, wie wir
feststellten, die Wortwahl in unseren Texten. Eine Bestätigung bietet uns ein
Blick auf die Entwicklung seiner Sprache und seines Stils: [60] *Ceterum* erscheint
im Catilina dreimal, im Iugurtha aber etwa fünfzigmal, in den Historien
ebenfalls mehrmals. Der dativus pluralis *quis* für *quibus* tritt im Catilina nur
einmal auf, im Iugurtha und in den Historien häufig. Der ablativus comparationis kommt zweimal im Catilina vor, im Iugurtha und in den Historien aber
viel öfter. *Advorsus* fehlt im Catilina noch, im Iugurtha steht es achtzehnmal,
in den Historien auch nicht selten. Im Catilina heißt es noch *propter*, im
Iugurtha dominiert dann das vornehmere *ob* (*ob* wird auch von Tacitus bevorzugt). Sallust hat also seine *seria et severa oratio* [61] erst allmählich ausgebildet. Dementsprechend dürfen wir in dem stilistischen Reichtum unseres
Textes ein Ergebnis bewußter Wahl erkennen.

5. Psychologie und immanente Deutung

Den Abschnitten, die wir bisher unter dem Gesichtspunkt ihrer retardierenden Funktion betrachteten, müssen wir uns jetzt noch von einem anderen
Standpunkt nähern, um so nicht allein ihrer Rolle im Aufbau, sondern auch
ihrem Gehalt gerecht zu werden. Durch vorgeschaltete Partizipien, prädikative Adjektive und Zwischensätze läßt Sallust die verborgenen Absichten der
Handelnden ahnen. Das raffinierte Ausleuchten des Seelischen in der Verbindung von Einfühlung – vgl. die syntaktisch komplexen ablativi absoluti und
Parenthesen [62] – und Distanzierung (*dicitur*) ist ein Novum im Vergleich mit
Cato, aber auch mit Caesar.

[59] Leeman 356 ff. zeigt, daß Tacitus oft viel weniger konzinn schreibt als Sallust.

[60] Löfstedt II 290 f. A. Kunze, Sallustiana, 1–3, Leipzig 1892–1898; besonders 3
(1897 f.). Syme 305–312 und 240–273.

[61] Gell. 17, 18 (nach Varro). Gelegentlich gibt es bei Sallust auch entgegengesetzte
Entwicklungen (Lebek [zit. S. 42, Anm. 91] 314).

[62] S. besonders die psychologisch feine Konstruktion von *scilicet* mit a. c. i. in der
Schleppe, die auf das (durch seine drei kurzen Silben) gleichsam »in der Luft schwebende« *varius* folgt. Ein deutender Zusatz ist das nuancierende *quasi* in der Verbindung *quasi obvius*; die persönliche Konstruktion *obvius* wirkt dabei erlesener als

Die Deutung, auf die Sallust Wert legt, erscheint nicht isoliert; vielmehr findet sie durch die bezeichneten sprachlichen Mittel Eingang in die historische Darstellung, verwächst organisch mit ihr und taucht sie in ein etwas unruhiges Helldunkel, das ein Signum von Sallusts Darstellungsart ist. Sein Erzählen ist nicht »flächig«, wie dasjenige Catos, sondern erreicht eine »Tiefendimension«, die über die dramatische Kunst des Retardierens und Beschleunigens hinausgeht. Von Caesars scharfer und klarer Zeichnung unterscheidet sich Sallusts Stil durch seine bewegtere Farbigkeit, von Ciceros Diktion durch die Abneigung gegen ausgreifende Gestik.

[Fortsetzung von Fußnote 62:]

obviam (vgl. Löfstedt II 412 über *multus atque ferox instare* Iug. 84, 1). Beleuchtung von der Zukunft her: *insidiantibus*. Hierher gehört die Erweiterung des Gebrauchs des *participium futuri* bei Sallust: E. Skard 1933, 68, Anm. 1; Fighiera 207.

V. KAPITEL

Sullanische und augusteische Geschichtsschreibung:

Claudius Quadrigarius und Livius

DIE TEXTE

Q. Claudius Quadrigarius (sullanische Zeit) [1]

Cum interim Gallus quidam nudus praeter scutum et gladios duos torque atque armillis decoratus processit, qui et viribus et magnitudine et adulescentia simulque virtute ceteris antistabat. is maxime proelio commoto atque utrisque summo studio pugnantibus manu significare coepit utrisque, quiescerent. pugnae facta pausa est. extemplo silentio facto cum voce maxima conclamat, si quis secum depugnare vellet, uti prodiret. nemo audebat propter magnitudinem atque inmanitatem facies. deinde Gallus inridere coepit atque linguam exertare. id subito perdolitum est cuidam Tito Manlio, summo genere gnato, tantum flagitium civitati adcidere, e tanto exercitu neminem prodire. is, ut dico, processit neque passus est virtutem Romanam ab Gallo turpiter spoliari. scuto pedestri et gladio Hispanico cinctus contra Gallum constitit. metu magno ea congressio in ipso ponti utroque exercitu inspectante facta est. ita, ut ante dixi, constiterunt: Gallus sua disciplina scuto proiecto cantabundus; Manlius, animo magis quam arte confisus, scuto scutum percussit atque statum Galli conturbavit. dum se Gallus iterum eodem pacto constituere studet, Manlius iterum scuto scutum percutit atque de loco hominem iterum deiecit; eo pacto ei sub Gallicum gladium successit atque Hispanico pectus hausit; deinde continuo umerum dextrum eodem concessu incidit neque recessit usquam, donec subvertit, ne Gallus impetum icti haberet. ubi eum evertit, caput praecidit, torquem detraxit eamque sanguinulentam sibi in collum inponit. quo ex facto ipse posterique eius Torquati sunt cognominati.

...als unterdessen ein Gallier, nackt [2] bis auf einen Schild und zwei Schwerter und mit Halsring und Armspangen geschmückt, hervortrat, der an Kraft, Größe, jugendlichem Schwung und mannhafter Tüchtigkeit

---

[1] TEXT: fr. 10 b, p. 207–210, Peter [2] = Gellius 9, 13, 7–19.   [2] D. h. ohne Panzer.

die anderen übertraf. Da das Gefecht gerade auf dem Höhepunkt war und beide Parteien aufs hitzigste kämpften, begann er beiden durch Handzeichen zu bedeuten, sie mögen innehalten. Die Schlacht wurde unterbrochen. Nachdem Stille eingetreten war, ruft er alsbald mit sehr lauter Stimme, wenn einer mit ihm um die Entscheidung kämpfen wolle, solle er hervortreten. Niemand wagte es wegen seiner gewaltigen Größe und seines ungeschlachten Aussehens. Da begann der Gallier zu spotten und die Zunge herauszustrecken. Das gab plötzlich einem gewissen T. Manlius, der aus vornehmstem Hause war, einen Stich ins Herz, daß auf die Bürgerschaft so große Schande falle, daß aus einem so großen Heer keiner hervortrete. Er schritt, wie gesagt, hervor und ließ es nicht zu, daß die römische Tapferkeit von einem Gallier schmählich bloßgestellt werde. Mit dem Infanterieschild und mit dem spanischen Schwert umgürtet stellte er sich dem Gallier entgegen. Von allgemeinem Bangen begleitet, vollzog sich das Treffen mitten auf der Brücke vor den Augen beider Heere. So stellten sie sich, wie ich schon sagte, auf: Der Gallier, wie er es gelernt, streckte den Schild vor und sang; Manlius verließ sich mehr auf seinen Mut als auf seine Schulung, stieß Schild an Schild und brachte die Fechtposition des Galliers ins Wanken. Während der Gallier bemüht ist, sich wieder auf dieselbe Art aufzustellen, stößt Manlius abermals Schild an Schild und vertreibt den Mann wieder aus seiner Stellung; auf diese Weise schlüpfte er ihm unter das gallische Schwert und öffnete ihm mit dem spanischen die Brust; dann hieb er ihn unverweilt noch in demselben Waffengang in die rechte Schulter und wich keinen Schritt zurück, bis er ihn zu Fall gebracht hatte, damit der Gallier nicht zum Stoß ausholen könne. Sobald er ihn zu Boden gestreckt, schlug er ihm das Haupt ab, streifte den Halsring herunter und legte sich das blutige Beutestück um den Hals. Daher erhielten er und seine Nachkommen den Beinamen Torquatus.

T. Livius³ (59 v. Chr.–17 n. Chr.)

Dictator cum tumultus Gallici causa iustitium edixisset, omnes iuniores sacramento adegit ingentique exercitu ab urbe profectus in citeriore ripa Anienis castra posuit. pons in medio erat, neutris rumpentibus ne timoris indicium esset. proelia de occupando ponte crebra erant, nec qui potirentur incertis viribus satis discerni poterat. tum eximia corporis magnitu-

³ 7, 9, 6–7, 10, 14. Text: C. F. Walters u. R. S. Conway, Bd. 2, Oxford 1919; Konkordanz: D. W. Packard, A Concordance to Livy, 4 Bde., Cambridge, Mass. 1968.

dine in vacuum pontem Gallus processit et quantum maxima voce potuit
»quem nunc« inquit »Roma virum fortissimum habet, procedat agedum
ad pugnam, ut noster duorum eventus ostendat utra gens bello sit me-
lior.« diu inter primores iuvenum Romanorum silentium fuit, cum et
abnuere certamen vererentur et praecipuam sortem periculi petere nollent;
tum T. Manlius L. filius, qui patrem a vexatione tribunicia vindicaverat,
ex statione ad dictatorem pergit; »iniussu tuo« inquit, »imperator, extra
ordinem numquam pugnaverim, non si certam victoriam videam: si tu
permittis, volo ego illi beluae ostendere, quando adeo ferox praesultat
hostium signis, me ex ea familia ortum quae Gallorum agmen ex rupe
Tarpeia deiecit.« tum dictator »macte virtute« inquit »ac pietate in pa-
trem patriamque, T. Manli, esto. perge et nomen Romanum invictum
iuvantibus dis praesta.« armant inde iuvenem aequales; pedestre scutum
capit, Hispano cingitur gladio ad propiorem habili pugnam. armatum
adornatumque adversus Gallum stolide laetum et – quoniam id quoque
memoria dignum antiquis visum est – linguam etiam ab inrisu exserentem
producunt. recipiunt inde se ad stationem; et duo in medio armati spec-
taculi magis more quam lege belli destituuntur, nequaquam visu ac specie
aestimantibus pares. corpus alteri magnitudine eximium, versicolori veste
pictisque et auro caelatis refulgens armis; media in altero militaris sta-
tura modicaque in armis habilibus magis quam decoris species; non can-
tus, non exsultatio armorumque agitatio vana sed pectus animorum irae-
que tacitae plenum; omnem ferociam in discrimen ipsum certaminis distu-
lerat. ubi constitere inter duas acies tot circa mortalium animis spe metu-
que pendentibus, Gallus velut moles superne imminens proiecto laeva
scuto in advenientis arma hostis vanum caesim cum ingenti sonitu ensem
deiecit; Romanus mucrone subrecto, cum scuto scutum imum perculisset
totoque corpore interior periculo volneris factus insinuasset se inter cor-
pus armaque, uno alteroque subinde ictu ventrem atque inguina hausit et
in spatium ingens ruentem porrexit hostem. iacentis inde corpus ab omni
alia vexatione intactum uno torque spoliavit, quem respersum cruore
collo circumdedit suo. defixerat pavor cum admiratione Gallos: Romani
alacres ab statione obviam militi suo progressi, gratulantes laudantesque
ad dictatorem perducunt. inter carminum prope modo incondita quae-
dam militariter ioculantes Torquati cognomen auditum; celebratum
deinde posteris etiam familiae honori fuit. dictator coronam auream
addidit donum mirisque pro contione eam pugnam laudibus tulit.

Als der Diktator wegen des Galliersturmes die Einstellung der Rechtspre-
chung angeordnet hatte, ließ er alle Waffenfähigen den Fahneneid leisten,
zog aus der Stadt mit einem gewaltigen Heer und schlug auf dem diessei-

tigen Ufer des Anio ein Lager auf. In der Mitte befand sich eine Brücke, die keine Partei abbrach, um keine Furcht zu verraten. Um die Besetzung der Brücke gab es zahlreiche Gefechte, und da die Kräfteverhältnisse ungewiß waren, konnte man nicht recht erkennen, wer sich ihrer bemächtigen würde. Da trat auf die herrenlose Brücke ein Gallier von ungewöhnlicher Körpergröße und rief, so laut er konnte: »Der tapferste Mann, den Rom jetzt aufzuweisen hat, wohlan! er soll zum Kampfe hervortreten, auf daß der Ausgang unseres Zweikampfes zeige, welches Volk im Kriege tüchtiger ist.« Lange herrschte unter den Besten der römischen Mannschaft Stillschweigen, scheuten sie sich doch, die Kraftprobe abzuschlagen und wollten sich auch nicht aus freien Stücken in das ausnehmend gefahrvolle Los stürzen; endlich geht T. Manlius, Sohn des Lucius, der seinen Vater von den Schikanen eines Tribunen [4] befreit hatte, von seinem Posten zum Diktator. »Ohne deinen Befehl«, so spricht er, »mein Feldherr, möchte ich außer der Reihe niemals kämpfen, selbst wenn ich den sicheren Sieg vor mir sähe; wenn du es erlaubst, so will ich jenem Ungeheuer, da es so trotzig vor den Standarten der Feinde herumtanzt, zeigen, daß ich aus der Familie stamme, die das Heer der Gallier vom tarpeischen Felsen hinabstieß.« Darauf der Diktator: »Sei gepriesen für deine Tapferkeit und dein Pflichtgefühl gegenüber dem Vater und dem Vaterland, T. Manlius. Nur immer zu und beweise mit Hilfe der Götter, daß, was römischen Namen trägt, unbesiegbar ist.« Dann legen die Altersgenossen dem jungen Helden die Waffen an; er nimmt den Infanterieschild, gürtet sich mit dem spanischen Schwert, das für den Nahkampf taugt. Im vollen Waffenschmuck führen sie ihn nach vorn, dem Gallier entgegen, der töricht frohlockt, und – da den Alten auch dies erwähnenswert erschien – sogar spottend die Zunge herausstreckt. Dann ziehen sie sich auf ihren Posten zurück, und die beiden Bewaffneten bleiben in der Mitte allein, mehr nach Art eines Schauspiels als nach Kriegsbrauch. Ihr Aussehen und ihre Erscheinung stellte sich den prüfenden Zuschauern keineswegs gleichartig dar. Die Gestalt des einen war ungewöhnlich groß, ein buntes Gewand und bemalte und mit Goldarbeit geschmückte Waffen ließen sie erstrahlen; der andere war mittelgroß wie ein echter Soldat, und seine Waffen, die mehr praktisch als schön waren, verliehen seiner Erscheinung nur bescheidenen Glanz. Kein Singen, kein Tanzen, kein eitles Schütteln der Waffen, aber eine Brust voller Mut und stillen Zornes; all seinen wilden Trotz hatte er für den eigentlichen Entscheidungskampf aufgespart. Sobald sie zwischen den beiden Fronten angetreten waren, während so viele Menschenherzen ringsum zwischen Furcht und Hoffnung schwebten, ließ der Gallier gleich einem Felsen, der

---

[4] Vgl. Liv. 7, 4.

sich vornüber neigt, nachdem er den Schild mit der Linken vorgeschoben, auf die Rüstung des auf ihn zukommenden Feindes schlagartig mit gewaltigem Klirren einen vergeblichen Schwerthieb niedersausen; der Römer richtete seinen Dolch auf, stieß den Schild an den untersten Schildrand und schlich sich mit dem ganzen Körper, unter größter Gefahr verwundet zu werden, in den Raum zwischen den Leib des Feindes und seine Bewaffnung, dann öffnete er ihm, wiederholt zustoßend, Leib und Lenden und streckte den Feind, der in seiner ganzen Länge zu Boden stürzte, nieder. Den Leichnam des Gefallenen, den er sonst unangetastet ließ, beraubte er nur des Halsrings, den er sich noch blutbespritzt um den Hals legte. Entsetzen und Bewunderung hielt die Gallier gefesselt: Die Römer kommen freudig von ihren Posten ihrem Helden entgegen, überhäufen ihn mit Glückwünschen und Lob und führen ihn zum Diktator. Unter den Kameraden, die nach Soldatenart manch ungereimten Singsang scherzhaft vorbrachten, hörte man den Beinamen Torquatus; er breitete sich dann auch auf die Nachkommen aus und machte der Familie Ehre. Der Diktator fügte einen goldenen Kranz als Gabe hinzu und lobte diesen Kampf vor der Versammlung aufs höchste.

A. Inhaltlicher Vergleich

Welche Züge der Erzählung des Claudius Quadrigarius kehren bei Livius nicht wieder?

Da Livius im ganzen ausführlicher berichtet, sind die Auslassungen desto bezeichnender. Der Gallier erscheint bei ihm nicht nackt, sondern mit einem bunten Gewand bekleidet. Das Abschneiden des Hauptes läßt Livius nicht nur weg, sondern er betont ausdrücklich, Manlius habe den Feind unangetastet gelassen.[5] Andere urtümliche Züge werden leicht abgeschwächt: Das Herausstrecken der Zunge bedarf bei Livius eines entschuldigenden Zusatzes. Auch spricht er weniger scharf aus, daß das Zögern der herausgeforderten Römer eine Schande für die Bürgerschaft sei. Ähnliche ästhetische und sittliche Rücksichten werden auch bei den Hinzufügungen des Livius zu beobachten sein.

Er vereinfacht die Beschreibung des Kampfes: Manlius wendet seinen Kunstgriff nicht zweimal, sondern nur einmal an. So wird Raum für einen vergeb-

---

[5] Daß der Halsring trotzdem blutbespritzt ist, sollte man nicht allzu tragisch nehmen, wenn Livius auch nur von Verletzungen am Unterleib spricht; aber typisch bleibt es doch.

lichen Schwerthieb des Galliers gewonnen, aber der von Quadrigarius treffend herausgearbeitete Gegensatz zwischen dem stereotyp sich wiederholenden, angelernten Verhaltensschema des Galliers *(sua disciplina)* und dem Mut und der schöpferischen Geistesgegenwart des Römers entfällt. Was Livius an die Stelle dieser Deutung setzt, werden wir sogleich sehen.

Was fügt Livius hinzu?[6]

Sein wichtigster Zusatz ist eine ganze Szene. Während bei Claudius unmittelbar auf den Entschluß des Helden sein Hervortreten und der Zweikampf folgt, schaltet Livius die Anfrage beim Vorgesetzten und dessen Segenswunsch ein. Inhaltlich wird dadurch die römische *disciplina* exemplifiziert und zugleich die Tat des Einzelnen offiziell zu einer stellvertretenden Leistung für die Gesamtheit erklärt, ja darüber hinaus zu einer Manifestation der göttlichen Fürsorge, die Rom unbesiegbar sein läßt. Von der formalen Bedeutung der Zwischenszene soll später noch die Rede sein.

Vor den Zweikampf rückt Livius jedoch noch eine weitere Szene: die Wappnung des Helden durch seine Altersgenossen; dieser »dramatische Chor« begleitet ihn dann auch auf den Kampfplatz, der ausdrücklich mit einer Schaubühne verglichen wird.

Die reizvolle Bewegung dieser Gruppe setzt auch am Ende des Waffengangs wieder ein.

So arbeitet Livius einerseits durch Retardierung auf größere Spannungsbögen hin, andererseits durch Einbeziehung bewegter Gruppen auf szenische Anschaulichkeit.

Schon Claudius hatte die beklemmende Atmosphäre vor dem Kampf eingefangen, indem er von der Furcht der Zuschauer sprach. Livius fügt zur

---

[6] Selbst wenn Livius hier teilweise einer anderen Tradition folgen sollte, wäre die Entscheidung gegen den von ihm sonst vielfach herangezogenen Claudius für die Geisteshaltung des Livius charakteristisch. Für Verwendung einer anderen Quelle: B. Sypniewska, De Claudii Quadrigarii fragmentis ab A. Gellio traditis quaestiones selectae. Charisteria Casimiro de Morawski, Krakau 1922, 149–179, bes. 177 ff.; M. Zimmerer, Der Annalist Qu. Claudius Quadrigarius, Diss. München 1937, 142, Anm. 37; A. Klotz, PhW 43, 1923, 1035. – P. G. Walsh, Livy. Cambridge 1961, 71, 151, 187 u. ö. setzt jedoch ohne Bedenken die Abweichungen von Claudius auf Rechnung des Livius. Diese Hypothese ist nicht nur sparsamer, sie steht im vorliegenden Fall auch in bestem Einklang mit der Denkart des Livius. Das uns hier beschäftigende Problem des Stilvergleichs ist zudem von der Quellenfrage unabhängig. – Über unsere Texte knapp R. Heinze, Die Augusteische Kultur (1933²), Neudr. Darmstadt 1960, 97–102. Durch meine Vorlesungen angeregt ist ein Buch meines Schülers W. Schibel: Sprachbehandlung u. Darstellungsweise in röm. Prosa: Claud. Quadr., Liv., A. Gellius. Amsterdam 1971.

Furcht die Hoffnung hinzu, sublimiert also den Schauder zu einem Schwebezustand der Erwartung. Vorher aber vergleicht er die Erscheinung der Helden
miteinander, und zwar ebenfalls aus der Perspektive der Zuschauer (*aestimantibus*). In dieser Synkrisis, die im Sinne einer letztlich auf den Anfang des
dritten Ilias-Buches zurückgehenden epischen Topik dem lärmenden Barbaren [7]
den schweigend entschlossenen Vertreter der Kulturnation gegenüberstellt,
werden alle äußeren Dinge zum Spiegel des Inneren: Körpergröße, buntes Gewand, schimmernde Wehr auf der einen Seite, mittlere soldatische Statur und
zweckmäßige Bewaffnung auf der anderen. Die Bändigung des Temperaments
(*ferox* ist über den Gallier, *ferociam distulerat* über den Römer ausgesagt),
die zu größerer Konzentration der Kraft führt, ist der ethische Gesichtspunkt,
den Livius an die Stelle des völkerpsychologischen Vergleichs bei Claudius
(stereotypes Verhalten – zielstrebige Wendigkeit) setzt. Was dadurch an Typik
gewonnen wird, geht an Observation verloren.

Der Kampf selbst ist bei Livius die Begegnung zweier Prinzipien: daher in
streng paralleler Gestaltung zunächst ein gewaltiger Fehlschlag des Galliers,
nach epischer Art durch einen Vergleich geschmückt, dann der siegreiche Ge-
genangriff des Manlius. Der Held wird hier bezeichnenderweise allgemein
Romanus genannt. Wenn Livius den Gallier zuerst angreifen läßt, so unterstreicht er dadurch die Korrektheit des Römers, während die Bemerkung des
Claudius *animo magis quam arte confisus* ihm wohl die Schulfremdheit des
Manlius zu stark zu betonen schien. Livius hat die Gegenüberstellung von der
Kampfschilderung getrennt, aber auch in der Kampfschilderung den von ihm
ins Typische gesteigerten Kontrast noch schärfer herausgearbeitet.

Das Charakteristische an der Erzählung des Livius ist, daß er alle Elemente
in die Handlung einbezieht und aus ihr erwachsen läßt. [8] Die Grundgedanken,
an denen ihm gelegen ist, führt er gerne indirekt ein, indem er sie seinen Helden in den Mund legt oder sie sich in der Vorstellung der Zuschauer spiegeln
läßt. So entsteht bei ihm der Beiname Torquatus aus dem scherzhaften Singsang der Manlius geleitenden Kameraden, während Quadrigarius sich mit
einer trockenen Feststellung begnügt. Durch stärkere Einbeziehung des Dik-

---

[7] Vgl. auch *belua* in den Worten des Manlius.

[8] Er nimmt auch Bezug auf eine von ihm kurz zuvor erzählte Heldentat des Manlius (vgl. 7, 4). Ein historisches Exemplum kommt in der Rede des Manlius vor dem
Diktator zur Geltung: Manlius Capitolinus. Die allgemeine Erwähnung des Adels
(*summo genere gnatus*) bei Claudius wird von Livius bezeichnenderweise mit lebendiger Anschauung erfüllt.

tators und der Gefährten des Helden wird das Ethos des Geschehens vertieft. Die oberste staatliche Autorität wird vor der Tat befragt, und auch zum Schluß ist es der Diktator, der Manlius belohnt und lobt.

Das Streben nach gleichmäßigem Fluß der Erzählung, wie es sich zum Beispiel in den Bewegungen des Chores manifestiert, verbindet sich mit einer Kunst des Retardierens und der Schaffung weiter Spannungsbögen. Wenn Livius die eigentliche Kampfschilderung strafft, so hängt dies mit seiner künstlerischen Zurückdrängung derjenigen Züge zusammen, die nur rein stofflich von Interesse sind.

B. Sprachlich-stilistischer Vergleich

1. Claudius Quadrigarius

Der Bericht des Quadrigarius wirkt auf den ersten Blick recht einfach. Die *Satzverbindung* wird durch Demonstrativa, Relativa und Beiordnungen hergestellt, sofern sie nicht überhaupt unterbleibt. Die *Wortfolge* ist weitgehend festgelegt: Durch Anfangsposition des Subjekts und Endstellung des Prädikats gewinnt der Satz Einheitlichkeit. Einander untergeordnete Nebensätze folgen nach dem gleichen Prinzip aufeinander wie in der Amts- und Gesetzessprache;[9] andererseits versteht es Quadrigarius, einzelne Bestimmungen, die ihm wichtig erscheinen, aus dem Satzganzen herauszunehmen und vor das Subjekt oder hinter das Prädikat zu stellen. Auf diese Weise erhalten sie als selbständige Einheiten Leuchtkraft. Die Geschlossenheit der Sätze bzw. der ausgegliederten Teile wird einem bekannten psychologischen Gesetz entsprechend an der ersten und letzten Stelle im Satz, bei längeren Gebilden auch in der Mitte, durch die gewichtigen Wörter unterstrichen. Innerhalb verhältnismäßig enger Grenzen – einerseits die Endstellung des Verbs, andererseits die Notwendigkeit, um der Deutlichkeit willen bei größeren Komplexen analytisch zu reihen –, findet Claudius einen eigenen Weg, aus der jeweils natürlichsten Wortfolge zugleich auch die künstlerisch überzeugendste zu machen.

Die *Wortwahl* ist sachgemäß und präzis, doch frei von Derbheit. Man beobachtet ein dezentes Variationsstreben:[10] *proelio – pugnantibus – pugnae – depugnare – congressio; conturbavit – subvertit – evertit; disciplina – ars.* Wo

[9] *Siquis secum depugnare vellet, uti prodiret.*

[10] Das wiederholte *facta est* und *facto* (K. Büchner, Römische Literaturgeschichte, Stuttgart 1957, 361) fällt demgegenüber nicht ins Gewicht.

sich ein Vorgang genau wiederholt, wird wenigstens das Tempus verändert (*percussit – percutit*).

Über den rein faktischen Bericht hinausgehend stellt Claudius die *Affekte* durch Anfangsposition in den Vordergrund, würdigt in einem deutenden Nachsatz die Tat des Manlius als Ehrenrettung der römischen *virtus*, betont durch weitere *Abstrakta* die Unterschiede zwischen der angelernten Verhaltensweise des Galliers und dem Mut und der schöpferischen Geistesgegenwart des Römers. Die in diesem Zusammenhang angewandten Abstrakta erhellen sich wechselseitig durch Antithese (*sua disciplina – animo magis quam arte confisus*) und tragen unaufdringlich zur Deutung bei.

Leichte Spuren *mündlicher*[11] Darstellungsart zeigen sich in den erwähnten Zwischensätzen *ut dico; ut ante dixi*. Doch sind sie, wie wir, bisherige Ansichten berichtigend, feststellen können, nicht etwa ein Element der Formlosigkeit, sondern als Mittel der Sperrung[12] strukturell sinnvoll angewandt.[13]

Archaische Elemente fehlen in unserem Texte nicht (vgl. den Akkusativ *duo*, den Genetiv *facies*, den Ablativ *ponti* und den Genetiv *icti*, die Bildung *cantabundus*, die Konstruktion von *quiescerent* ohne *ut* und den dativus sympatheticus *ei sub... gladium successit*),[14] doch ist der Gesamteindruck nicht der eines bewußten Archaisierens.

Auch die »poetischen« Züge, die Wölfflin stark betont hat,[15] prägen das Gesamtbild nicht entscheidend (zu *scuto scutum percussit* vgl. unten Anm. 11;

---

[11] Über »mündliche« Elemente bei Claudius Quadrigarius vgl. E. Wölfflin, Die Sprache des Claudius Quadrigarius, ALL 15, 1908, 10–22, bes. 11. Zwar erkennt Wölfflin hier (anders als im Falle Sallusts), daß der Historiker nicht etwa bewußt »vulgär« schreibt, doch scheidet er nicht klar genug zwischen *genus tenue* und dem »hohen« Stil angehörigen Elementen wie *scuto scutum percussit*. Dieser Ausdruck gehört in den Bereich der von uns bereits mehrfach charakterisierten »feierlichen Mündlichkeit«.

[12] *is, ut dico, processit* (Sperrung eines wichtigen Satzes). Ähnlich *ita, ut ante dixi, constiterunt*.

[13] Einseitig E. Norden I 176: »Meist ganz kunstloser Stil«; ähnlich J. Marouzeau RPh 45, 1921, 160.

[14] Zu den Archaismen bei Claudius Quadrigarius vgl. Wölfflin 12–15 und (besser) Zimmerer 90–104. Archaisch wirkt auch die Verwendung des Kompositums im Sinne des Simplex (*conclamare* über *eine* Person); ebenso die etwas umständliche Bezeichnung temporaler Verhältnisse: *cum interim; deinde continuo* (doch sollte man hier nicht mit Zimmerer 111 von »Tautologie« sprechen). Man beachte auch den abl. abs. *utrisque pugnantibus* trotz des folgenden dat. *utrisque*. (Die Verwendung dativischer participia coniuncta in Prosa ist vor Cicero nicht sehr beliebt).   [15] A. O. passim.

zu *pectus hausit*[16] vgl. Homer Ilias Ξ 517; auch *summo genere gnatus* mit der alliterierenden[17] Unterstreichung der etymologischen Verwandtschaft klingt episch).

Von der Zugehörigkeit zur Historikersprache zeugt eindeutig die Häufigkeit von *atque*, das schon Cato in gehobenem Stil bevorzugt.

An »*rhetorischen*« Kunstmitteln ist in unserem Text nur weniges zu nennen; immerhin findet sich der Ansatz zu einer antithetischen Parallelisierung der beiden Helden,[18] wobei allerdings das zweite Glied überraschend als selbständiger Satz weitergeführt wird; auch die Gegenüberstellung des »gallischen« und »spanischen« Schwertes ist nicht unbeabsichtigt, wenn auch für römische Ohren wohl weniger künstlich als für deutsche.[19] Die Unaufdringlichkeit des Rhetorischen in unserem Text zeigt sich auch an den der traductio (Ploke) nahestehenden Wiederaufnahmen von Wörtern des vorhergehenden Satzes wie *donec subvertit – ubi eum evertit;* oder: *neminem prodire – is... processit.* Man beachte, wie Quadrigarius durch leichte Variation die archaische Schwere der Wiederholung zu mildern versucht.

Der Gesamteindruck ist der eines Stils, der nicht nach exklusiver »Distanzsprachlichkeit« strebt, sondern nach einer Verbindung von Würde mit korrekter Klarheit, was in dem damaligen Entwicklungsstadium der Prosa eine Leistung war.[20] Das Streben nach *gravitas* zeigt sich z. B. in der absoluten Verwendung von *quiescerent;*[21] die Verbindung von Kraft und Übersichtlichkeit dokumentiert sich nicht zuletzt in dem von uns herausgearbeiteten zugleich in sich geschlossenen und die betonten Teile doch exponierenden Satzbau. Zwar ist die Erzähltechnik des Claudius einsträngig und geradlinig, doch hat er Sinn

---

[16] Vgl. das Stellenmaterial bei Brink ThLL 6, 3, 14, 1938, 2573, 61–2574, 2, wo die sämtlich hoher Prosa und Poesie entstammenden Belege merkwürdigerweise auf den *sermo castrensis* zurückgeführt werden. Richtiger P. Maas ALL 12, 1902, 546, jedoch ohne Belege.

[17] Vgl. in unserem Text auch *concessu incidit neque recessit.*

[18] *Gallus sua disciplina scuto proiecto cantabundus; Manlius, animo magis quam arte confisus.*

[19] *Sub Gallicum gladium successit atque Hispanico pectus hausit.*

[20] Die Charakterisierungen bei Gellius sind einseitig (13, 29, 2 *vir modesti atque puri ac prope cotidiani sermonis* und 9, 13, 4 *purissime atque inlustrissime simplicique et incompta orationis antiquae suavitate*). Das Kunstmäßige unterschätzt P. T. Eden, Glotta 40, 1962, 78–81. Das »stark formale Interesse« betont mit Recht Zimmerer 87.

[21] Zimmerer 109.

für wirkungsvollen Aufbau, wobei er dramatische Augenblicke durch besondere Kürze der Sätzchen zu unterstreichen weiß. [22] A. Klotz [23] stellt fest, daß Quadrigarius bestimmte äußere Fakten erst nachträglich erwähnt, wenn sie für die Erzählung relevant werden; dies gilt in unserem Text von der im ablativus absolutus zurückgreifenden Feststellung, daß die Schlacht sich inzwischen weit entwickelt hatte, und auch von der Erwähnung der Brücke nicht etwa beim Erscheinen des Galliers, sondern erst vor dem Zweikampf. [24]

Auch in der Berücksichtigung der Massen- und Völkerpsychologie zeigt sich literarischer Gestaltungswille. [25]

2. Livius

Sprachlich-stilistisch ist der Livius-Text reich und vielseitig. Im Wortschatz und Ausdruck ist mehrfach eine Sublimierung und Dämpfung festzustellen: An die Stelle des drastischen *linguam exertare* tritt einfaches *linguam exserere* (noch durch eine vorausgeschickte entschuldigende Parenthese abgeschwächt). [26] Die Scheu der jungen Römer, sich zu exponieren, wird dezent, aber etwas gesucht durch *praecipuam sortem periculi petere nollent* umschrieben. Nicht gerade alltäglich klingt auch *a vexatione tribunicia* (»von der Behelligung durch einen Volkstribun«). Zu der distanzierten Art des Livius paßt auch eine nominale Zusammenfassung von Sachverhalten wie *exsultatio armorumque agitatio*.

Dämpfung und Distanzierung ist jedoch nur eine Seite des livianischen Wortschatzes; das Streben nach lebendiger Vergegenwärtigung bringt ihn andererseits oft in die Nähe des Dichterischen: *praesultare* wird in den Wörterbüchern nur mit unserer Stelle belegt; von dem poetischen Stilwert von *pectus* und *mortales* war bereits in unserem Sallust-Kapitel die Rede. [27] An das Epos

---

[22] Z. B. *pugnae facta pausa est.*

[23] Der Annalist Q. Claudius Quadrigarius, RhM 91, 1942, 268–285, bes. 269.

[24] Die Tatsache bleibt auffallend, selbst wenn die Brücke vor dem Einsatz unseres Textes schon genannt gewesen sein sollte.

[25] Nach A. Klotz 269 ist Quadrigarius in der *exornatio* weiter fortgeschritten als Valerius Antias. Unbefriedigend dagegen E. Norden und J. Marouzeau, zit. oben S. 118, Anm. 13.

[26] Auch das archaische *cum voce maxima* wird korrigiert: A. H. McDonald, The Style of Livy, JRS 47, 1957, 155–172, bes. 168.

[27] S. oben S. 91 ff.

gemahnt der Einsatz *pons in medio erat;*[28] ebenso der Vergleich des Galliers mit einem überhängenden Felsen;[29] an die Lebendigkeit des Epos erinnert auch die große Zahl der direkten Reden bei Livius (die an der Claudius-Stelle ganz fehlen) und das Streben nach Kontinuität der Erzählung (hier ist die begleitende Rolle der Gefährten vor und nach dem Kampf sowie vor allem die Wappnungsszene zu nennen).[30] Die etwas füllige Ausdrucksweise *discrimen ipsum certaminis* paßt einerseits zu der oben charakterisierten distanzierten und nominalen Diktion, andererseits hat sie aber auch eine epische Wurzel, vgl. z. B. Z 346 ἀνέμοιο θύελλα.[31]

Ein weiteres Element der Erhabenheit sind archaische Stilmittel wie die Doppelung[32] (*armatum adornatumque*), religiöse Formeln (*macte ... esto; iuvantibus dis*) und die Alliteration[33] (*pietate in patrem patriamque*), von der Livius eindrucksvoll, aber nicht übermäßig Gebrauch macht.

Auch die alte traductio bei der Satzverknüpfung kennt Livius (*armant – armatum*), doch gewinnt er ihr dadurch eine besondere Wirkung ab, daß sie nicht die Verbindung zum nächsten, sondern zum übernächsten Satz herstellt. Dieses überdeutliche Verbindungsmittel wird also zweckmäßig zum Brückenschlag über eine Einschaltung verwendet.[34] Der Typus kann dadurch variiert werden, daß ein sinnverwandtes Wort an die Stelle bloßer Wiederholung tritt: *porrexit – iacentis.* So erweckt Livius zugleich den Eindruck des Altvertrauten und des Neuen.

[28] Verf., Die Parenthese in Ovids Metamorphosen und ihre dichterische Funktion, Hildesheim 1964 (Spudasmata 7) 182 mit Anm. 225 und 226.

[29] Vergil gebraucht *moles* von Polyphem Aen. 3, 656 f.; im epischen Gleichnis: Aen. 7, 586–590, Ilias O 618–621.

[30] Zum Streben nach epischer Kontinuität vgl. F. Mehmel, Virgil und Apollonius Rhodius, Hamburger Arbeiten 1, 1940.

[31] *Bello melior* und Verwandtes gehört der gehobenen Historiker- und Dichtersprache an: E. Skard 1956, 25; vgl. ThLL 2, 9, 1906, 2098, 2 ff. (Sinko). Darf man auf Grund von Lucilius 972 *bello bonus* (alliterierend! Dazu Marx), Sall. Iug. 13, 2 *bello melior,* Verg. (mehrfach) an Ennius denken?

[32] Vgl. auch *gratulantes laudantesque;* zur Häufung der Partizipien s. Enn. ann. 103 V., Naev. 5 Str. Die Prosa häuft ursprünglich präsentische Partizipien nur ungern.

[33] Vgl. auch *armatum adornatumque; versicolori veste; armorumque agitatio; advenientis arma* (hier sind die alliterierenden Wörter künstlich nebeneinandergerückt, ebenso *spectaculi magis more; respersum cruore collo circumdedit*).

[34] Ähnlich (gegen Ende des Textes) *ad dictatorem ... dictator.*

Das moralphilosophische Interesse, das bei Livius stark hervortritt, spiegelt sich im Wortschatz: Die unreflektierte Haltung des Galliers wird durch das Adjektiv *ferox* und das ἅπαξ λεγόμενον *praesultat* bezeichnet, die rational gesteuerte Zurückhaltung des Römers dagegen in nominaler Brechung derselben Vokabeln: *non exsultatio…; omnem ferociam… distulerat*. Das Sprachmaterial spiegelt den Vorgang der inneren Distanzierung.

Zu der auch von Claudius erwähnten *virtus* kommt bei Livius als weitere Vokabel die *pietas* hinzu und als Idee die römische *disciplina* und *clementia*. Für das Bestreben des Livius, trotz aller anthropologisch-ethischen Deutungen dennoch möglichst weniges abstrakt und möglichst vieles durch die konkrete Handlung auszudrücken, spricht es, daß die beiden letztgenannten Stichwörter fehlen und *pietas* und *virtus* nur in direkter Rede (im Munde des Diktators) erscheinen. Während bei Claudius die *virtus* nicht allein den Römern, sondern auch dem Gallier neben *vires* und *adulescentia* als »mannhafte Leistungsfähigkeit« zugesprochen worden war, beschränkt Livius die *virtus* auf die Römer und versucht sie durch Disziplin, Zügelung des Temperaments vor dem Kampf und Maßhalten im Sieg sittlich zu begründen.

Auch der Diktator und die Götter spielen bei Livius eine neue Rolle. Bei Quadrigarius waren sie ganz im Hintergrund geblieben. Er war Erzähler und nur gelegentlich – in einem abstrakten Satz – Deuter. Livius versucht durch seine Darstellung, das Geschehen sich selbst deuten zu lassen. Viele der behandelten Züge seines Wortschatzes hängen letztlich mit diesem Bestreben zusammen.

Nun zur *Wortstellung*. In der Ausgliederung wichtiger Satzteile geht Livius weiter als Claudius: *tum eximia corporis magnitudine in vacuum pontem Gallus* [35] *processit:* Anfangsstellung des betonten Gliedes und innerhalb desselben des ausdrucksstarken Adjektivs! Und das Entsprechende in Endposition: *utra gens bello sit melior.*

Der Hervorhebung – und dem Adel des Ausdrucks – dient auch bei den Waffenbezeichnungen die Umkehrung der normalen Wortfolge: *pedestre scutum; Hispano… gladio.* [36]

---

[35] Zur späten Stellung des Subjekts im Satze bei Livius: L. Kühnast, Die Hauptpunkte der livianischen Syntax, Berlin 1872, 310 f.

[36] Die normale Stellung z. B. 6, 8, 6 *scuto pedestri*; vgl. 43, 6, 6, *scuta equestria*; 31, 34, 4; 38, 21, 13 *gladio Hispaniensi*. Die Anfangsstellung ist selbstverständlich gerechtfertigt, wenn der Akzent auf die besondere Art der Bewaffnung gelegt werden soll; da ein Nahkampf bevorsteht, ist dies bei *Hispano gladio* der Fall. Zu beachten

Geschlossene Formen entstehen, wenn der Hauptgedanke eine ablativische Begründung umgibt: *nec qui potirentur incertis viribus satis discerni poterat.*

Betonung der vorletzten Stelle im Satz kann bei Livius wie bei Cicero zu verklingenden Schlüssen führen, die zum ruhigen Ethos der Erzählung beitragen. [37]

Sind Anfang und Ende akzentuiert, so verbindet sich solche Wortstellung gern mit asyndetischer Satzverbindung: *proelia... crebra; diu... silentium.* Auch sonst begegnen sich analoge oder gegensätzliche Wörter an der Satzfuge: so *auditum; celebratum* oder die beiden gegensätzlichen Bewegungen des »Chores« *producunt; recipiunt... sese.*

Im folgenden soll uns die Satzverbindung den Blick für die Erzählstruktur öffnen. [38]

C. Erzählstruktur

1. Claudius Quadrigarius

Bei Claudius Quadrigarius beobachten wir eine ganze Reihe von Mitteln der Satzverknüpfung, die der Fortführung der Erzählung und der Betonung von Wendepunkten dienstbar gemacht werden. Nach archaischer Art wird oft ein Demonstrativum oder Relativum verwendet (*is;* [39] *id; eo pacto; quo ex facto*). Daneben sind Zeitadverbien von Bedeutung (*extemplo, deinde, subito*).

Wirkungsvoll erscheint mehrfach das Asyndeton, so bei der Darstellung der Kampfpause (*pugnae facta pausa est*). In unserem Text haben die asyndetisch angefügten Sätze überhaupt oft retardierende Funktion. [40]

[Fortsetzung von Fußnote 36:]
ist auch mehrfach die Trennung des Substantivs vom Attribut: *Hispano cingitur gladio ad propiorem habili pugnam.*

37 Vgl. *adiuvantibus dis praesta; iustitium edixisset; sacramento adegit; castra posuit; indicium esset; crebra erant; discerni poterat; Gallus processit; silentium fuit; ad dictatorem pergit; victoriam videam; beluae ostendere; hostium signis; ex rupe Tarpeia deiecit; laudibus tulit* usw.

38 Zur Forderung einer »Syntax im großen« für Erzählzusammenhänge s. Verf., Zur Funktion der Tempora in Ovids elegischer Erzählung, in: Ovid (Wege der Forschung 92), Darmstadt 1968, 451–467.

39 Livius vermeidet dagegen sogar einmal *is: quem nunc ... Roma virum fortissimum habet, procedat...*

40 Ähnlich bei der Darstellung der Unentschlossenheit der Römer (*nemo audebat...*) und auch später: *scuto pedestri...; metu magno...*

Mit Demonstrativa eingeleitet ist dagegen das erste Handzeichen des Galliers, das Hervortreten des Manlius und das Sichherandrängen an den Gegner. Dieses Mittel soll also nicht etwa bestimmte Stufen der Handlung aus dem Gesamtzusammenhang hervorheben und zueinander in Beziehung setzen, sondern nur jeweils Ereignisse mit einem unmittelbar vorausgehenden Vorgang eng verknüpfen. Die Satzverbindung soll somit bei Quadrigarius nicht eine größere Erzählstruktur sichtbar machen, sie verdeutlicht vielmehr in erster Linie das Verhältnis unmittelbar benachbarter Sätze zueinander. Das gilt natürlich auch von den Zeitadverbien, wenn auch einmal ein wirkungsvolles Strukturelement auf das Ende aufgespart wird: Der Sieg über den Gallier ist mit *donec* eingeführt. Allerdings wird die dramatische Wirkung (Hauptvorgang im Nebensatz!) von Claudius nicht wie von späteren Schriftstellern ausgekostet, sondern durch einen weiteren Nebensatz zunichte gemacht. Ehe man den zweiten Nebensatz umstellt,[41] gilt es zu beachten, daß Claudius hier mehr die Kampftaktik des Römers darstellen und erläutern[42] als einen dramatischen Höhepunkt auftürmen will. Daß Quadrigarius mehr auf den momentanen als auf den übergreifenden Zusammenhang achtet, zeigt sich auch am Tempusgebrauch[43] und daran, daß eine zunächst parallel durchgeführte Antithese sich im zweiten Glied allmählich zu einem neuen selbständigen Satz weiterentwickelt.[44] An den Satzfugen gelingen ihm oft glänzende Kontrastwirkungen; außer den Asyndeta, von denen bereits die Rede war, ist vor allem auf die Ausgestaltung eines Wendepunktes der ganzen Erzählung hinzuweisen: *neminem prodire. is... processit.* Wie sprechend ist der Gegensatz zwischen *neminem* und *is* und zwischen Einsicht (Infinitiv) und Tat (Indikativ)! Hinzu kommt die gewichtige Sperrung des neuen Gedankens durch *ut dico.*

Quadrigarius hat somit zwar ausgeprägten Sinn für Dramatik und Kontraste, ja er kann sogar eine eindrucksvolle Steigerung aufbauen, aber seine syntaktisch-stilistischen Mittel haben über ihren momentanen Signalwert hinaus kaum die Funktion, größere architektonische Zusammenhänge sichtbar zu machen.

---

[41] Sypniewska a. O.   [42] *Ne Gallus impetum icti haberet.*

[43] S. unten S. 125, Anm. 47.

[44] *Gallus sua disciplina scuto proiecto cantabundus; Manlius, animo magis quam arte confisus, scuto scutum percussit...*

Die Vorgeschichte ist durch die sachliche Stilisierung im historischen Perfekt [45] gekennzeichnet. Ebenso der Schluß, der die Entstehung des Namens Torquatus und die Anerkennung durch den Diktator mitteilt.

Der Hintergrund der Haupthandlung wird in imperfektischen Sätzen angedeutet (*pons ... erat; proelia ... erant; nec ... poterat*).

Die Einführung beider Helden ist jeweils durch *tum* stark akzentuiert. [46] Die Haupthandlung beginnt im historischen Perfekt mit dem Auftreten des Galliers; dagegen sind der Gang des Manlius zum Diktator, die anschließende Wappnungsszene, sowie die Bewegungen der Gefährten vor und nach dem Zweikampf durch das historische Präsens als vordergründige Zwischenhandlung gekennzeichnet. Auch der dem Zweikampf vorausgehende Vergleich beider Helden steht noch im Präsens, geht allerdings allmählich zu elliptischem Ausdruck über und endet in einem Hintergrundtempus (*distulerat:* Plusquamperfekt), das psychologisch eine Tiefenperspektive schafft.

Vor dieser Folie setzt das Hauptgeschehen ein, weiter vorbereitet durch einen einführenden Temporalsatz (*ubi constitere...*) und einen das Atmosphärische einfangenden ablativus absolutus. In paralleler Konstruktion läßt Livius dann die Helden handeln, wobei jeweils Haltung und Gebärde im ablativus absolutus charakterisiert sind und der entscheidende Schlag im historischen Perfekt berichtet ist, das auch bis zum Anlegen des Halsrings durch den Sieger beibehalten wird.

Das Entsetzen der Gallier erscheint wieder in einem Hintergrundtempus (Plusquamperfekt), die Bewegungen der Gefährten im vordergründig beschreibenden historischen Präsens, die Namengebung und Ehrung im sachlich und gewichtig feststellenden Perfekt. [47]

---

[45] *Dictator... castra posuit.*

[46] *Et* hat vor dem Vergleich zwischen beiden Helden eine wichtige gliedernde Funktion (*et duo...*). Im übrigen geht Livius schwerfälligen beiordnenden Satzverbindungen aus dem Wege. *Inde* stellt er unauffällig an die zweite Stelle im Satz: *armant inde... recipiunt inde ... iacentis inde...*

[47] Dagegen verwendet Claudius den Tempuswechsel zur momentanen Nuancierung durch »Nahaufnahme«: *detraxit... inponit* (Folge); *dum... studet, percutit* (Perseveration; zugleich Variation des vorausgehenden *percussit*); *facta ... est... conclamat* (Folge.)

Unsere Betrachtung hat gezeigt, daß die beiordnenden Mittel der Satzverbindung bei Livius den Gesamtaufbau unterstreichen und daß die von ihm vielfältiger als von Claudius verwendeten Partizipialkonstruktionen [48] und Nebensätze [49] sich sämtlich in ein festgefügtes Ganzes einordnen, dessen perspektivische Tiefe jeweils durch bewußtes Wiederaufnehmen oder Zurückhalten bestimmter sprachlich-stilistischer Mittel zustandekommt. Den kontrastreichen, aber flächenhaften Erzählstil des Claudius Quadrigarius überbietet Livius durch die Raumwirkung einer mit sorgfältigen Abstufungen und brückenschlagenden Reprisen arbeitenden Architektonik.

[48] Die Verdienste des Claudius um die Erweiterung des ablativus absolutus (Wölfflin a. O.) sollen selbstverständlich nicht geschmälert werden.

[49] Allein die kurze Rede des »Barbaren« enthält bei Livius nicht weniger als drei Nebensätze!

VI. KAPITEL

Zwei philosophische Texte

I. Cicero (106–43 v. Chr.):

Irdischer Ruhm und wahre Unsterblichkeit [1]

»... *Quocirca si reditum in hunc locum desperaveris, in quo omnia sunt magnis et praestantibus viris, quanti tandem est ista hominum gloria, quae pertinere vix ad unius anni partem exiguam potest? Igitur alte spectare si voles atque hanc sedem et aeternam domum contueri, neque te sermonibus vulgi dedideris nec in praemiis humanis spem posueris rerum tuarum; suis te oportet inlecebris ipsa virtus trahat ad verum decus; quid de te alii loquantur, ipsi videant, sed loquentur tamen. Sermo autem omnis ille et angustiis cingitur his regionum, quas vides, nec umquam de ullo perennis fuit et obruitur hominum interitu et oblivione posteritatis extinguitur.*«

Quae cum dixisset, »*Ego vero*«, *inquam,* »*Africane, siquidem bene meritis de patria quasi limes ad caeli aditum patet, quamquam a pueritia vestigiis ingressus patris et tuis decori vestro non defui, nunc tamen tanto praemio exposito enitar multo vigilantius.*« *Et ille:* »*Tu vero enitere et sic habeto, non esse te mortalem, sed corpus hoc; nec enim tu is es, quem forma ista declarat, sed mens cuiusque is est quisque, non ea figura, quae digito demonstrari potest. Deum te igitur scito esse, siquidem est deus, qui viget, qui sentit, qui meminit, qui providet, qui tam regit et moderatur et movet id corpus, cui praepositus est, quam hunc mundum ille princeps deus; et ut mundum ex quadam parte mortalem ipse deus aeternus, sic fragile corpus animus sempiternus movet.*«

»... Falls man daher an der Rückkehr an diesen Ort verzweifelt, an dem alles den großen und vortrefflichen Männern gehört, – wieviel wert ist dann überhaupt dieser menschliche Ruhm, der sich kaum auf einen kleinen Teil eines einzigen Weltenjahres erstrecken kann? Willst du also in die

---

[1] Cic. rep. 6, 23, 25–24, 26. TEXT: K. Ziegler, Leipzig 1960⁵. KOMMENTAR: A. Ronconi, Somnium Scipionis, Introduzione e commento, Firenze 1961.

Höhe blicken und diesen Sitz, dieses ewige Haus, anschauen, so überlasse dich nicht den Reden des gemeinen Volkes und setze deine persönliche Hoffnung nicht auf menschliche Belohnungen; durch ihren eigenen Reiz muß dich die Tugend selbst zur wahren Ehre ziehen; was andere über dich reden, ist ihre Sache – sie werden freilich reden. Jenes Gerede aber wird ganz durch die Enge des Bereichs, den du hier siehst, umgrenzt, war noch nie für jemanden von Dauer, und es wird durch den Untergang der Menschen verschüttet und im Vergessen der Nachwelt ausgelöscht.«

Als er dies gesprochen, sagte ich: »Wahrhaftig, Africanus, wenn wirklich den Männern, die sich um das Vaterland verdient gemacht haben, so etwas wie ein Weg zum Himmelstor offensteht, so will ich, obwohl ich von Jugend auf in meines Vaters und in deine Fußstapfen trat und eurer Ehre bewußt nachstrebte, jetzt, da mir ein so hoher Lohn vor Augen gestellt ist, mich unermüdlich noch mehr anstrengen.« Er sprach: »Strenge du dich nur an und glaube fest, nicht du seiest sterblich, sondern dieser Leib; denn du bist nicht derjenige, den diese Gestalt darstellt, sondern der Geist jedes Menschen macht sein Wesen aus, nicht die äußere Erscheinung, auf die man mit dem Finger weisen kann. Wisse also, daß du ein Gott bist, so wahr es ein Gott ist, der Lebenskraft hat, der empfindet, der sich erinnert, der vorausblickt, der diesen Leib, dem er vorgesetzt ist, so lenkt und leitet und bewegt, wie der oberste Gott diese Welt; und wie der ewige Gott selbst die Welt bewegt, die zu einem gewissen Teil sterblich ist, so bewegt den zerbrechlichen Körper der unvergängliche Geist.«

1. Gedankengang

Der Anfang unseres Textes bildet den Abschluß der Ausführungen des älteren Scipio über die Nichtigkeit des Ruhms.[2] Voraus ging zuletzt das Argument, angesichts der Größe des Weltenjahres sei auch der beständigste Ruhm vergänglich.

Cicero nimmt an, ein Mensch habe die Hoffnung auf Rückkehr in den Himmel aufgegeben. Ihm bliebe nun allein der irdische Ruhm; aber wie wenig wäre dieser wert. Daraus ergibt sich mit *igitur* die Folgerung, Scipio solle den Blick nach oben richten und das Gerede der Menge und menschliche Ehrungen gering achten. Die Tugend muß um ihrer selbst willen erstrebt werden und

---

[2] Wichtiger als die bekannte Arbeit von U. Knoche (Der röm. Ruhmesgedanke, Philologus 89, 1934, 102–124; jetzt in: U. K., Vom Selbstverständnis der Römer, Heidelberg 1962, 13–30) ist für unseren Zusammenhang A. D. Leeman, Gloria, Diss. Leiden, Rotterdam 1949.

wird dadurch den Menschen zum wahren himmlischen Lohn führen. Was aber die Leute reden, ist vergänglich und daher gleichgültig.

Auf diese Aufforderung folgt das Gelöbnis des Africanus Minor, seine bisherigen Anstrengungen zu verdoppeln. Erst nach dieser sittlichen Entscheidung wird die philosophische Lehre von dem Göttlichen im Menschen und der Unsterblichkeit mitgeteilt.

2. Satzverbindung

Die Sätze sind untereinander durch Partikeln verbunden: *quocirca; igitur; autem; et; nec enim; sed; igitur; et.* Das Prinzip der sorgfältigen Satzverknüpfung ist jedoch an einer bezeichnenden Stelle durchbrochen: *igitur alte spectare si voles atque hanc sedem et aeternam domum contueri, neque te sermonibus vulgi dedideris nec in praemiis humanis spem posueris rerum tuarum; suis te oportet inlecebris ipsa virtus trahat ad verum decus; quid de te alii loquantur, ipsi videant, sed loquentur tamen.* Das Asyndeton *tuarum; suis* ist adversativ; durch die Anfangsstellung wird *suis* stark hervorgehoben. Das Asyndeton des nächsten Satzes hingegen hat mehr den Charakter eines Nachtrages. Lebhaft akzentuiert Cicero den wichtigen Gedanken, die Tugend sei um ihrer selbst willen zu erstreben und das Gerede des Pöbels sei wesenlos. Diese Möglichkeit des »Registerwechsels« entfällt bei Autoren, die durchweg asyndetisch schreiben.

3. Vielfalt im Satzbau

Die Sätze in unserem Text sind vielgestaltig. Der erste Hauptsatz hat Frageform, der zweite enthält ein Verbot; später finden sich mehrere Befehlssätze. Auch die Behauptungssätze sind abwechslungsreich: Außer dem Präsens erscheint das Futur (*loquentur; enitar*). Mannigfaltig sind auch die Nebensätze: Bedingungssätze (zweimal *si;* zweimal das halb kausale *siquidem*), mehrere Relativsätze, darunter einer mit Anapher des Pronomens, ein abhängiger Aussagesatz (*trahat*), ein abhängiger Fragesatz (*quid... loquantur*), ein Konzessivsatz (*quamquam*), ein Vergleichungssatz (*ut*). Für einen kurzen Text ein beachtlicher Reichtum!

Bemerkenswert ist andererseits die Seltenheit der Partizipialkonstruktionen: Der einzige ablativus absolutus steht in den Worten des jüngeren Africanus: *tanto praemio exposito.* Die Wendung dient dazu, dem Gelöbnis lapidare Kürze zu geben; auch bei der Behandlung des Wortschatzes und der Phraseologie werden wir auf diese Stelle zurückzukommen haben.

Die Stellung des Verbs ist recht beweglich. Mehrfach räumt es seinen Platz am Satzende anderen Bestimmungen ein, die dadurch betont werden: *in quo omnia sunt magnis et praestantibus viris; quanti tandem est ista hominum gloria; spem posueris rerum tuarum; suis te oportet inlecebris ipsa virtus trahat ad verum decus; angustiis cingitur his regionum; enitar multo vigilantius; non esse te mortalem; qui tam regit et moderatur et movet id corpus, cui praepositus est, quam hunc mundum ille princeps deus.* Hier spielt bei der Voranstellung der ersten Gruppe der Verben das chiastische Bauprinzip eine Rolle; noch deutlicher ist dies am Ende von § 25: *et obruitur hominum interitu et oblivione posteritatis extinguitur.*

Satzanfang und -ende sind oft betont: *quanti tandem est ista hominum gloria?* Daneben aber finden sich bezeichnende Stellen, an denen die Mitte akzentuiert ist: *quae pertinere vix ad unius anni partem exiguam potest; igitur alte spectare si voles atque hanc sedem et aeternam domum contueri; spem posueris rerum tuarum; sed loquentur tamen; limes ad caeli aditum patet; sic fragile corpus animus sempiternus movet.*

Bei Cicero liegt das inhaltliche Schwergewicht nicht immer auf dem Satzende. Die vorletzte Stelle im Satz scheint fast noch wichtiger, während der eigentliche Schluß verklingt.[3] Cicero strebt also nicht nach Endlastigkeit um jeden Preis, sondern nach harmonischer Ausgewogenheit.

5. Wortschatz

Wendet man sich von dem feierlichen Gesamteindruck des Textes einzelnen Vokabeln zu, so ist man erstaunt, wie wenig Ausgefallenes der Wortschatz bietet.[4]

---

[3] In diesem Zusammenhang darf man wohl daran erinnern, daß auch bei der Gestaltung des Klauselrhythmus die vorletzte Stelle wichtiger erscheint als die letzte.

[4] Z. B. ist *contueri* (vgl. [Gudeman] ThLL 4, 4, 1908, 794, 14–795, 50) zwar in Ciceros philosophischen Schriften häufiger als in seinen Reden, aber es kommt sogar bei Plautus vor und kann somit als vielleicht etwas seltenere, aber keineswegs gesuchte Vokabel gelten. Das Adverb des Komparativs *vigilantius* ist jedoch an unserer Stelle erstmals belegt und auch sonst recht selten (Phil. 11, 10; Tert. anim. 34, 5; Aug. civ.

6. Gehalt und Gestalt

Die Feststellung, daß der Wortschatz unseres Textes unauffällig ist, führt weiter. Sie ist umso bedeutsamer, als der Inhalt zunächst ein erleseneres Vokabular erwarten ließe. Wir müssen die Kunst also anderswo suchen, nicht im Material, sondern in seiner Verwendung und Anordnung.

a) Erhabenheit durch Einfachheit

Die Wirkung des Erhabenen kann gerade dadurch entstehen, daß Cicero einen besonders einfachen Ausdruck oder eine schlichte Konstruktion wählt. Dies ist schon im ersten Satz mehrfach der Fall: *reditum desperaveris* ist die geläufigste und lapidarste Konstruktion dieses Verbs – Cicero verzichtet auf einen hier auch denkbaren a.c.i. (etwa *te redire posse*) und erzielt somit strengere Würde. In dem folgenden Relativsatz ist wiederum der einfachste Ausdruck gewählt: *esse* (»zu Gebote stehen, gehören«).

b) Archaisches: Doppelungen

Die monumentale Schlichtheit verbindet sich hier freilich mit einem archaischen[5] Element, der Doppelung: *magnis et praestantibus viris*. Entscheidend ist dabei, wie maßvoll Cicero archaisiert; das Hauptmittel, um Würde zu erreichen, ist für ihn nicht das Altertümeln, sondern die Reinheit der

---

[Fortsetzung von Fußnote 4:]

21, 27, p. 551, 20 D. Mitteilung von W. Ehlers, ThLL, München). Nicht gerade auffallend ist auch das Verb *vigere*, das hier von der Gottheit ausgesagt wird; Cicero verwendet es in seinen philosophischen Schriften viel öfter als sonst. (Das Verb erscheint in den Reden nur in der mittleren und letzten Periode, aber auch vereinzelt in den Briefen und rhetorischen Schriften, bezeichnenderweise nicht in inv.) Der metaphorische Gebrauch geht in den philosophischen Schriften ziemlich weit; an unserer Stelle dürfen wir fast die Grundbedeutung annehmen (»biologisch stark sein«). Das Adjektiv *fragilis* kommt in den Reden nur einmal vor (Mil. 42), in den philosophischen Schriften öfter, es fehlt in den Briefen ganz, in den rhetorischen Schriften erscheint es nur in orat. 3, 7, 2. Die Belegstellen außerhalb der philosophischen Schriften liegen also zeitlich alle in der Nähe von rep. In den philosophischen Schriften tritt das Wort auch später auf.

[5] S. allgemein E. Bréguet, Les archaïsmes dans le De re publica de Cicéron, in: Hommages à J. Bayet (Coll. Latomus 70) Brüssel 1964, 122–131.

Sprache. Die sich anschließende Frage nach dem Wert des Ruhms ist aber wieder denkbar knapp formuliert: *quanti tandem est?*

c) Künstlerische Verwendung der analytischen Wortfolge

Erst gegen Ende des Satzes wird der Ausdruck breiter: *ista hominum gloria* (beide Attribute schränken den Wert des Ruhmes in verschiedener Weise ein), *quae pertinere vix ad unius anni partem exiguam potest*. Man beachte, wie sich in dem Schlußteil das Wirkungsfeld des Ruhmes geradezu von Wort zu Wort allmählich verengt. Nach dem neutralen *pertinere* macht das Adverb *vix* einen ersten grundsätzlichen Vorbehalt; es folgt die überspitzte Formulierung *unius anni* (»eines Jahres«, statt »eines Weltenjahres«); aber auch dies war noch zuviel gesagt: Das nächste Wort schränkt weiter ein (*partem*). Also nur den Teil eines Jahres! Aber auch damit noch nicht genug der Begrenzungen! *exiguam* bildet den Abschluß der fallenden Gedankenfolge: nur einen kleinen Teil eines einzigen Jahres! Unsere deutsche Wortstellung ist hier derjenigen Ciceros entgegengesetzt, erlaubt uns somit nicht, die Gedankenfolge mit derselben Natürlichkeit nachzuahmen. In dem betrachteten Satz findet sich also nur gegen Ende eine etwas größere Fülle des Ausdrucks, aber auch hier ist die Kunst viel unaufdringlicher, als sie es im Deutschen mit seinen andersartigen Stellungsgesetzen wäre.

d) Schlichtheit und Emphase

Wir sehen hier zwei entgegengesetzte Stilprinzipien am Werk: Betont schlichter Ausdruck wirkt würdevoll; die Adjektive und Adverbien hingegen sind Träger einer gewissen Emphase, die durch die Stellung noch unterstrichen werden kann (*quanti* steht am Anfang, *exiguam* an vorletzter Stelle). Emphase verbindet sich mit Würde in der archaischen Doppelung (*magnis et praestantibus viris*).

e) Wortverbindungen

Auch der folgende Satz bietet im Wortschatz keine Überraschungen, wohl aber in der Kombination: *alte spectare* ist zugleich lapidar und in Prosa nicht ganz geläufig, es kehrt zwar Tusc. 1, 34, 82 wieder, aber sonst sagt Cicero *magna spectare;*[6] immerhin hat der gehobenere Ausdruck der philosophischen

---

[6] Phil. 1, 12, 29.

Schriften eine natürliche Grundlage: fam. 10, 26, 3 lesen wir *alte ascendere*. – Ebenso ist an den einzelnen Vokabeln *aeternus* und *domus* nichts Merkwürdiges, wohl aber an ihrer Verbindung, die man in den Reden vergeblich sucht.[7] Durch die Verknüpfung erhalten scheinbar farblose Wörter Leuchtkraft. Auch die Zusammenstellung *praemia humana* ist den Reden fremd; *hominum gloria* in der Bedeutung »irdischer Ruhm« steht bei Cicero nur an unserer Stelle.

f) Vergeistigung römischer Grundelemente

Dieser sprachliche Befund zeigt, daß Cicero hier aus der römischen Lebenswirklichkeit stammende Wörter in ungewohnter Weise zusammenstellt und es so ermöglicht, die ihnen zugrunde liegenden Vorstellungen zu spiritualisieren.[8] Die Wortverbindung *verum decus* ist wiederum ein Symptom der sich vollziehenden Umwertung traditioneller Werte: In den Reden findet sich kein Anlaß, »wahre Ehre« oder »wahren Ruhm« von den landläufigen Erscheinungen dieses Namens zu unterscheiden. Subjekt des betrachteten Satzes ist *ipsa virtus;* sonst machen die Römer nur ungern einen abstrakten Begriff zum Handelnden (*te trahat*); Cicero ist hierin freier als z. B. Caesar – der Redner[9] hatte Sinn für die belebende Wirkung, die von einer Personifikation ausgeht, und das philosophische Denken bestärkte ihn in dieser Neigung.

g) Wortwiederholungen und Variation im Ausdruck

In dem vorliegenden Satz erscheint eine Wortwiederholung (*quid de te alii loquantur, ipsi videant, sed loquentur tamen*); das wieder aufgenommene Wort ist betont; der Nachsatz enthält eine Pointe.[10] Erklärend kehrt ein Wort auch später wieder: *d e u m te igitur scito esse, siquidem est d e u s, qui ... tam*

---

7 Vgl. aber Tusc. 1, 49, 118; nat. deor. 3, 16, 41.

8 Verinnerlichung durch den Kontext beobachten wir auch an einem farblosen Wort wie *res*. In Catos Rhodierrede hatte es das materielle Interesse des Einzelnen bezeichnet; hier ist mit *rerum tuarum* das höhere Lebensinteresse des Menschen gemeint. In Ciceros Reden und philosophischen Schriften wird *inlecebra* sonst nur in Verbindung mit dem Laster gebraucht; hier überträgt es Cicero auf die Tugend. Die Metapher wird durch den Gegensatz »Laster – Tugend« ermöglicht; auf diese Weise wird der von Cicero stets erstrebte Schein des Bekannten auch hier gewahrt.

9 Vgl. die zahlreichen Fälle, in denen *virtus* im Nominativ steht und die Merguet im Lexikon zu den Reden s. v. notiert.

10 Vgl. rep. 6, 20, 22 *ipsi autem qui de nobis loquuntur, quam loquentur diu?*

regit ... corpus ... quam hunc mundum ille princeps d e u s. In gleicher Weise steht mehrfach *corpus* und auch – allerdings in etwas weiteren Abständen – *mortalis, sermo, praemium, decus.* Die genannten Wörter sind sämtlich thematisch wichtig; doch vermeidet Cicero doktrinäre Starre: Er variiert zwischen *gloria, decus* und *praemium* (es handelt sich selbstverständlich nicht um Synonyme, sondern um benachbarte Vorstellungen), zwischen *corpus, forma* und *figura,* zwischen *mens* und *animus,* zwischen *mortalis* und *fragilis,* zwischen *aeternus* und *sempiternus,* zwischen *hominum, vulgi, humanis, alii, posteritas,* zwischen nominalem (*sermones, sermo*) und verbalem Ausdruck (*loquantur, loquentur*).

Wiederkehr desselben Wortes in verschiedener Funktion wurde in der Antike weniger gemieden als heute; hierfür ein Beispiel, das aber selbst für modernes Empfinden nicht störend ist: *ipsi videant; ... quas vides.* Ein dritter Typus der Wortwiederholung ist der spezifisch rhetorische: Fünffache Anapher erscheint in dem fast hymnischen Satz, der die Göttlichkeit des menschlichen Bewußtseins durch die des Universums begründet.

Eine ebenfalls psychologisch wirkungsvolle Wiederaufnahme beobachteten wir in dem Gespräch zwischen den Scipionen. Das feierliche Versprechen des jüngeren (*enitar multo vigilantius*) wird von dem älteren bestätigend und ermahnend aufgegriffen (*tu vero enitere*): objektiver Widerhall eines subjektiven Bekenntnisses, wobei dasselbe Wort in anderem Lichte erscheint. Auch dieses Stilmittel verbindet Natürlichkeit mit poetischer Wirkung – es überrascht uns nicht, dieselbe Technik in der römischen und deutschen Dichtung wiederzufinden [11] – und wird hier durch die Atmosphäre des rituellen Dialogs noch geadelt. Derselbe dem *pater familias* angemessene Ton spricht auch aus der Formel *sic habeto.* Schon der imperativus futuri klingt feierlich. Die Verbindung von *habere* mit *sic* ist zudem aber mit der Vorstellung altrömischer Sitte verknüpft: *maiores nostri sic habuerunt* lasen wir schon bei Cato; ähnlich verwendet Sallust den Ausdruck. [12]

Das Erstaunliche ist nun freilich, daß Cicero diesem stilistisch von altrömischer Würde getragenen Gespräch zwischen Vater und Sohn einen »griechischen« Inhalt gibt: Wie im All, so ist auch im Individuum die Gottheit wirksam. In der Einkleidung ist dabei also etwas Römisches – Achtung vor den Ahnen und vor dem *pater familias* und seinen Lehren – ins Geistige gewendet.

[11] Verf., Die Parenthese... a. O. 94 f.

[12] S. o. S. 15, Anm. 3.

h) Antithese, Parallelismus, Chiasmus

Die platonische Lehre erscheint in antithetischer Gestalt: *non esse te mortalem, sed corpus hoc. nec enim tu is es, quem forma ista declarat, sed mens cuiusque, is est quisque, non ea figura, quae digito demonstrari potest.*

Die Antithese ist für den rationalen Stil der philosophischen Darlegung charakteristisch, – aber Cicero verwendet die Figur *non – sed* in den fünfziger Jahren, in denen rep. entstand, auch in den Reden oft. [13] Das Arbeiten mit Kontrasten ist ja auch und gerade in der Rede wichtig und trägt erheblich zur emotionalen Wirkung bei. In der antithetischen Formulierung durchdringen sich also ein rationales und ein emotionales Element.

Die Aufzählung der Wirkungsweisen Gottes in der Welt ist anaphorisch gegliedert, wie es dem hymnischen Prädikationsstil entspricht. Durch die Verwendung der dritten Person ist hier jedoch das Pathos reduziert. Rational wirkt auch die »logisch« aufsteigende Reihenfolge vom Biologischen über das Sensitive zur geistigen Aktivität. Die Analogie zwischen Mensch und Welt wird in spiegelbildlicher Form dargestellt: *deus... qui tam regit et moderatur et movet id corpus, cui praepositus est, quam hunc mundum ille princeps deus.* – Im letzten Satz, in dem die Bewegung im Vordergrund steht, tritt an die Stelle des Chiasmus der Parallelismus: *et ut mundum ex quadam parte mortalem ipse deus aeternus, sic fragile corpus animus sempiternus movet.*

Der Parallelismus ist freilich nicht schematisch, sondern durch eine leichte Gegenbewegung aufgelockert: *mundum... mortalem – fragile corpus.* Ebenso war auch in den Antithesen, in denen es um die Unterscheidung zwischen Wesen und Körper ging, starres Gleichmaß umgangen worden; vor allem trug dazu der Wechsel des Subjekts bei: *nec enim tu is es, quem forma ista declarat, sed mens cuiusque, is est quisque, non ea figura, quae digito demonstrari potest.* Cicero hat in seiner Meisterzeit abgezirkeltes Einerlei zu vermeiden gewußt. [14]

[13] P. Parzinger, Beiträge zur Kenntnis der Entwicklung des Ciceronischen Stils, I. Teil. Programm des K. Humanistischen Gymnasiums Landshut für das Schuljahr 1910/11, Landshut 1911, 12.

[14] Seine frühen Reden zeichnen sich zum Teil noch durch überängstliche Symmetrie aus.

i) Verbaler und nominaler Ausdruck

Der Eindruck der Einfachheit beruht in dem betrachteten Abschnitt nicht zuletzt auf der verbalen Ausdrucksweise (wie sie dem Lateinischen auch ursprünglich eigen war) und der Abneigung gegen Abstraktionen: *sed mens cuiusque, is est quisque.* Der Deutsche kann in der Übersetzung kaum umhin, von »Person«, »Individuum« oder gar »Ich« zu sprechen. Durch die Schlichtheit der Sprache wird aber im Lateinischen der Offenbarungscharakter unterstrichen – die Aussage erscheint weniger »wissenschaftlich« als »religiös« gefärbt.

Andererseits stellen wir aber auch »nominalen Stil« fest, vor allem im Schlußsatz des 25. Paragraphen: *sermo autem omnis ille et an g u s t i i s cingitur his regionum, quas vides, nec umquam de ullo perennis fuit et obruitur hominum i n t e r i t u et o b l i v i o n e posteritatis extinguitur.*

Die nominale Fixierung geht hier stellenweise über das im Deutschen Naheliegende hinaus: *angustiae* und *oblivio* akzentuieren den wesentlichen Begriff und werden deshalb von Cicero nominal gefaßt.[15]

7. Zusammenfassung

Durch die im allgemeinen sehr sorgfältige Satzverbindung gewinnt Cicero das Asyndeton als Steigerungsmittel zur Hervorhebung wichtiger Gedanken. Bei Schriftstellern, die das Asyndeton zur Regel machen, entfällt diese Möglichkeit.

Dem Ethos der philosophischen Schrift[16] entspricht es, wenn die Sätze im allgemeinen in ruhigem Fluß ineinander übergehen. Auch dadurch, daß in unserem Text die vorletzte Stelle im Satz oft gewichtiger ist als die letzte, wird aggressive Schärfe vermieden. Die große Zahl und die Vielgestaltigkeit der Nebensätze zeugt ebenfalls von einem gelassenen Periodenstil; die Seltenheit der Partizipialkonstruktionen paßt zu der allgemeinen Entspanntheit, deren

---

[15] Der Deutsche ist weniger empfindlich für das Erscheinen des Hauptgedankens in einem Adjektiv: »die Rede bleibt auf den *engen* Bereich beschränkt, den du siehst«; »sie verklingt bei der *vergeßlichen* Nachwelt«.

[16] Man beachte die andersartige stilistische Haltung an den im 2. Kapitel behandelten Redenstellen. Zur Vielseitigkeit von Ciceros Stil s. L. Laurand, Études sur la langue et le style des discours de Cicéron, I–III, Paris 1907 (4. Aufl. 1936–1940) und meinen Cicero-Artikel in Pauly-Wissowas Realencyclopaedie der classischen Altertumswissenschaft, Suppl.-Bd. XIII, Stuttgart 1973, Sp. 1237–1347.

Durchbrechung durch einen ablativus absolutus an bedeutender Stelle desto wirkungsvoller ist.

Die noble Unauffälligkeit des Wortschatzes und die raffinierte Schlichtheit der Konstruktionen läßt jede etwas ungewöhnliche Wortverbindung nur deutlicher hervortreten. Da also schon die Einfachheit sehr viel zur Würde beiträgt, bedarf es nur weniger weiterer Stilmittel zur Erhöhung der Feierlichkeit; so tritt einmal eine archaische Doppelung auf, oder der Ausdruck *sic habeto* beschwört die Atmosphäre der Unterweisung im *mos maiorum* durch den *pater familias*, oder die Anapher führt uns in den Bereich der religiösen Sprache.

Die philosophische Belehrung kleidet sich gern in antithetische Form, doch ist dabei die Symmetrie nicht ängstlich überbetont. Terminologische Starre ist soweit wie möglich durch natürliche Variation im Ausdruck aufgelockert, doch ohne daß die Vermeidung von Wortwiederholungen zur Manie würde.

Am wichtigsten ist vielleicht der Schritt des Römers in das Reich der Philosophie, wie er sich in Sprache und Stil unseres Textes dokumentiert. Es ist etwas Neues in Rom, durch die Wortverbindung *gloria hominum* den üblichen Ruhmesgedanken auszudrücken, ihn auf diese Weise zu einem Spezialfall zu degradieren und andererseits das ihm nahestehende Wort *decus* durch den Zusatz *verum decus* zu verinnerlichen. In der Formel *sic habeto* bereitet die *auctoritas* des *pater familias* und die Ehrfurcht vor dem *mos maiorum* die Mitteilung platonischer Lehre vor. Die erste bedeutende philosophische Schrift in lateinischer Prosa verrät durch ihre sprachliche Gestalt noch, an welche natürlichen Voraussetzungen und Empfindungen politischer, moralischer und religiöser Art das philosophische Denken in Rom anknüpfen konnte. Durch Vergeistigung altrömischer Vorstellungen hat Cicero wesentlich dazu beigetragen, die lateinische Sprache zu einem Werkzeug auch der Philosophie auszubilden. [17]

[17] Daß er die Einführung vieler abstrakter Begriffe Späteren überließ, wird ihm kein Einsichtiger zum Vorwurf machen. Aus der künstlerischen Zurückhaltung Ciceros auf diesem Gebiet darf man auch nicht schließen, daß die lateinische Sprache überhaupt zum Ausdruck theoretischer Gedanken unfähig gewesen sei (einseitig R. Poncelet, Cicéron traducteur de Platon. L'expression de la pensée complexe en latin classique, Paris 1957).

II. Seneca (gest. 65 n. Chr.):

Vom Wert der Zeit[18]

Seneca Lucilio suo salutem.

1   *Ita fac, mi Lucili: vindica te tibi, et tempus quod adhuc aut auferebatur aut subripiebatur aut excidebat collige et serva. Persuade tibi hoc sic
esse ut scribo: quaedam tempora eripiuntur nobis, quaedam subducuntur,
quaedam effluunt. Turpissima tamen est iactura quae per neglegentiam
fit. Et si volueris adtendere, magna pars vitae elabitur male agentibus,*
2 *maxima nihil agentibus, tota vita aliud agentibus. Quem mihi dabis qui
aliquod pretium tempori ponat, qui diem aestimet, qui intellegat se cotidie mori? In hoc enim fallimur, quod mortem prospicimus: magna pars
eius iam praeterît; quidquid aetatis retro est mors tenet. Fac ergo, mi
Lucili, quod facere te scribis, omnes horas conplectere; sic fiet ut minus*
3 *ex crastino pendeas, si hodierno manum inieceris. Dum differtur vita
transcurrit. Omnia, Lucili, aliena sunt, tempus tantum nostrum est; in
huius rei unius fugacis ac lubricae possessionem natura nos misit, ex qua
expellit quicumque vult. Et tanta stultitia mortalium est ut quae minima
et vilissima sunt, certe reparabilia, inputari sibi cum inpetravere patiantur, nemo se iudicet quicquam debere qui tempus accepit, cum interim
hoc unum est quod ne gratus quidem potest reddere.*
4   *Interrogabis fortasse quid ego faciam qui tibi ista praecipio. Fatebor
ingenue: quod apud luxuriosum sed diligentem evenit, ratio mihi constat
inpensae. Non possum dicere nihil perdere, sed quid perdam et quare et
quemadmodum dicam; causas paupertatis meae reddam. Sed evenit mihi
quod plerisque non suo vitio ad inopiam redactis: omnes ignoscunt, nemo*
5 *succurrit. Quid ergo est? non puto pauperem cui quantulumcumque
superest sat est; tu tamen malo serves tua, et bono tempore incipies. Nam
ut visum est maioribus nostris, ›sera parsimonia in fundo est‹, non enim
tantum minimum in imo sed pessimum remanet. Vale.*

Seneca grüßt seinen Lucilius.

   Recht so, mein Lucilius: Nimm dein Leben für dich selbst in Anspruch
und halte deine Zeit sorgfältig zusammen, die dir bisher weggenommen
oder heimlich entwendet wurde oder entglitt. Sei überzeugt, daß es sich

---

[18] Sen. epist. 1, 1. TEXT: L. D. Reynolds, Oxford 1965. SCHULKOMMENTAR: G. Hess,
L. Annaei Senecae ad Lucilium epistulae morales selectae, 2 Hefte (Text und Kommentar) Gotha 1890. Zweisprachige Ausgabe mit kurzen Anmerkungen: F. Préchac
und H. Noblot, 5 Bände, Paris 1945–1964.

so verhält wie ich schreibe: manche Stunden werden uns entrissen, manche heimlich entzogen, manche entschwinden uns. Am schimpflichsten ist freilich der Verlust aus Nachlässigkeit. Und wenn du achtgeben willst: ein großer Teil unseres Lebens entrinnt uns, indem wir Schlechtes tun, der größte Teil, indem wir nichts tun, und das ganze Leben, indem wir etwas anderes tun. Wen kannst du mir nennen, der der Zeit einen wirklichen Wert beimißt, der den Tag zu schätzen weiß, der begreift, daß er täglich stirbt? Darin nämlich täuschen wir uns, daß wir den Tod *vor* uns sehen: Ein großer Teil von ihm ist schon vergangen. Alles, was von unserer Lebenszeit hinter uns liegt, hat der Tod. Tu also, mein Lucilius, was du, wie du schreibst, bereits tust: Ergreife Besitz von allen Stunden. So wirst du vom morgigen Tag weniger abhängen, wenn du auf den heutigen die Hand gelegt hast. Während man das Leben aufschiebt, eilt es vorüber. Alles, mein Lucilius, gehört anderen, nur die Zeit uns. Die Natur hat uns in den Besitz dieser einen dahinschwindenden, flüchtigen Sache gesetzt, aus dem uns vertreiben kann, wer immer es will. Und so groß ist die Torheit der Menschen, daß sie sich sogar die kleinsten und wertlosesten Dinge, die man doch sicher wieder ersetzen kann, als Schuld aufrechnen lassen, wenn sie sie von jemand erlangt haben, daß aber niemand glaubt, er sei etwas schuldig, der Zeit bekommen hat, wo doch dies das Einzige ist, was er nicht zurückgeben kann, selbst wenn er dankbar ist.

Du wirst vielleicht fragen, was ich denn tue, der ich dir diese Vorschriften mache. Ich will es dir offen bekennen: Was bei einem Mann geschieht, der zwar auf großem Fuße lebt, aber gewissenhaft ist: Die Buchführung über meine Ausgaben ist in Ordnung. Ich kann nicht behaupten, daß ich nichts verliere, aber ich werde sagen, was ich verliere, warum und wie; ich werde über die Ursachen meiner Armut Rechenschaft ablegen. Aber letzten Endes geht es mir wie den meisten, die ohne eigene Schuld mittellos geworden sind: Alle zeigen Verständnis, aber keiner kommt zu Hilfe. Was hat es also damit auf sich? Ich halte den nicht für arm, dem das bißchen, was ihm bleibt, genügt. Daß du aber das Deine bewahrst, das will ich lieber; und du wirst zur rechten Zeit anfangen, denn, wie unsere Vorfahren meinten: Zu spät kommt die Sparsamkeit, wenn man auf dem Grunde angelangt ist. Denn nicht nur das Wenigste, sondern auch das Schlechteste bleibt ganz unten zurück. Leb wohl.

1. Form und Gedankenführung

Ita fac, mi Lucili: vindica te tibi, et tempus quod adhuc aut auferebatur aut subripiebatur aut excidebat collige et serva. Schon der Einsatz dieses Briefes ist so frisch und lebhaft, daß der Kommentator Hess nicht umhin kann, ihn für einen wirklichen Brief zu halten. Eine recht naive Ansicht, aber Seneca wollte offenbar diesen Eindruck erwecken. Der Leser hat das Gefühl, vom ersten Satz an mitten in ein Gespräch zwischen Freunden hineingezogen zu werden. Öfter gibt Seneca vor, eine Äußerung oder ein Schreiben des Lucilius vorauszusetzen. [19]

Die Sprache ist auf unmittelbare Wirkung bedacht und doch zugleich sehr kunstvoll. Die kurzen Kommata und Kola des Anfangs werden nach dem Gesetz der wachsenden Glieder allmählich länger: *Ita fac, / mi Lucili, / vindica te tibi.* Während die erste Hälfte des Satzes linear aufgebaut ist, zeigt die zweite Kreisform: *et tempus... collige et serva.* Dieser Hauptgedanke umrahmt eckpfeilerartig die Darstellung des bisherigen Zustandes: *quod adhuc aut auferebatur aut subripiebatur aut excidebat.* (Hier liegt dreifache Steigerung vor, wobei vom ersten bis zum dritten Verbum die Verantwortung für den Verlust zunimmt.) Der Relativsatz wird umspannt von der Aufforderung, jetzt seine Zeit zusammenzuhalten, eine Grundvorstellung, die sich in der geschlossenen Rahmenform spiegelt.

Auch im ganzen ist der erste Satz in sich abgerundet. Zwei Imperative eröffnen ihn, zwei Imperative bilden den Abschluß. Seneca beachtet dabei außerdem die rhythmischen Klauseln (*vindica te tibi:* doppelter Kretikus; *-batur aut excidebat:* Kretikus + Ditrochäus; *collige et serva:* Kretikus + Trochäus) viel strenger, als es in einem wirklichen Brief zu erwarten wäre. Es handelt sich um eine besondere Form der Kunstprosa, [20] die in neuer Weise den Leser packen und ansprechen will.

Persuade tibi hoc sic esse ut scribo: quaedam tempora eripiuntur nobis, quaedam subducuntur, quaedam effluunt. Nachdem im ersten Satz das Hauptthema aufgestellt ist, wird nun im einzelnen der Grundgedanke vom Kleinen zum Größeren fortschreitend entwickelt. Ehe der Entschluß, mit der eigenen

---

[19] Vgl. auch in unserem Brief § 2. Ein instruktives Beispiel behandelt A. D. Leeman, The Epistolary Form of Sen. ep. 102, Mnemosyne ser. 4, 4, 1951, 175–181.

[20] Der Vergleich mit Montaigne legt es nahe, von »Essays« zu sprechen (so Bacon, zit. in der Einleitung der zweisprachigen Ausgabe von R. M. Gummere, I 1917, S. X); zum Problem s. auch H. Cancik, Untersuchungen zu Senecas epistulae morales (Spudasmata 18), Hildesheim 1967, 91–101 mit Hinweis auf die Untersuchung zu Geschichte und Begriff des »Essays« von H. Friedrich, Montaigne, Bern 1949, 419 bis 425. Doch erkennt H. Cancik richtig, daß bei Montaigne die pädagogische Absicht und der Bezug auf einen realen oder fingierten Adressaten fehlt. Montaigne lehnt diesen ›Nützlichkeitsaspekt‹ ab, Seneca unterstreicht ihn.

Zeit hauszuhalten, durchgeführt werden kann, gilt es zu erkennen, wo die verlorenen Stunden eigentlich bleiben. Lucilius soll sich also zunächst nochmals mit den angedeuteten drei Möglichkeiten fest vertraut machen: Zeitverlust durch den Zwang äußerer Umstände, heimlich entwendete Zeit und Zeitverlust durch eigene Nachlässigkeit. Der zweite Satz, der scheinbar nur einen Teil des ersten wiederholt, bezeichnet in Wahrheit einen Neuansatz: den ersten Schritt zur Verwirklichung des Zeitsparens durch klares Erkennen der Verlustmöglichkeiten. Anders als im ersten Satz folgt hier jeweils auf ein längeres ein kürzeres Glied. So wird catonische Eindringlichkeit und Kürze erzielt. [21]

Turpissima tamen est iactura quae per neglegentiam fit. Wie der zweite Satz einen Gesichtspunkt des ersten herausgegriffen und nochmals in Vergrößerung gezeigt hatte, hebt der dritte einen Einzelaspekt des zweiten hervor. Da die bedeutungsvollsten Worte am Anfang und am Ende stehen (*turpissima... per neglegentiam fit*), gewinnt die Aussage Leuchtkraft. Nun hat sich der Blick auf eine Form des Zeitverlustes, die letzte und schlimmste, konzentriert. Sie wird nun weiter vergrößert und wieder in sich aufgegliedert.

Et si volueris adtendere, magna pars vitae elabitur male agentibus, maxima nihil agentibus, tota vita aliud agentibus. [22]

Unter den drei Aspekten des Schlechttuns, des Nichtstuns und des Andere-Dinge-Tuns wird die Nachlässigkeit angegriffen. Dabei ist durch die höfliche Einleitung doktrinäre Starre geschickt vermieden: »Und wenn du recht acht geben willst«. Seneca bezieht den Adressaten als Gesprächspartner mit in den Gedankengang ein. Der Satz ist dreiteilig, jedes Glied endet mit demselben Wort, inhaltlich vollzieht sich eine Steigerung. [23]

Mit dieser Vorbesinnung, die die Ursachen des Zeitverlustes in zunehmender Konzentration betrachtet hatte, ist ein gewisser Abschluß erreicht. Es folgt ein neuer Einsatz: *Quem mihi dabis qui aliquod pretium tempori ponat, qui diem aestimet, qui intellegat se cotidie mori?*

Nicht mehr die Zeit, die wir verlieren, sondern diejenige, welche wir besitzen, steht Seneca vor Augen. So wendet sich der Gedankengang von der nega-

---

[21] Auch im ersten Satz gab es solche Formen der rhetorischen Minderung: *subripiebatur aut excidebat* und *collige et serva*. Im großen dominierte jedoch die aufsteigende Reihung.

[22] Vgl. unsere Redensart »Allotria treiben«. Schon Platon hat das Rechttun folgendermaßen verstanden: τὰ αὑτοῦ πράττειν καὶ μὴ πολυπραγμονεῖν (Pol. IV 433 a).

[23] Die überlieferte Reihenfolge *maxima – magna – tota* wurde von Beltrami zu Unrecht belassen.

tiven Vorprüfung zum Positiven. In dreifacher Anapher, wobei das mittlere Glied das kürzeste ist, wird dem Leser eingehämmert, daß kaum einer die ihm zugemessene Frist recht zu schätzen weiß: *In hoc enim fallimur, quod mortem prospicimus: magna pars eius iam praeterit; quidquid aetatis retro est, mors tenet.*

Wiederum knüpft Seneca an einen Gedanken des vorhergehenden Satzes an und führt ihn näher aus: nochmals also die Technik des verengenden Vertiefens. Und wieder absteigende Phrasierung: In den beiden letzten Sätzen ist jeweils der zweite Teil besonders knapp und schlagend formuliert. Die Kürze ist bei Seneca freilich kein Wesenszug des Stils schlechthin, sondern nur Kennzeichen des einzelnen Sätzchens. Im ganzen spart er keineswegs mit Wiederholungen. Vor allem greift er spezifizierend im folgenden Satz einen Teilaspekt des vorhergehenden auf.

Fac ergo, mi Lucili, quod facere te scribis, omnes horas conplectere. Seneca kommt auf den Anfang des Briefes zurück. Schon *fac* erinnert an den ersten Satz (*ita fac*), ebenso die Anrede an Lucilius und die Empfehlung, die Zeit zusammenzuhalten (*conplectere* entspricht *collige et serva*).

Nachdem im Negativen wie im Positiven geklärt ist, wie es um die verlorene und um die zugemessene Zeit steht, kann nun auf höherer Stufe die Aufforderung ergehen, die Lebenszeit zu nützen. Der imperativische Aspekt des ersten Satzes wird jetzt aufgegriffen und fortgeführt. Wieder ist zu beachten, wie höflich und taktvoll die Mahnung an den Freund formuliert wird, ähnlich wie die Feldherrn im Epos ihre Krieger, die selbst schon von Kampfesmut beseelt sind, darin noch bestärken und sie ermuntern. Neben der Urbanität einer Anweisung, die sich nur als Bestätigung dessen gibt, was der andere sowieso schon tut, manifestiert sich die lebendige Bezogenheit auf das Gegenüber auch in der Anrede an Lucilius und in der Anspielung auf einen vorauszusetzenden Brief des Freundes an Seneca. Der Befehl selbst weist eine kleine, aber bedeutungsvolle Abweichung vom ersten Satz auf. Es heißt nicht mehr »Zeit«, sondern »alle Stunden«. Damit ist eine größere Vereinzelung und Konkretisierung erreicht, die die bisherigen Betrachtungen zu berücksichtigen scheint.

Sic fiet ut minus ex crastino pendeas, si hodierno manum inieceris. Dum differtur vita transcurrit.

Das Thema des Zeitsparens wird nun näher ausgeführt. Der erste Aspekt: Man soll nichts aufschieben. Dieser Gedanke wird in zunehmender Verengung und Präzisierung erst nach zwei Sätzen erreicht. Wieder steht die knappste Formulierung am Schluß.

Omnia, Lucili, aliena sunt, tempus tantum nostrum est; in huius rei unius
fugacis ac lubricae possessionem natura nos misit, ex qua expellit quicumque
vult. Et tanta stultitia mortalium est ut quae minima et vilissima sunt, certe
reparabilia, inputari sibi cum inpetravere patiantur, nemo se iudicet quic-
quam debere qui tempus accepit, cum interim hoc unum est quod ne gratus
quidem potest reddere.

Zuerst wird auf die Notwendigkeit, dann auf die Schwierigkeit des Zeitsparens hingewiesen. Seneca wendet sich jetzt der Frage der praktischen Durch-
führung zu: 1. Man muß mit der Zeit haushalten, weil sie unser eigenster Besitz
ist.[24] 2. Zeit ist etwas Kostbares, aber auch etwas sehr schwer Festzuhaltendes;
von dieser Schwierigkeit handelt der zweite Teil des Abschnitts. Die Formulierung ist absichtlich pointiert, ja paradox. Dabei entwickelt Seneca wieder einzelne Aspekte des jeweils vorhergehenden Satzes spezifizierend weiter.

Interrogabis fortasse quid ego faciam qui tibi ista praecipio. Fatebor inge-
nue: quod apud luxuriosum sed diligentem evenit, ratio mihi constat inpensae.
Non possum dicere nihil perdere, sed quid perdam et quare et quemadmodum
dicam; causas paupertatis meae reddam.

Damit ist Seneca bei einem praktischen Ratschlag angelangt. Er erteilt ihn
taktvoll, indem er sagt, wie er selbst es macht, und zugibt, immer noch manche
Stunde zu verschwenden. Allerdings vermag er über jeden Augenblick Rechenschaft abzulegen. Dieser Hauptgedanke wird erst im letzten Satz ausdrücklich
ausgesprochen. Voraus geht eine Aufgliederung von Senecas »Buchführung«
nach *quid, quare* und *quemadmodum.* Es gehört zum Gepräge der epistulae
morales, daß der Philosoph aus seiner eigenen Unvollkommenheit kein Hehl
macht und gerade durch diese Aufrichtigkeit (*fatebor ingenue*) um den Zuhörer
wirbt. Die Einbeziehung des Gegenübers durch eine fiktive Frage am Anfang
(*interrogabis fortasse*) gehört auch in diesen Zusammenhang.

Sed evenit mihi quod plerisque non suo vitio ad inopiam redactis: omnes
ignoscunt, nemo succurrit. Quid ergo est? non puto pauperem, cui quantulum-
cumque superest, sat est.[25] Tu tamen malo serves tua, et bono tempore incipies.

---

[24] Nach stoischer Lehre steht nur unsere eigene Seele in unserer Macht. Seneca denkt
hier natürlich nicht an die Zeit schlechthin, sondern an die Zeit, die wir für die sittliche
Vervollkommnung unseres Wesens benötigen. Insofern steht seine Behauptung nicht
im Widerspruch zur stoischen Philosophie.

[25] Die Handschrift Q bietet folgenden Text: *superest: de homine moderato sat est.*
Verführerisch ist die Konjektur Beltramis: *da hominem moderatum: sat est.* Es ist
jedoch wohl wahrscheinlicher, daß es sich um ein in den Text eingedrungenes Glossem
handelt. S. auch B. Axelson, Neue Senecastudien, Lund 1939, 100.

Nam ut visum est maioribus nostris, ›sera parsimonia in fundo est‹: non enim tantum minimum in imo, sed pessimum remanet. VALE.

Der mit *sed* beginnende Satz bildet gewissermaßen eine abschließende Bemerkung zum vorhergehenden. Der Gedanke, daß Zeitverluste sich nie wieder ersetzen lassen, wird nochmals entfaltet. Auch hier steht die kürzeste und pointierteste Fassung am Schluß.

Mit *quid ergo est?* wird der letzte Abschnitt eingeleitet, der sich dem Problem zuwendet, wann man mit der Verwirklichung der Vorschläge Senecas beginnen solle. Nach Art einer rhetorischen peroratio steht am Ende die Ermahnung, beizeiten zu beginnen. Sie wird durch ein bildhaftes Sprichwort unterstrichen.

Abschließend sei noch einmal auf die Technik hingewiesen, einen Gedanken zunächst allgemein anzudeuten und dann im einzelnen (oft in drei Stufen) näher auszuführen. Die Form des Briefes ist klar und durchdacht. [26] Wir haben keinen Grund anzunehmen, daß es sich um einen Gelegenheitsbrief handelt. Doch bezieht Seneca ständig den Adressaten mit ein. Nicht zuletzt offenbart diese ›dialogisch‹ anmutende Schreibweise den hohen schriftstellerischen und menschlichen Rang der epistulae morales. Diszipliniertheit des Gedankengangs (worauf man bei Seneca leider bisher zu wenig geachtet hat), Lebendigkeit der Darstellung und Urbanität in der Haltung gegenüber dem Angeredeten: das sind einige Grundzüge von Senecas Schreibart.

2. Wortschatz

Betrachten wir nun den Wortschatz unseres Textes! Schon die ersten beiden Sätze zeugen von bewußtem Variationsstreben. Seneca wiederholt und vertieft den Gedanken, ohne daß dieselben Worte wiederkehren: *auferre* wird durch *eripere* ersetzt, *subripere* durch *subducere, excidere* durch *effluere*. Im dritten Satz wird *effluere* umschrieben durch *iactura, quae per neglegentiam fit*, im vierten derselbe Vorgang durch *elabi*. In vier Sätzen ein ganzes Wortfeld! So systematisch wurde in keinem der bisher betrachteten Texte die Abwechslung kultiviert. Man erkennt, wen Quintilian im Auge hatte, als er die Jagd auf Synonyme als unnütze Affektation abtat. [27] Jedenfalls ist bei Seneca schon im

[26] Das Assoziative und Irrationale bei Seneca wird von E. Albertini, La composition dans les ouvrages philosophiques de Sénèque, Paris 1923 (Bibl. des Ecoles Françaises d'Athènes et de Rome 127), z. B. 299, überbetont.

[27] S. oben S. 58, Anm. 28.

Wortschatz ein Stilwille am Werk, der der *elegantia*[28] Caesars entgegengesetzt ist, aber auch weit über das maßvolle Variationsstreben Ciceros hinausgeht. Dasselbe läßt sich in unserem Brief auch an anderen Wortfeldern aufzeigen:[29] ein sprachlicher Reichtum, der bemerkt und bewundert sein will.

3. Metaphorik

Nicht allein die Vielfalt des Wortschatzes, auch seine Farbigkeit und Bildhaftigkeit gilt es zu würdigen. Metaphern erwachsen vor allem aus folgenden Bereichen des römischen Lebens: Rechtsleben (*vindica te tibi*: Verinnerlichung eines juristischen Aktes als Metapher dafür, daß der Philosoph auf seine eigene Person Anspruch erhebt; ähnlich die *manus iniectio* in § 2; vgl. auch *ex possessione expellere* für das Rauben der Zeit), die Welt persönlicher Dankesverpflichtungen und die damit verbundenen Vorstellungen (*inputare, debere* und das unciceronische *reparabilia*), schließlich das Geld- und Vermögenswesen (*ratio mihi constat inpensae, luxuriosus, diligens, parsimonia, serves tua*).[30]

[28] Zu diesem Begriff, der mit unserer Vorstellung von »Eleganz« nicht verwechselt werden darf, s. oben S. 78.

[29] Wortfeld »Zeit«: *tempus, tempora, pars vitae, vita, tempus, dies, cotidie, aetas, hora, crastinum, hodiernum, vita, tempus, tempus*. Dies ist die Bilanz für § 1–3; in § 4 und 5 liegt der Reiz in der Vermeidung jeglichen Zeitbegriffs, da es sich inzwischen von selbst versteht, wovon die Rede ist. Nur am Ende erscheint in etwas anderem Sinne *bono tempore* (»rechtzeitig«). – »Zusammenhalten« der Zeit: *tempus ... collige et serva; omnes horas conplectere; tu tamen malo serves tua; si hodierno manum inieceris; vindica te tibi*. – Das Wortfeld »Entschwinden« (der Zeit) wird im folgenden noch durch zwei Adjektive ergänzt: *huius rei ... fugacis ac lubricae*. – Die Vorstellung des »Raubens« der Zeit wird ergänzt durch den juristischen Terminus *expellere* (»aus dem Besitz vertreiben«). Ebenso entfaltet Seneca in unserem Abschnitt eine Fülle von Ausdrücken aus dem Bereich »Armut, Reichtum, Sparsamkeit, Verschwendung, Dankesschuld«.

[30] Den Durchschnittsrömer charakterisiert Horaz durch die Redensart *»rem poteris servare tuam«* (Nützlichkeit des Schulfaches »Rechnen«); Hor. ars 329. An Charlotte von Stein schreibt Goethe am 8. März 1781: »Da ich der ewige Gleichnißmacher bin, erzählt ich mir auch gestern, Sie seyen mir was eine Kayserliche Commission den Reichsfürsten ist. Sie lehren mein überall verschuldetes Herz haushälterischer werden, und in einer reinen Einnahme und Ausgabe sein Glück finden. Nur meine Beste unterscheiden Sie sich von allen Debit Commissarien daß Sie mir eine reichlichre Competenz geben als ich vorher im Vermögen gehabt« (Goethes Briefe, W. A. 5, 1889, 71). In einem anderen Brief (vom 10. August 1797) vergleicht er seine Zeit mit einer »Erb-

Aus diesem Gebiet stammt auch das Sprichwort *sera parsimonia in fundo est*. Seneca entwickelt seine Moralphilosophie also in engem sprachlichen und gedanklichen Anschluß an die heimische Lebenswirklichkeit. So ist es nur folgerichtig, wenn er sich am Ende auf die Ahnen beruft: *ut visum est maioribus nostris*.

Indem er also typisch römische Rechtsvorstellungen vergeistigt, an den ausgeprägten Sinn der Römer für die Dankesschuld anknüpft und nicht zuletzt an die haushälterischen Tugenden des *pater familias*, der über seine Ausgaben sorgfältig Buch führt, werden sozialpsychologische Sachverhalte zur Metapher für Vorgänge im Inneren des Einzelmenschen. Noch der kaiserzeitliche Rückzug auf das eigene Ich [31] spricht die Sprache altrömischer Zwischenmenschlichkeit.

4. Satzverbindung

Die Satzverbindung Senecas unterscheidet sich spürbar von der ciceronischen. Das Asyndeton ist fast zur Regel geworden, Partikeln und Konjunktionen wie *et, tamen, ergo, enim, nam* sind nicht gerade häufig. *Ergo* setzt einen Schlußakzent (§ 2 und 5). Auch *nam* ist ein bedeutsames Signal: Es führt das abschließende Sprichwort [32] ein.

Man ist zunächst versucht, die asyndetische Schreibart mit dem Briefstil in Zusammenhang zu bringen. Dem widerspricht jedoch einmal, daß Briefe didaktischen Inhalts bei Cicero in der Satzverbindung dieselbe Sorgfalt aufweisen wie seine Reden, zum anderen, daß Seneca auch in seinen übrigen Schriften nicht anders schreibt als hier, schließlich, daß die Briefe an Lucilius fingierte Briefe sind.

Es handelt sich also nicht um einen äußerlichen Gattungsunterschied, sondern um eine echte Divergenz des Stilwillens.

[Fortsetzung von Fußnote 30:]

schaft, die nach dem Abgang des einigen Besitzers an viele zerfällt«. L. Mackensen, Goethe und die Rechtssprache. Deutsche Vierteljahrsschrift für Literaturwissenschaft und Geistesgeschichte 1, 1923, 453–468.

[31] Damit soll jedoch die Rolle der Freundschaft für Seneca nicht unterschätzt werden. Freilich rechnet »publizierte Seelsorge« mit Selbsterziehung.

[32] Vgl. Hes. op. 369. A. Otto, Die Sprichwörter und sprichwörtlichen Redensarten der Römer, Leipzig 1890, 149. – Daß das Sprichwort trotzdem auch in Rom verbreitet war, dürfen wir Seneca wohl glauben, es braucht sich bei ihm keineswegs um eine verheimlichte Anleihe bei Hesiod zu handeln.

Wenn man von Cicero zu Seneca kommt, so fällt rhythmisch zweierlei auf: Einerseits beobachten wir im ganzen dieselben Klauseln [33], die auch Cicero bevorzugt, andererseits ist die Phrasierung kurzatmiger; statt langer Perioden kleine selbständige Glieder; Senecas Stil läßt sich mit einer Perlenkette vergleichen. Das einzelne Sätzchen erhält auf verschiedene Weise Glanz. Es wird versucht, jeden Satz möglichst in einer Pointe enden zu lassen. Keine Rede also von einem Verklingen der Schlüsse, wie wir es bei Cicero beobachten konnten. Auf das Ende kann eine gradatio zuführen (*eripiuntur – subducuntur – effluunt; male – nihil – aliud; pretium tempori ponat – diem aestimet – intellegat se cotidie mori*). Daß die Vorstellung bei diesen Steigerungen auch innerlich vertieft wird, sei nur an der Reihe der Verben verfolgt, die die verschiedenen Arten des Verlustes bezeichnen: gewaltsamer Raub, heimliches Entwenden, einfaches Verlieren (hier ist die eigene Schuld am größten). Jedes der drei Verben vermittelt eine Fülle von Anschauung, und darauf kommt es Seneca an. In seinem Stil waltet evozierende Phantasie.

Die Schlußpointe kann auch durch Antithese vorbereitet werden (*sic fiet, ut minus ex crastino pendeas, si hodierno manum inieceris*). Man beachte dabei die künstliche Reihenfolge. Das Natürliche wäre es, mit dem Bedingungssatz anzufangen und mit der Folge aufzuhören. Aber Seneca rückt den entscheidenden Willensakt betont ans Ende.

Ein effektvoller Hintergrund wird auch in folgendem Satz vorangestellt: *omnia, Lucili, aliena sunt, tempus tantum nostrum est* (hier entsteht außerdem durch die Einschaltung des Vokativs nach *omnia* ein vollkommener Parallelismus). In gleichem Sinne wirkt auch die steigernde Denkform *non solum – sed etiam: non enim tantum minimum in imo sed pessimum remanet.* Im Gegensatz zu der beschaulichen Diktion der Dialoge Ciceros, die dem Leser die Freiheit lassen, sich objektiv mit dem Gegenstand auseinanderzusetzen, möchte Seneca aufrütteln, ja geradezu »bekehren«. Sein Stil ist ein werbender Stil, fast jeder Satz eine Maxime. Abgerundete Perioden wären ihm als stumpfe Waffe erschienen. [34]

---

[33] Am Ende der Kola stehen vorwiegend Kretiker (oft verdoppelt), der Typus »clausulas esse«, Ditrochäen und Dispondeen. – Über den Prosarhythmus bei Seneca allgemein B. Axelson, Senecastudien, Kritische Bemerkungen zu Senecas Naturales quaestiones, Lund 1933, 7 ff.

[34] Der »Pointenstil« war schon bei den Rednern der augusteischen Zeit Mode, wie

Der Unterschied zwischen dem Stil der philosophischen Schriften Ciceros und Senecas ist nicht so sehr darin zu sehen, daß Seneca in den philosophischen Schriften »rhetorischer« schriebe, als vielmehr in der Art und Weise, wie er rhetorische Denkformen verwendet und zu welchem Zweck. Es genügt nämlich nicht festzustellen, daß Seneca den von Cicero beachteten Gegensatz zwischen dem Ethos der philosophischen Diktion und dem Pathos des Redestils verwische. Unser Text kann hier zu präziseren Vorstellungen führen. Nehmen wir z. B. die gradatio: Lucilius soll sich nach dem Willen Senecas mit dem Gedanken durchdringen (*persuade hoc tibi*) – nicht, daß er Zeit verliere (das wäre abstrakt und ohne praktische Folgen), sondern daß manche Stunden ihm gewaltsam entrissen, manche heimlich entzogen werden und manche unbemerkt entgleiten. Der Gedanke wird also aufgegliedert, wobei die beiden ersten Stufen diejenigen Einflüsse eliminieren, die nicht in unserer Macht stehen. Die dritte Form des Verlustes ist deshalb die schmählichste (*turpissima*), weil wir an ihr selbst schuldig sind. So führt Seneca mit Hilfe der rhetorischen gradatio eine moralphilosophische Selbstprüfung durch. Der letzte Punkt wird wiederum in einem analogen rhetorischen Stufengang durchschritten: *magna pars vitae elabitur male agentibus, maxima nihil agentibus, tota vita aliud agentibus.* Nicht nur für die Selbstprüfung, sondern auch um sich positiv mit bestimmten Gedanken zu erfüllen, bedient sich Seneca der gradatio: *quem mihi dabis qui aliquod pretium tempori ponat* (erste Stufe: allgemeine Formulierung), *qui diem aestimet* (zweite Stufe: die Zeit ist konkreter gefaßt), *qui intellegat se cotidie mori?* (dritte Stufe: Einengung auf das Individuum und paradoxe Ausdrucksweise, die zu weiterem Nachdenken anregen will). Außer der betrachteten Dreistufigkeit müssen wir auch die oben untersuchten Formen des zweistufigen Kontrastes hierher rechnen. Dazu gehört, daß Seneca durch die aufrichtige Darstellung seines eigenen Verhaltens einen Hintergrund für seine Aufforderung an Lucilius schafft (§ 4: *ego;* § 5: *tu tamen malo serves tua, et bono tempore incipies*).

Die Beeinflussung des Adressaten geschieht nicht planlos, sondern in folgerichtigen Schritten, deren Ordnung durch rhetorische Denkformen geregelt

[Fortsetzung von Fußnote 34:]

die Sammlungen des älteren Seneca beweisen. Einer über den Asianismus letztlich auf Gorgias zurückgehenden Moderhetorik stand Seneca freilich nicht unkritisch gegenüber (vgl. auch unten Abschnitt 7).

wird. Seneca gibt vor, einen Brief zu schreiben, also in persönlichem Ton seinem Freund Ratschläge zur Selbstbesinnung und Lebensgestaltung zu erteilen. Er begnügt sich dabei nicht mit ruhiger Kontemplation, sondern er versucht, den Willen seines Lesers zu aktivieren. Als Mittel hierfür dient ihm eine rhetorisch gruppierte Abfolge von Überlegungen und Vorstellungen.[35] Er stellt also – wie es die Wortgebundenheit antiken Denkens schon immer nahelegte – die Rhetorik in den Dienst philosophischer Seelsorge und – da er seine Briefe nicht nur für Lucilius, sondern für ein Leserpublikum schreibt – auch in den einer philosophischen Selbsterziehung.[36] Durch das eine ist er zu einem der Väter der christlichen Predigt geworden, durch das andere fand er, wie P. Rabbow[37] gezeigt hat, in der christlichen Denkschulung bis zu Ignaz von Loyola und noch weiter Nachfolge. Seneca hat also die Philosophie durch Rhetorik nicht etwa »verdorben«, sondern die Rhetorik als Methode verbaler Fremd- und Selbstbeeinflussung des Willens in den Dienst der praktischen Philosophie gestellt. Neu ist bei ihm freilich weniger das Prinzip als seine lebendige, urbane und brillante Anwendung.

7. Seneca – ein Anti-Cicero?

Es wäre freilich einseitig, dem »urbanen und kontemplativen« Cicero (der ja auch römische Willenshaltung bekundet!) den »Seelsorger und Propagandisten« Seneca gegenüberzustellen. Quintilian, der sich – wo nicht dem Buchstaben, so doch dem Geiste nach – Cicero verpflichtet fühlte, hielt Senecas Schreibart für talentvoll, aber geschmacklos und jugendgefährdend.[38] Senecas

---

[35] W. Trillitzsch, Senecas Beweisführung, Berlin 1962, 135, betont, daß Seneca den abstrakten Syllogismus als wirksamen Beweis ablehnt.

[36] Daher ist es verfehlt, wenn in der Rhetorik bei Seneca etwas Äußerliches gesehen wird, vgl. K. Abel, Bauformen in Senecas Dialogen, Heidelberg 1967, 13 »Indem Grimal dem Einfluß der zeitgenössischen Rhetorik auf den Aufbau des senecanischen Dialogs nachgeht, tritt er gleichsam von außen an das Werk heran.« Das ist modern gedacht.

[37] P. Rabbow, Seelenführung, Methodik der Exerzitien in der Antike, München 1954 (trotz des erbaulichen Titels handelt es sich um ein streng wissenschaftliches Buch).

[38] In Quintilians Überblick über die Literaturgeschichte wird eine offensichtliche Abneigung nur notdürftig durch Scheinobjektivität verschleiert; vgl. besonders *velles eum suo ingenio dixisse, alieno iudicio* (10, 1, 130); *multa etiam admiranda sunt, eligere modo curae sit, quod utinam ipse fecisset* (131).

Pointenstil, seine Abneigung gegen lange Perioden und auch seine respekt-
losen Äußerungen über Cicero waren dem Redelehrer ebenso ein Dorn im
Auge wie die Senecaschwärmerei der damaligen Jugend. Sein Urteil ist partei-
isch und bedarf der Korrektur; gilt es doch, zwischen den Exzessen der damaligen Moderhetoren und dem Stil Senecas zu unterscheiden. Es ist aufschluß-
reich, daß nicht nur der klassizistische Eklektiker Quintilian, sondern auch die
Archaisten Seneca ablehnen, und zwar mit fast entgegengesetzter Begründung:
Sein Vokabular ist ihnen nicht apart genug. [39]

Da Seneca auf ein Publikum wirken will, sucht er in der Tat alles allzu
Übertriebene und Ungewöhnliche zu vermeiden. [40] Er strebt nach dem »erha-
benen« Stil, der das Konventionelle nicht durch Extravaganz, sondern durch
Einfallsreichtum und Unmittelbarkeit überwindet. [41]

Daher ist es auch unrichtig, Seneca nur als Nachfolger der stoisch-kynischen
Diatribe zu sehen; denn der Adel seiner Diktion unterscheidet ihn von ihr.
Er teilt mit dieser Gattung das Dialogartige und Missionarische, verzichtet
aber auf das Gemeine. Wenn Quintilian ihm vorwirft, er habe seinem Talent
nicht die Zügel strenger Selbstkritik angelegt, so klingt dies ähnlich philiströs
wie sein süßsaures Urteil über Ovid. [42]

[39] Gellius 12, 2, 1 (ablehnend auch Fronto 149 f. van den Hout). Man beachte, daß
elegantia bei den Archaisten nicht mehr »treffender Ausdruck«, sondern »aparter Ausdruck« bedeutet. Zur Vermeidung von Archaismen bei Seneca B. Axelson, 1933, 96;
1939, 11.

[40] Ein Kenner wie B. Axelson urteilt (1939, 11): »Senecas Sprache bietet, wird man
trotz gewisser Freiheiten (u. a. auch im Gebrauch der Tempora) sagen dürfen, ein
Gesamtbild der größten grammatischen Korrektheit und ist in mehr als einer Beziehung korrekter als etwa die des Cicero.« Immerhin lesen wir in unserem Brief: *non
possum dicere nihil perdere*. Daß das Fehlen von *me* hier nicht auf Korruptel beruht,
beweisen die von Reynolds im Apparat zur Stelle angeführten Parallelen. Man wird
doch zögern, diese Konstruktion korrekter als die ciceronische zu finden. Sieht man
jedoch von der polemischen Überspitzung ab, so bleibt an Axelsons Feststellung manches Wahre. Vgl. auch F. I. Merchant, Seneca the Phil. and his Theory of Style, AJPh
26, 1905, 44–59.

[41] Daher erfüllt Seneca in mancher Beziehung die Vorstellungen des Auctor περὶ
ὕψους (A. Guillemin, zit. unten).

[42] *Ovidii Medea videtur mihi ostendere, quantum ille vir praestare potuerit, si
ingenio suo imperare quam indulgere maluisset* (10, 1, 98).

Beruht Quintilians Abneigung gegen diese beiden Genien vielleicht letztlich darauf, daß in ihren Stil zuviel von ihrer Persönlichkeit eingeflossen zu sein schien? Hätte Seneca nur Begabung und Phantasie besessen und nicht auch einen strengeren Geschmack als Quintilian es wahrhaben wollte, so wäre er nicht zu einem »zweiten Begründer« [43] der lateinischen Prosa geworden und darüber hinaus der europäischen Tradition des Essays. [44]

[43] A. M. Guillemin, Sénèque, second fondateur de la prose latine, REL 35, 1957, 265-284.

[44] Cancik a. O. 91-101.

VII. KAPITEL

Petronius († 66 n. Chr.)

Tischgespräch aus dem »Satyricon« [1]

»*Nunc populus est domi leones, foras vulpes. quod ad me att:net, iam pannos meos comedi, et si perseverat haec annona, casulas meas vendam. quid enim futurum est, si nec dii nec homines huius coloniae miserentur? ita meos fruniscar, ut ego puto omnia illa a diibus fieri. nemo enim caelum caelum putat, nemo ieiunium servat, nemo Iovem pili facit, sed omnes opertis oculis bona sua computant. antea stolatae ibant nudis pedibus in clivum, passis capillis, mentibus puris, et Iovem aquam exorabant. itaque statim urceatim plovebat: aut tunc aut numquam: et omnes redibant udi tamquam mures. itaque dii pedes lanatos habent, quia nos religiosi non sumus. agri iacent* –«* »oro te«* inquit Echion centonarius* »melius loquere. ›modo sic, modo sic‹ inquit rusticus; varium porcum perdiderat. quod hodie non est, cras erit: sic vita truditur. non mehercules patria melior dici potest, si homines haberet. sed laborat hoc tempore, nec haec sola. non debemus delicati esse, ubique medius caelus est. tu si aliubi fueris, dices hic porcos coctos ambulare. et ecce habituri sumus munus excellente in triduo die festa; familia non lanisticia, sed plurimi liberti. et Titus noster magnum animum habet et est caldicerebrius: aut hoc aut illud, erit quid utique. nam illi domesticus sum, non est mixcix. ferrum optimum daturus est, sine fuga, carnarium in medio, ut amphitheater videat. et habet unde: relictum est illi sestertium trecenties, decessit illius pater. male! ut quadringenta impendat, non sentiet patrimonium illius, et sempiterno nominabitur ...*«

---

[1] Petron. 44, 14–45, 6. TEXT: Konrad Müller, München 1961 [1] (zitiert wird nach der 2. Aufl. 1965, die auch eine Übersetzung von W. Ehlers enthält). KOMMENTARE: L. Friedlaender, Leipzig 1906 [2] (Neudruck Amsterdam 1960). E. V. Marmorale, Firenze 1948. P. Perrochat, Paris 1939 (2. Aufl. 1952). LEXIKON: I. Segebade und E. Lommatzsch, Leipzig 1898.

»Heutzutage sind die Leute zuhause Löwen, draußen Füchse. Was mich anbelangt, so habe ich meine Fetzen schon verzehrt, und wenn der jetzige hohe Kornpreis anhält, dann werde ich meine Hütten verkaufen. Denn was soll werden, wenn weder Götter noch Menschen sich dieser Kolonie [2] erbarmen? So wahr ich an den Meinigen Freude haben will, ich glaube, daß das alles von den Göttern kommt. Denn keiner nimmt mehr den Himmel als Himmel ernst, keiner hält die Fastenzeit ein, keiner kümmert sich auch nur ein Haar um Juppiter, sondern alle tragen Scheuklappen und rechnen ihr Vermögen zusammen. Früher gingen die Damen in knöchellangen Gewändern barfuß aufs Kapitol mit offenem Haar und reinem Sinn und beteten zu Juppiter um Wasser. Und so regnete es auch auf der Stelle kübelweise – dann oder nie – und alle kamen naß wie die Mäuse nach Hause. Deshalb schleichen die Götter wie mit Wollpantoffeln [3] herum, weil wir auf sie keine Rücksicht nehmen. Die Felder liegen darnieder –«

»Ich bitte dich«, sagte Echion, Fabrikant von Löschlappen, »sprich doch über etwas Erfreulicheres. ›Bald so, bald so‹, sagte der Bauer; ein geflecktes Schwein hatte er verloren. Was heute nicht ist, wird morgen sein: so schiebt sich das Leben vorwärts. Man kann sich beim Herkules keine bessere Heimatstadt vorstellen – wenn sie nur rechte Männer hätte! Aber daran fehlt es zur Zeit, und nicht nur bei uns. Wir sollen nicht so verwöhnt sein: Überall ist der Himmel gleich weit weg. Wenn du woanders gewesen bist, wirst du sagen, hier spazieren die Säue gebraten herum. Und paß auf, in drei Tagen [4] werden wir am Festtag hier ein hervorragendes Spiel haben. Die Mannschaft besteht nicht aus Berufsfechtern, sondern großenteils aus Freigelassenen. Und unser Titus ist großzügig und ein Hitzkopf: entweder – oder; jedenfalls wird es etwas geben. Ich bin nämlich mit ihm auf du und du; bei ihm wird nicht gefackelt. Er wird blanken Stahl liefern, ohne Ausflucht, Fleischdepot auf offener Bühne, daß das ganze Amphitheater es sehen kann. Und er hat's. Dreihundertmal hunderttausend hat er geerbt, sein Vater ist gestorben. Tut mir leid. Selbst wenn er vierhunderttausend dranrückt, tut das seinem Erbteil nicht weh, und ewig wird man von ihm reden ...«

    [2] Wohl Puteoli: J. P. Sullivan, The Satyricon of Petronius. A Literary Study, London 1968, 47.

    [3] Anders A. Otto, ALL 3, 1886, 209 »sie haben gewissermaßen gefesselte Füße«.

    [4] Vgl. Bulhart, ThLL 7, 1, 1938, 778, 15 ff. Anders Friedlaender und Marmorale z. St.

A. Sprache und Stil

1. Einzelnes: Vulgarismen und Hyperurbanismen

Schon die äußere Gestalt der Vokabeln ist von einer dem Milieu entsprechenden Farbigkeit. *Fruniscar* kennt man sonst aus dem Altlatein und aus Inschriften.[4] Auch die Form *diibus* (bzw. *dibus, diíbus*) ist epigraphisch mehrfach bezeugt, literarisch nur hier.[5] Die Endung *excellente* soll nach F. Sommer[6] das Adjektiv (vgl. 66, 3) vom Partizip unterscheiden (vgl. *sequens ferculum* ebd. 66, 3); doch ist auch *sequens* in dem betreffenden Satz adjektivisch verwendet. *Excellente* dürfte der Alltagssprache abgelauscht sein, zumal das wertsteigernde Allerweltswort vor allem im Zusammenhang mit *vinum* häufig zu hören gewesen sein wird.[7] Die Bildung entspricht der umgangssprachlichen Tendenz zur »Normalisierung« unregelmäßig scheinender Formen. Lautlich ist auch *plovebat* vulgär;[8] man vergleiche *poveri – pueri* in Pompei (*v* ist Übergangslaut; *u* wird zu *o* dissimiliert).[9] Das eingeschaltete *v* findet sich in allen romanischen Sprachgebieten.[10]

Reizvoll ist das Maskulinum *amphitheater*. Die später in den romanischen Sprachen absterbenden Neutra erscheinen in den »vulgären« Partien von Petrons Roman oft schon in männlicher Form,[11] z. B. *caelus* (39, 5; 45, 3), *fatus*

---

[4] Vollmer ThLL 6, 6, 1923, 1422, 58–1423, 17. Vgl. bes. CIL 5, 7453, 12 = CE 1578 *qui te talem carui ecce modo frunitus sexdecim annis castitate et amore tui*. Zu *frui* vgl. ThLL ebd. 1427, 56 ff.

[5] Gudeman, ThLL, 5, 1, 4, 1912, 886, 37 ff.

[6] Handbuch der lateinischen Laut- und Formenlehre, Heidelberg (1913 ²) 1948, 453.

[7] *Excellens* von Waren: »K.-M.«, ThLL 5, 2, 8, 1937, 1216, 58 ff.

[8] Es handelt sich wohl nicht um eine alte Form, sondern um eine nachträgliche Entfaltung.

[9] Vgl. Perrochat z. St.

[10] Italienisch *piovere*, spanisch *llover*, französisch *pleuvoir*, portugiesisch *chover*, vgl. auch REW 6610.

[11] Gelegentlich schon im Altlatein (*caelus* Enn. Ann. 546). Vielleicht sind solche Fälle jedoch von der späteren Entwicklung fernzuhalten. Vgl. F. Sommer, a. O. 320. Wenig förderlich A. Stefenelli, Die Volkssprache im Werk des Petron. Wiener romanistische Arbeiten 1, 1962, 60 f.

(42, 5), *fericulus* (39, 4), *vinus* (41, 12). Inschriften bieten Entsprechendes.[12]
Außer der Analogie spielt dabei das Verstummen von *-m* und *-s* eine Rolle.
Die daraus entstehende Unsicherheit kann andererseits zu köstlichen Hyper-
urbanismen führen: *litterae thesaurum est* (46, 8).

Damit rühren wir an die psychologischen Grundlagen der künstlerischen
Verwendung der Vulgarismen: Das Maskulinum statt des Neutrums kommt
dem Streben Petrons nach Lebhaftigkeit und Farbigkeit entgegen.[13] Andererseits charakterisiert der Hyperurbanismus in der Sprache sozialpsychologisch
den Parvenu.

2. Wortschatz

Die Bahuvrihi-Bildung *caldicerebrius* (»einer, dessen Hirn heiß ist«) erscheint bei Petron nochmals (58, 4), falls die Konjektur Jahns richtig ist.[14] Es
ist wohl abwegig, in solchen Zusammensetzungen grundsätzlich Graecismen
zu sehen,[15] denn die pompeianischen Inschriften bieten zum Teil Vergleich-
bares,[16] und Friedlaender 263 belegt ähnliche Ausdrücke aus italienischen Dia-
lekten.[17] Auch sonst kommt bei Petron Nominalkomposition vor, und zwar
im Munde von Freigelassenen.[18]

---

[12] Sommer ebd.

[13] Damit soll nicht das Aufkommen, sondern die künstlerische Wirkung dieser Züge
erklärt werden. – An syntaktischen Vulgarismen ist die Konstruktion von *fruniscor*
mit Akkusativ zu nennen, sowie die Verwendung von *foras* statt *foris;* vergleichbar
ist das Vordringen von *in* mit dem Akkusativ, das sich auch aus spätantikem Latein
belegen läßt; vgl. auch Petron 42, 3 *fui enim hodie in funus* (psychologisch erklärbar
durch die Vorstellung des Hingehens; zur Verdrängung von *ire* etc. durch *esse* s. J. B.
Hofmann, Lateinische Umgangssprache, 3. Aufl. Heidelberg 1951, 166 mit Literaturangaben). Zu *foras* auch Stefenelli 86 f.

[14] Überliefert ist 58, 4 *caldus cicer eius.*

[15] Vgl. Ernout, RPh 22, 1948, 214 über *mundicors, pravicordius, suaviludius,
univiria, benemorius, oridurius.*

[16] *fulbunguis* ist eine völlig analoge Bildung; etwas andersartig sind folgende von
A. Maiuri, Ausgabe Neapel 1945, Exkurs 2, 235 angeführten Zusammensetzungen:
culibonia, seribibi, piscicapi.

[17] Vgl. auch Dares p. 16, 21 Meister über Diomedes: *cerebro calido.*

[18] *fulcipedia* 75, 6 (»Stöckelprinzessin« Ehlers), *larifuga* 57, 3 (»Clochard«).

Es ist kein Zufall, daß es sich durchweg um sehr farbige, zum Teil emotional getönte Ausdrücke handelt; gerade dieser gefühlsmäßige, nicht-analytische Charakter erschwerte ihr Eindringen in die klassische Kunstprosa. [19]

In denselben Bereich gehört auch das drastische Adverb *urceatim* (»krügeweise«), das offenbar nur an unserer Stelle belegt ist.

Lautlich und semantisch nicht ganz klar ist *mixcix (miscix?* [20]).

Das in der Literatur sonst nur bei Laberius vorkommende Wort *centonarius* erscheint oft auf Inschriften und gelegentlich auch in juristischem Zusammenhang. Sprachlich zählt es zu den zahlreichen Berufsbezeichnungen auf *-arius*, wie sie uns vor allem in epigraphischer Überlieferung entgegentreten. [21] Nur hier belegt ist *lanisticia;* die Bildung gehört zu einer Gruppe (*-aceus; -acius; -icius; -ucius*), die sich großenteils erst im Spätlateinischen entfaltet hat. Auch hier handelt es sich wie bei dem vorhergehenden Wort um einen Fachausdruck.

3. Metaphorik; »erhabene« und »niedere« Stilelemente

Noch sprechender ist die Metaphorik; so steht das Fachwort *carnarium* (»Fleischkammer«) für die Tatsache, daß die kampfunfähigen Gladiatoren den Gnadenstoß in der Manege erwarten und nicht in das *spoliarium* geschafft werden.

Kaum weniger drastisch sind die sprichwörtlichen Redensarten: *dices hic porcos coctos ambulare* (vgl. auch *ubique medius caelus est*). Metaphorisch-allegorisch gemeint ist auch die Beispielerzählung vom Bauern, der sein geflecktes Schwein verlor. [22]

[19] Einzelne derartige Versuche Ciceros, der ein Verehrer des Ennius war und vielleicht auch in der Umgangssprache seiner Zeit einen gewissen Anhalt dafür fand, stießen schon bei Seneca auf ablehnenden Spott (Sen. bei Gell. 12, 2, 6 über *suaviloquens* und *breviloquentia*).

[20] Friedlaender 263 verweist auf Paul. Fest. p. 123, 7 Müller = 110 Lindsay: *miscelliones appellantur, qui non sunt certae sententiae, sed variorum mixtorumque iudiciorum sunt.* Die Verschreibung *x* für *s* ist verbreitet; die Annahme macht also keine Schwierigkeiten. Zur Wortbildung vgl. Ernout-Meillet und Perrochat; konservativ und skeptisch Walde-Hofmann 2, 95 (ursprünglich schallmalende Gemination nicht ausschließend, vgl. Hofmann, Umgangssprache 61).

[21] Vgl. bei Petron auch Bildungen wie *petauristarius* (60, 2 und öfter) und das schon klassische *tabellarius* (79, 6).

[22] Nachweise für diesen Typus aus der Antike bei Friedlaender 262; s. bes. Quint. 5, 11, 21.

Ebenso *nunc populus est domi leones, foras vulpes*. Dagegen ist *udi tamquam mures* keine Metapher, sondern ein Vergleich.

Für die Umgangssprache charakteristisch ist auch das Deminutivum *casulas*, das nicht etwa die Kleinheit der Häuser, sondern die Verbundenheit des Eigentümers mit ihnen bezeichnet. [23]

Bevorzugung des geringeren Ausdrucks liegt auch in *iam pannos meos comedi* vor. Das hier einsetzende Mißverhältnis zwischen Gegenstand und Ausdruck nimmt allmählich zu. Pointiert wird in dem Satz *nemo Iovem pili facit* das Größte und das Kleinste nebeneinandergestellt; pathetisch klingt dabei das anaphorisch wiederholte *nemo*; in der Erwähnung der Prozession der Matronen zum Kapitol steigert sich der Ausdruck zu monumentaler Feierlichkeit (schon *antea*[24] wirkt anspruchsvoll; ebenso die stets auf hohen Stil weisende strukturelle Repetition *nudis pedibus...*, *passis capillis, mentibus puris* mit dem Chiasmus und der rhythmischen Klausel am Ende!). Auch das Verb *exorare* ist alles andere als niedrig, vielmehr dem religiösen Gegenstand durchaus angemessen. [25] Auch *aqua* für »Regen« ist nicht etwa vulgär, sondern das rituelle Wort. [26] Nach der kunstvoll aufgebauten Steigerung (von der Prozession, die sich in der reihenden Ausdrucksweise spiegelt, bis zum rituellen Gebet) folgt jedoch – inhaltlich und stilistisch – eine kalte Dusche: *itaque statim urceatim plovebat; aut tunc aut numquam: et omnes redibant udi tamquam mures*. Es häufen sich hier die Merkmale niederen Stils: drastische Metaphern und Vergleiche, vulgäre Lautgebung, Ellipse.

Petron hat den Vorgang – feierliches Erflehen und plötzliches Hervorbrechen des Regens – im Wechsel der Satzlänge und Stilhöhe greifbar werden lassen.

---

[23] Unter anderem auch la familiarité qui engendre le mépris.

[24] Vgl. Müller - Ehlers 444: »sonst *ante*«. – G. Bendz, Sprachliche Bemerkungen zu Petron, Eranos 39, 1941, 27–55, bes. 35 mit Hinweis auf E. Löfstedt, Peregrinatio... 74 f. und Synt. II 304 Fußn. 1. Nicht fördernd Stefenelli 87.

[25] Man beachte die theatralisch-pathetische Nuance, die das Wort sonst bei Petron hat: 52, 6 *tandem ergo exoratus a nobis missionem dedit puero;* vgl. auch 140, 7; fein ist der Unterschied *Coraci... imperavit*, aber *puellam quidem exoravit:* der Junge ist anstellig, die junge Dame läßt sich etwas bitten; vgl. auch Ov. met. 5, 418 *exorata tamen nec, ut haec, exterrita nupsi.*

[26] *Caelestes aquas implorare*: Hor. epist. 2, 1, 135, vgl. Ov. fast. 4, 386, Liv. 4, 30, 7; 5, 15, 2. Das Vorkommen bei Fachschriftstellern (ThLL 3, 1, 1907, 70, 6–8) beweist, daß es sich um alles andere als um einen willkürlichen Poetismus handelt.

Mit *itaque dii pedes lanatos habent, quia nos religiosi non sumus* ist die zuletzt sukzessiv entfaltete Diskrepanz in einer scharfen Pointe konzentriert:
Mit den Göttern verbindet sich die nicht gerade erhabene Vorstellung in Wolle
gewickelter Füße. Hier hat das Mißverhältnis zwischen Sache und Ausdruck
den Höhepunkt erreicht. »Die Felder liegen darnieder«. Fürwahr: *di multa
neglecti dederunt Hesperiae mala luctuosae* (Hor. carm. 3, 6, 8). Die Thematik
der sechsten Römerode – aber in welch anderer Stilisierung! Die Kluft zwischen Gegenstand und Inhalt wird von Petron in diesem Abschnitt bewußt
erstrebt und dramatisch vertieft.

4. Ellipse und Prägnanz

Die Unübersetzbarkeit Petrons beruht vor allem auf seiner Kürze. Wie soll
man im Deutschen *et habet unde* mit drei Worten wiedergeben?[27] Der Ausdruck ist schon altlateinisch.[28] Volkstümlich elliptisch ist auch *modo sic modo
sic;* der Ellipse nahestehend, wenn auch durch benachbarte Prädikate gemildert, sind die Ausdrücke *aut tunc aut numquam* und *aut hoc aut illud.*

Eine Wendung in unserem Text ist so knapp, daß noch der bedeutende Kommentator Friedlaender sie nicht verstand. Zu der Stelle *decessit illius pater,
male* bemerkt er: »*Male* gibt weder in Verbindung mit dem Vorhergehenden
noch mit dem Folgenden einen befriedigenden Sinn und ist verdorben oder
verstümmelt.«[29] Zur richtigen Deutung kann der elliptische Gebrauch z. B. bei
Cicero Att. 12, 10 und 11 hinführen (vgl. *male factum* Att. 15, 1 a, 1): es handelt sich um eine stehende Redewendung bei Todesfällen.[30]

›Elliptisch‹ ist auch *stolatae:* Das Subjekt kann der Gesprächspartner ohne
weiteres erraten.

Eine verwandte Erscheinung ist der absolute Gebrauch von *laborare: sed
laborat* (= *colonia laborat civium bonorum penuriâ*).

Charakteristisch ist auch die Neigung zu prägnanter Ausdrucksweise: *nemo
enim caelum caelum putat* (»keiner meint, der Himmel sei als Himmel ernst
zu nehmen«); ebenso wird 42, 7 das Wort *mulier* in prägnanter Bedeutung
wieder aufgenommen: *sed mulier quae mulier* (»echt«, »den Namen verdie-
nend«) *milvinum genus;* vgl. bei Ovid *talis erit mater, si modo mater erit*

[27] Zu diesem Ausdruck (»il a de quoi«) vgl. Stefenelli 88 f.

[28] Plaut. capt. 850; vgl. auch Ter. adelph. 122.   [29] A. O. 264.

[30] S. Krieg, ThLL 8, 2, 1937, 241, 1–4; richtig übersetzt W. Ehlers: »tut mir leid«.
Weniger gut Marmorale, der nicht interpungiert: sventuratamente morì.

(epist. 20, 220).[31] Ähnliches beobachten wir in unserem Text nochmals: *non mehercules patria melior dici potest, si homines* (»ganze Kerle«) *haberet*.

5. Formelhaftes

Der Alltagsrede entstammt eine Formel wie *quod ad me attinet,* die uns schon bei Cato begegnet ist. Ebenso mehr oder weniger verblaßte ursprünglich religiöse Wendungen wie *ita meos fruniscar,*[32] *mehercules,*[33] *melius loquere*[34] und wohl auch das schon erwähnte *male.* Solche Floskeln tragen zu dem klischeehaften Charakter der Umgangssprache bei, die an die Stelle eines erfüllten Sprechens oft das Jonglieren mit leeren Worthülsen setzt. So ist der inhaltslose Gebrauch ursprünglich religiöser Formeln eine gute sprachliche Illustration der Jeremiade des Ganymedes über den Unglauben der Zeit. Die Absicht Petrons, die Gedankenlosigkeit des Sprechens zu entlarven, dokumentiert sich drastisch in folgender Äußerung Trimalchios: Auf einem Gefäß waren zwei Leichen so gut dargestellt als ob sie lebendig wären.[35] Wie die Gedanken sich durch tausendfache Wiederholung entwirklicht haben, so haben sich ihrerseits die Worte als Klischees von den Gedanken losgelöst. Was dem geistreichen Schriftsteller bleibt, ist die scharfsichtige Diagnose dieser absurden Situation. Es bedarf hoher sprachlicher Meisterschaft, um eine solche Bestandsaufnahme in einem Roman zu realisieren. Ein Mittel dafür sind die Banalitäten der Vulgärsprache. Einen wichtigen Kontrast dazu bildet die klare und kühle Präzision von Petrons Erzählstil in den nicht vulgären Partien des Werkes. So gewinnt Petron der Sprachhaltung symbolische Bedeutung ab.

---

[31] Vgl. Hofmann, Umgangssprache 93; doch muß man seiner Vermengung mit dem amtssprachlichen Typ *in funus, cui funeri* entschieden widersprechen. An eine Aposiopese ist auch nicht zu denken (verfehlt E. E. Burriss, CPh 42, 1947, 245).

[32] Vgl. etwa *ita me di ament;* s. Lumpe, ThLL 7, 2, 4, 1967, 526, 23–527, 18 mit Literaturangaben.

[33] Über diese Formel s. Hofmann, Umgangssprache 29 f.

[34] Falsch eingeordnet im ThLL 2, 9, 1906, 2107, 17; unsere Stelle gehört sinngemäß zu der Gruppe 2093, 71–2094, 16; treffend erläutert von Friedlaender z. St. (εὐφήμει).

[35] Petron. 52, 1.

Der erste Satz des zitierten Textes bildet den Abschluß der Klage darüber, daß das Volk sich ohne Murren die Präpotenz eines Ädilen gefallen läßt. Die bildhafte Redewendung, die Petron vielleicht nicht aus dem Volksmund hat, [36] schließt das Thema ab. Mit *quod ad me attinet* geht Ganymedes zu den persönlichen Folgen über, die der hohe Getreidepreis für ihn angeblich nach sich zieht. Als guter Geschäftsmann behauptet er, unmittelbar vor dem Ruin zu stehen. Den Grund für die verzweifelte Lage sucht er in der Gleichgültigkeit der Götter, die eine Folge der Gleichgültigkeit der Menschen in religiösen Dingen sei. Hier wird Ganymedes pathetisch; dies wäre in einer Rede passend, deren Schluß ja an das Gefühl der Hörer appellieren soll, anders im Gespräch – daher denn auch die taktvolle Unterbrechung durch den Partner. Das Pathos ist aber nicht der einzige Zug, der an dieser Klage über den Rückgang der Frömmigkeit auffällt. Die drastischen Ausdrücke (»kübelweise«, »naß wie die Mäuse«) kontrastieren merkwürdig mit der erhabenen Thematik, die wir aus Horaz und anderen Augusteern in feierlicherem Gewande kennen. Wie zweischneidig das Jammern des arrivierten Geschäftsmannes darüber, daß alle statt an Gott nur an ihre Rechnungen denken! Und wird nicht durch das niedere Vokabular die innere Hohlheit der Topik unterstrichen?

Die Schlußpartie der Rede des Ganymedes ist nicht nur, wie in einem früheren Abschnitt festgestellt, im Aufbau, sondern auch in der Satzverbindung sehr sorgfältig ausgearbeitet. [37] In der Phrasierung herrscht hier klare und übersichtliche Zweigliedrigkeit; in dem anspruchsvoller stilisierten Vergleich zwischen der heutigen und der guten alten Zeit kommt Dreigliedrigkeit hinzu, die durch Anapher und durch Wiederholung gleicher Kasus unterstrichen wird.

Wichtig ist auch die schlußbildende Funktion der anschaulichen und pointierten Ausdrücke. Wir stellten bereits fest, daß das vorhergehende Thema mit

---

[36] Vgl. Aristoph. Frieden 1189.

[37] J. Feix, Wortstellung und Satzbau in Petrons Roman, Diss. Breslau 1934, behandelt die satzverbindenden Partikeln nur zum Teil und mehr beiläufig (32–34); s. jedoch J. K. Schönberger, Zum Stil des Petronius, Glotta 31, 1951, 20–28, bes. 27: »Man wird kaum einen römischen Schriftsteller finden, der eine solche Masse satzverbindender Partikeln hat wie Petron.« Es ist immerhin erstaunlich festzustellen, daß dies sogar von den »vulgären« Partien gilt, wie auch die stärker volkstümliche Rede Echions zeigt.

einer sentenzartigen bildhaften Antithese abgeschlossen wurde. Dasselbe gilt vom Ende der Ganymedes-Rede: *itaque dii pedes lanatos habent, quia nos religiosi non sumus.*

Petron verwischt absichtlich den Schlußeffekt durch den Ansatz zu einer topischen Klage über den trostlosen Zustand der Landwirtschaft: *agri iacent* – aber hier fällt Echion dem Ganymedes ins Wort. Er löst das Pathos durch das lebensphilosophische Ethos eines holden Bescheidens ab, um dann zu dem unerschöpflichen Thema der Gladiatorenspiele überzugehen. Unmittelbar vor dem Themawechsel erscheint auch hier wieder ein drastisches Bild: *tu si aliubi fueris, dices hic porcos coctos ambulare.*

Auch in der Rede Echions ist die Gedankenfolge keineswegs willkürlich; die reichlich verwendeten logischen Partikeln und Konjunktionen lassen hierüber keinen Zweifel.

Mit der verblaßten religiösen Formel *melius loquere* wird sofort der sanftere Grundtenor der Rede gekennzeichnet, die sich zunächst am Born der Volksweisheit erquickt. Mit den Worten »bald so – bald so« tröstet sich der Bauer über den Verlust einer gescheckten Sau. Ähnliche Exempla liebt Horaz; sie gehören zur Erziehungsmethode seines Vaters, eines Freigelassenen, und zur Lebensweisheit des Bauernphilosophen Ofellus.[38] Es folgen zwei Maximen, die vielleicht volksechter klingen als sie sind: *quod hodie non est, cras erit.* Ist dies nicht eine Trivialisierung des bekannten *non si male nunc, et olim sic erit?*[39] Und kann man *sic vita truditur* nicht vor dem Hintergrund des horazischen *truditur dies die*[40] besser verstehen? Mit welchen Empfindungen mußten die gebildeten Leser Petrons die Lebensweisheiten ihres Klassikers, der kultivierten Form entkleidet, im Munde von Freigelassenen wiederfinden! Ehe man voreilig von »Vulgärlatein« spricht, sollte man sich dieser Doppelbödigkeit auch der scheinbar ganz alltäglichen Abschnitte bewußt werden. Petron hört in keinem Augenblick auf, der belesene Kenner, Lästerer und Liebhaber der literarischen Tradition zu sein, als der er sich in den urbanen Erzählpartien seines Werkes darstellt. Daher auch die Berechtigung, die »vulgären«

---

[38] Auch die Diatribentradition und Bion von Borysthenes (in dieser Beziehung der erste russische Realist) sind hier zu nennen, doch ist der Grad der Einwirkung sehr umstritten, s. R. Muth, AAHG 9, 1956, 14.

[39] Hor. carm. 2, 10, 17 f.

[40] Hor. carm. 2, 18, 15. Horazreminiszenzen finden sich auch 99, 1 (epist. 1, 4, 13 f.); 117, 9 (sat. 1, 3, 13; carm. 3, 1, 30); 114, 3 (carm. 1, 3, 14 f.), s. J. K. Schönberger, Glotta 31, 1951, 20–28, bes. 25. Die ganze *cena* schließt sich an Hor. sat. 2, 8 an.

Teile nicht vom übrigen Werk zu isolieren, sondern ebenso als künstlerische Prosa zu würdigen. Während Ganymeds Klagelied ein verflachtes Zerrbild römischen Niedergangsbewußtseins und römischer *religio* enthielt, wird nun das Thema der bäuerlichen Resignation durchgespielt und durch zwei boshafterweise an Horaz [41] anklingende Platitüden (die man nicht blindlings für »Volksgut« halten sollte) untermauert.

Nach dieser Einleitung beginnt Echion seine mehr das Positive hervorkehrende Gegendarstellung mit einer relativen Anerkennung der Klage des Vorredners: Energisch wird der Heimatort als die beste aller denkbaren Kleinstädte gelobt, und es wird sogar zugegeben, daß es an tüchtigen Leuten fehle. Nur – und damit kommt mit *sed* ein neuer Gesichtspunkt ins Spiel – daran fehlt es auch anderswo. Zwei weitere Kernsprüche lassen den uralten Topos von altrömischer Härte (*non debemus delicati esse;* [42] denkt Petron auch hier einmal wieder an seinen Antipoden Seneca? [43]) und realistischer Nüchternheit erklingen (*ubique medius caelus est*). Abschließend wird der Gedanke noch zugespitzt: Warst du erst einmal anderswo, so findest du die Zustände hier paradiesisch. Der Ausdruck lehnt sich an das Schlaraffenmärchen [44] an. Kontrast und drastisches Bild haben also wieder abschließende Funktion.

Mit *et ecce* wird ein neues Thema eingeführt, das die positive Einschätzung der augenblicklichen Lage glaubwürdig machen soll: das bevorstehende Gladiatorenspiel. An die Ankündigung schließt sich elliptisch eine allgemeine Charakteristik der Mannschaft an; mit *et* wird dann zur Kennzeichnung des Veranstalters übergegangen, eines hohen Herrn, den Echion liebevoll *Titus noster* nennt (*magnum animum habet et est caldicerebrius*); daraus wird gefolgert (Asyndeton), auf jeden Fall sei etwas Besonderes zu erwarten. Jetzt wird mit *nam* erläuternd zurückgegriffen: »Ich kenne ihn nämlich, er macht nichts halb.«

Asyndetisch kehrt Echion zur Eigenart der zu erwartenden Vorstellung zurück – man beachte, wie Petron hier die primitive Grausamkeit der schaulustigen Menge in der Metapher *carnarium* bloßstellt. [45]

---

[41] Angesichts der *incuriosa infelicitas* der Freigelassenensprache tritt freilich Horazens *curiosa felicitas* (Petr. 118) nur desto leuchtender hervor.

[42] Im Kampf gegen Verres zog Cicero ähnliche Register Verr. II 4, 57, 126.

[43] Vgl. de brev. vit. 12.   [44] Vgl. Friedlaender 263.

[45] Wenn J. P. Sullivan (a. O. 232–253, bes. 252) aus der Tatsache, daß in Petrons Roman bei Geschlechtsakten häufig Dritte zuschauen, den Schluß zieht, Petron sei selbst zum Voyeur veranlagt gewesen, so ist diese Folgerung genau so waghalsig, wie

Mit *et* folgt der Hinweis auf die Finanzkraft des Veranstalters; dazu eine begründende Anmerkung: Er hat geerbt. Dies zieht eine weitere Erläuterung nach sich: Sein Vater ist gestorben; der sich anschließende Ausdruck des Bedauerns bildet eine Fußnote dritten Grades. Diese barocken Seitentriebe eines assoziativen Denkstils unterscheiden sich spürbar von der geordneten Gedankenfolge am Ende der Ganymedes-Rede. Aber auch Echion kehrt mit erstaunlicher Sicherheit zum Hauptthema zurück und führt es fort: Selbst eine hohe Ausgabe ist für den Veranstalter tragbar und macht ihn berühmt. Mit *iam* geht Echion dann zur weiteren Charakteristik der Mitwirkenden über, womit er an den Anfang seiner Ausführungen über das Gladiatorenspiel anknüpft (45, 5).

So versteht es Petron, sogar aus den Gedankensprüngen eines alltäglichen Redestroms noch eine geschlossene Form zu machen. Wieder sind es die Konjunktionen und logischen Partikeln, die für Klarheit sorgen. *Et ecce* und *iam* sind starke Anfangssignale; zweimaliges *et* hebt die Untergliederung hervor: a) Temperament b) Reichtum des Veranstalters. Eine zurückgreifende Zwischenbemerkung ist durch *nam* deutlich als solche gekennzeichnet; störendes Hervortreten der dreifachen Anmerkungen ist geschickt durch Asyndeton und durch graduelle Abnahme des Satzumfangs vermieden (*relictum est illi sestertium trecenties, / decessit illius pater. / Male!*)

Während sich also im Inhalt scheinbar ein Chaos leerer Trivialitäten aufzutun scheint, waltet in der Form der klug und logisch disponierende Geist des Autors. Die Untersuchung der Satzverbindung bestätigt somit die Folgerung, die uns die Analyse einzelner Worte und Sätze, sowie der Vergleich mit literarischen Bezugspunkten nahelegte: Die »vulgären« Partien in Petrons Werk bieten keinen ungefilterten Rohstoff (daher ist eine unkritische Auswertung als Zeugnis »der« lateinischen Umgangssprache höchst problematisch), sondern sie sind ein mehrschichtiges Kunstwerk hochliterarischen Anspruchs, das die vulgäre Sprache in doppelter Weise zum Symbol macht. In ihrer Farbigkeit wird sie zum Ausdruck eines intensiven Lebensgefühls, das der Epiker nicht ohne ein kleines Heimweh nach der Gosse in ironischer Brechung darstellt; in ihrer Klischeehaftigkeit wird sie andererseits zum Symbol der allgemeinen Entwertung und Entwirklichung wichtiger Lebensfunktionen und traditioneller Wertvorstellungen.

[Fortsetzung von Fußnote 45:]

wenn man aus der vorliegenden Stelle auf Petrons Sadismus schließen wollte. Entscheidend ist vielmehr der nüchtern diagnostizierende Blick des Schriftstellers, der die im Massenkonsum sich vollziehende Entwertung aller Lebensprozesse – vom Kulinarischen über das Sexuelle bis zum Sprachlichen – analysiert.

VIII. KAPITEL

Tacitus (cos. 97 n. Chr.)

Eine Rede des Kaisers Claudius. Original
und literarische Umgestaltung

DIE TEXTE:

Senatus consultum Claudianum (oratio Claudii)

de iure honorum Gallis dando, 48 n. Chr. [1]

... | *mae rerum no [strarum] sit u* .... |
Equidem prímam omnium illam cogitationem hominum quam | maxime
prímam occursuram mihi provideo, deprecor, ne | quasi novam istam rem
introduci exhorrescatis, sed illa | potius cogitetis, quam multa in hác civi-
tate novata sint, et | quidem statim ab origine urbis nostrae in quod for-
mas | statúsque rés p(ublica) nostra díducta sit. |
Quondam réges hanc tenuére urbem, nec tamen domesticis succes|sori-
bus eam tradere contigit. Supervenere alieni et quidam exter|ni, ut Numa
Romulo successerit ex Sabinís veniéns, vícinus qui|dem, sed tunc exter-
nus; ut Ancó Márcio Príscus Tarquinius. [Is] | propter temeratum san-
guinem, quod patre Demaratho C[o]|rinthio natus erat et Tarqui-
niensi mátre generosá sed inopi, | ut quae tali marito necesse habuerit
succumbere, cum domi re|pelleretur á gerendís honoribus, postquam
Romam migravit, | regnum adeptus est. Huic quoque et filio nepotive eius
(nam et | hoc inter auctores discrepat) insertus Servius Tullius, si nostros |
sequimur, captiva natus Ocresiá, si Tuscos, Caeli quondam Vi|vennae
sodalis fidelissimus omnisque eius cásús comes, post | quam variá fortuna
exáctus cum omnibus reliquís Caeliáni | exercitús Etrúriá excessit, montem
Caelium occupavit et a duce suo | Caelio ita appellita [vit] [2], mutatóque
nomine (nam Tusce Mastarna | ei nomen erat) ita appellatus est, ut dixi,

---

[1] TEXT: Inscriptiones Latinae selectae, ed H. Dessau, Band 1, Berlin 1902, Nr. 212.
Ph. Fabia, La Table Claudienne de Lyon, Lyon 1929, 62 ff.

[2] *appellitatus* hat die Inschrift; *appellitatum* schlägt vor: J. Carcopino, Points de
vue sur l'impérialisme romain, Paris 1934, 159–199, besonders 169 und 184; = 1959[2],
174–208, besonders 195; vgl. L. Pareti, Studi Etruschi, V, Florenz 1931, 156 und A.
Momigliano, L'opera dell' imperatore Claudio, Florenz 1932, 31.

et regnum summá cum rei | p(ublicae) útilitate optinuit. Deinde post-
quam Tarquini Superbí móres in|vísi cívitati nostrae esse coeperunt, qua
ipsius qua filiorum ei[us], | nempe pertaesum est mentés régni et ad con-
sules, annuós magis|trátús, administratio rei p(ublicae) tránslata est. |

    Quid nunc commemorem dictaturae hóc ipso consulári impe|rium
valentius repertum apud maiores nostros, quo in a[s]|perioribus bellis
aut in civili motú difficiliore uterentur? | aut in auxilium plebis creatós
tribunos plébei? quid á consu|libus ad decemviros translátum imperium,
solutoque postea | decemvirali régno ad consules rúsus reditum? quid
in[pl]u|rís distributum consulare imperium tribunosque mil[itu]m | con-
sulari imperio appellatós, qui séni et saepe octoni crearen|tur? quid com-
municátos postrémo cum plebe honóres, non imperi | solum sed sacerdo-
tiorum quoque? Iam si nárrem bella, á quibus | coeperint maiores nostri,
et quo processerimus, vereor né nimió | insolentior esse videar et quaesisse
iactatiónem glóriae pro|lati imperi ultrá óceanum. Sed illoc potius re-
vertar. Civitat[em] | ... [Lücke]

    ...[po]test. Sane | novo m[ore] et dívus Aug[ustus av]onc[ulus
m]eus et patruus Ti. | Caesar omnem flórem ubique coloniárum ac muni-
cipiorum, bo|nórum scilicet virorum et locupletium, in hác cúria esse
voluit. | Quid ergo? non Italicus senator provinciali potior est? Iam |
vobís, cum hanc partem censurae meae adprobáre coepero, quid | de eá
ré sentiam, rebus ostendam. Sed ne provinciales quidem, | si modo ornare
curiam poterint, reiciendos puto. |

    Ornátissima ecce colonia valentissimaque Viennensium, quam | longo
iam tempore senatores huic curiae confert! Ex qua colo|nia inter paucos
equestris órdinis órnamentum L. Vestínum fa|miliarissime díligo et ho-
dieque in rebus meis detineo, cuius libe|ri fruantur quaesó primo sacer-
dotiorum gradú, post modo cum | annís promoturi dignitatis suae incre-
menta; ut dírum nomen la|tronis taceam, et odi illud palaestricum pró-
digium, quod ante in do|mum consulatum intulit, quam colonia sua
solidum cívitatis Roma|nae benificium cónsecuta est. Idem dé frátre eius
possum dícere, | miserabili quidem indignissimoque hóc cású, ut vobis
utilis | senator esse non possit. | –

    Tempus est iam, Ti. Caesar Germanice, detegere té patribus conscriptis,
quo tendat oratio tua; iam enim ad extremos fines Galliae Nar|bonensis
venistí. | –

    Tot ecce insignes iuvenes, quot intueor, non magis sunt paenitendi |
senatores, quam paenitet Persicum, nobilissimum virum, ami|cum meum,
inter imagines maiorum suorum Allobrogici no|men legere. Quod si haec
ita esse consentitis, quid ultrá desidera|tis, quam ut vobís digito demon-
strem, solum ipsum ultra fínes | provinciae Narbonensis iam vobis sena-

*tores mittere, quando | ex Luguduno habere nos nostri ordinis viros non
paenitet. | Timide quidem, p(atres) c(onscripti), egressus adsuetos fami-
liaresque vobis pro|vinciarum terminos sum, sed districte iam Comatae
Galliae | causa agenda est, in qua si quis hoc intuetur, quod bello per de-|
cem annos exercuerunt dívom Iulium, idem opponat centum | annorum
immóbilem fidem obsequiumque multís trepidis re|bus nostris plus quam
expertum. Illi patri meo Druso Germaniam | subigenti tutam quiete sua
secúramque á tergo pácem praes|titerunt, et quidem cum [a] census
novo tum opere et inadsue|to Gallis ad bellum advocatus esset; quod
opus quam ar|duum sit nobis, nunc cum maxime, quamvis nihil ultra,
quam | ut publice notae sint facultates nostrae, exquiratur, nimis | magno
experimento cognoscimus.*

Ich wenigstens sehe voraus, daß mir zuerst das entgegentreten wird, was
gewöhnlich der allererste Gedanke der Menschen ist, und ich bitte, ihr
möget nicht darüber entsetzt sein, als handle es sich um eine Neuerung,
die hier eingeführt würde, sondern ihr möget lieber daran denken, wieviel Neues es in diesem Gemeinwesen schon gegeben hat und wieviele
Verfassungsformen unser Staat angenommen hat, und zwar sofort von
der Gründung unserer Stadt an.

Einst hatten Könige diese Stadt inne, und doch gelang es ihnen nicht,
sie einheimischen Nachfolgern weiterzugeben. Fremde kamen dazwischen
und sogar einige Ausländer; so kam Numa, der Nachfolger des Romulus,
aus dem Sabinischen, zwar ein Grenznachbar, aber damals ein Ausländer; so folgte auf Ancus Marcius Priscus Tarquinius. Weil er ein Bastard
war – sein Vater war der Korinther Demaratos, seine Mutter eine adlige,
aber verarmte Tarquinierin; sie war also darauf angewiesen, einen solchen Mann zu nehmen –, war er in seiner Heimat von den Staatsämtern
ausgeschlossen; als er dann deshalb nach Rom ausgewandert war, erlangte er die Königswürde. Auch zwischen ihn und seinen Sohn oder En-
kel (denn auch darüber sind die Autoren uneinig) schob sich Servius Tullius, nach unseren Historikern der Sohn einer Gefangenen namens Ocre-
sia, nach den Etruskern einst der getreue Begleiter des Caelius (Caeles)
Vivenna und sein Gefährte in allem Unglück. Nachdem ihn das launen-
hafte Schicksal mit allen Überlebenden des caelianischen Heeres aus Etrurien vertrieben hatte, besetzte er den Hügel Caelius und benannte ihn so
nach seinem Feldherrn Caelius. Er wechselte selbst den Namen (auf etrus-
kisch hieß er nämlich Mastarna), wurde so benannt, wie ich schon sagte,
und erlangte die Königswürde, was zum Besten des Staates war. Nachdem dann später das Verhalten des Tarquinius Superbus beziehungsweise
das seiner Söhne bei unseren Bürgern Ärgernis erregte, ward man freilich

der Monarchie überdrüssig, und die Staatsverwaltung wurde jährlich gewählten Consuln übertragen.

Was soll ich nun die Einführung der Diktatur bei unseren Vorfahren erwähnen, einer stärkeren Regierungsform als die consularische für schwerere Kriegszeiten und schwierigere Bürgerzwistigkeiten? Die Schaffung des Volkstribunats, um den Plebejern zu helfen? Die Übertragung der Regierung von den Consuln auf die Decemvirn, und nach Auflösung der unumschränkten Zehnmännerherrschaft die Rückkehr zur Consulatsverfassung? Die Verteilung der consularischen Befehlsgewalt, die Schaffung von sechs bis acht Militärtribunen mit consularischem Imperium? Schließlich die Zulassung der Plebs zu den Ehrenstellen, nicht nur zu Regierungsämtern, sondern auch zu Priestertümern? Wenn ich die Kriege erzählen wollte, womit unsere Vorfahren begannen und wie weit wir es gebracht haben, so fürchte ich, es könne aussehen, als wäre ich allzu überheblich und hätte einen Anlaß gesucht, mit meiner Erweiterung des Reiches über den Ozean hinaus zu prahlen. Aber ich will lieber zu meinem Thema zurückkehren [Lücke].

In »neuem« Geist fürwahr hat sowohl mein Großoheim, der göttliche Augustus, als auch mein Onkel Tiberius Caesar die ganze Blüte aus allen Kolonien und Municipien, natürlich die Guten und Wohlhabenden, in dieser Curie vertreten sehen wollen. Wohlan! Hat nicht ein italischer Senator den Vorrang vor einem provinzialen? Meine Meinung hierüber werde ich euch schon durch die Tat beweisen, wenn ich anfange, euch diesen Teil meiner Censortätigkeit begreiflich zu machen. Aber ich meine, man solle selbst die Provinzialen nicht verwerfen, wenn sie nur geeignet sind, der Curie Ehre zu machen.

Seht die hochangesehene und blühende Kolonie Vienna! Wie lange schon schickt sie Senatoren in unsere Curie! Aus ihr stammt L. Vestinus, eine Zierde des Ritterstandes, dem ich wie wenigen aufs freundschaftlichste zugetan bin und den ich noch jetzt mit meinen Geschäften betraue; seine Kinder mögen, so bitte ich, in den Genuß des ersten Grades der Priestertümer kommen und später mit den Jahren jeweils zu höheren Würden aufsteigen; verschweigen will ich jedoch den unheilvollen Namen des Räubers[3] und ich hasse jenes Ungeheuer aus der Ringschule, das die Consulwürde ins Haus brachte, bevor seiner Kolonie vollständig das römische Bürgerrecht verliehen wurde. Dasselbe kann ich von seinem Bruder sagen, der freilich bejammernswert ist und das Unglück nicht verdient, euch als Senator nicht dienen zu dürfen.

Es ist jetzt Zeit, Tiberius Caesar Germanicus, den Senatoren zu eröffnen, worauf deine Rede hinaus will; denn du bist schon an den äußersten

3 Valerius Asiaticus.

Rand der Gallia Narbonensis gelangt. Es wird uns nicht reuen, die vielen ausgezeichneten Männer, die ich vor mir sehe, in den Senat aufzunehmen, sowenig es den vortrefflichen Persicus, meinen Freund, reut, auf seinen Ahnenbildern den Namen Allobrogicus zu lesen. Wenn ihr aber diesem Sachverhalt zustimmt, was verlangt ihr sonst noch, als daß ich euch mit dem Finger zeige: Der Boden jenseits der Grenzen der Provinz von Narbo entsendet ja schon Senatoren zu euch, da ja zu unserer Freude Männer unseres Ranges aus Lugudunum unter uns sind. Nur zaghaft, ihr Senatoren, habe ich die euch wohlvertrauten Grenzen der Provinzen überschritten, aber man muß jetzt schon mit Entschiedenheit die Sache der Gallia Comata vorantreiben; wenn dabei jemand in Betracht zieht, daß die Gallier dem Gott Iulius zehn Jahre lang im Krieg zu schaffen machten, so möge er gleichzeitig dieser Tatsache ihre hundert Jahre lang unwandelbare Treue und ihre Willfährigkeit gegenüberstellen, die in vielen Krisensituationen mehr als erprobt ist. Sie haben meinem Vater Drusus, während er Germanien unterwarf, durch ihr ruhiges Verhalten sicheren und sorglosen Frieden als Rückendeckung beschert, und dies als er von dem für die Gallier damals neuen und ungewohnten Geschäft des Census in den Krieg abberufen worden war; wie schwierig dieses Geschäft für uns ist, lernen wir gerade jetzt aus nur allzu reicher Erfahrung, obwohl nichts weiter verlangt wird, als daß unsere Mittel amtlich bekannt werden.

Tac. ann. 11, 24 [4]

Maiores mei, quorum antiquissimus Clausus origine Sabina simul in civitatem Romanam et in familias patriciorum adscitus est, hortantur uti paribus consiliis in re publica capessenda, transferendo huc quod usquam egregium fuerit. neque enim ignoro Iulios Alba, Coruncanios Camerio, Porcios Tusculo, et ne vetera scrutemur, Etruria Lucaniaque et omni Italia in senatum accitos, postremo ipsam ad Alpes promotam, ut non modo singuli viritim, sed terrae, gentes in nomen nostrum coalescerent. tunc solida domi quies; et adversus externa floruimus, cum Transpadani in civitatem recepti, cum specie deductarum per orbem terrae legionum additis provincialium validissimis fesso imperio subventum est. num paenitet Balbos ex Hispania nec minus insignes viros e Gallia Narbonensi transivisse? manent posteri eorum nec amore in hanc patriam nobis con-

4 TEXT: E. Koestermann, Leipzig 1960 ff. KOMMENTAR: E. Koestermann (Bd. III) Heidelberg 1967.

cedunt. *quid aliud exitio Lacedaemoniis et Atheniensibus fuit, quam-*
quam armis pollerent, nisi quod victos pro alienigenis arcebant? at con-
ditor nostri Romulus tantum sapientia valuit, ut plerosque populos
eodem die hostes, dein cives habuerit. advenae in nos regnaverunt; liber-
tinorum filiis magistratus mandare non, ut plerique falluntur, repens, sed
priori populo factitatum est. at cum Senonibus pugnavimus: scilicet
Vulsci et Aequi numquam adversam nobis aciem instruxere. capti a Gallis
sumus: sed et Tuscis obsides dedimus et Samnitium iugum subiimus. ac
tamen, si cuncta bella recenseas nullum breviore spatio quam adversus
Gallos confectum: continua inde ac fida pax. iam moribus artibus adfini-
tatibus nostris mixti aurum et opes suas inferant potius quam separati
habeant. omnia, patres conscripti, quae nunc vetustissima creduntur,
nova fuere: plebei magistratus post patricios, Latini post plebeios, cetera-
rum Italiae gentium post Latinos. inveterascet hoc quoque et quod hodie
exemplis tuemur, inter exempla erit.

Meine Vorfahren, deren ältester, Clausus, aus dem Sabinischen stammte
und gleichzeitig mit der Erlangung des römischen Bürgerrechts in den
Patrizierstand erhoben wurde, fordern mich auf, bei der Übernahme der
Staatsgeschäfte in gleichem Sinne zu entscheiden, indem ich alles hierher
verpflanze, was sich irgendwo hervorgetan hat. Ich weiß nämlich wohl,
daß die Iulier aus Alba, die Coruncanier aus Camerium, die Porcier aus
Tusculum und, um alten Geschichten nicht weiter nachzugehen, Leute aus
Etrurien, Lucanien und ganz Italien in den Senat berufen wurden, daß
schließlich Italien selbst bis an die Alpen vorgeschoben wurde, so daß
nicht nur Einzelne Mann für Mann, sondern Länder, ja Völker mit unserem Namen verschmolzen. Damals war im Inneren Ruhe gewährleistet;
gegen Gefahren von außen standen wir auch auf der Höhe unserer Macht,
als die Transpadaner das Bürgerrecht erhielten, als man unter dem Schein
der Niederlassung von Legionen überall auf der Welt die stärksten Provinzialen in unsere Reihen aufnahm und so dem erschöpften Reich zu
Hilfe kam. Reut es euch etwa, daß die Balbi aus Spanien und ebenso aus-
gezeichnete Leute aus Gallia Narbonensis herübergekommen sind? Ihre
Nachkommen sind noch unter uns und stehen uns in der Liebe zu unserem
Vaterland nicht nach. Was sonst hat Spartaner oder Athener trotz ihrer
militärischen Leistungen zugrunde gerichtet, als die Tatsache, daß sie die
Besiegten als artfremd von sich fernhielten? Romulus aber, der Gründer
unseres Staates, besaß so große Weisheit, daß er die meisten Völker an
ein und demselben Tag zuerst als Feinde, dann aber als Bürger betrach-
tete. Ausländer hatten bei uns die Königswürde. Söhnen von Freigelassenen Staatsämter anzuvertrauen ist keine plötzliche Neuerung, wie die

meisten irrtümlich glauben, sondern in unserem Volke alter Brauch. –
»Aber wir haben doch mit den Senonen gekämpft!« Die Vulsker und
Aequer sind also niemals gegen uns aufmarschiert? »Die Gallier haben
unsere Stadt eingenommen.« Aber auch den Etruskern mußten wir Gei-
seln stellen und unter das Joch der Samniten gehen. Dennoch wurde, läßt
man alle Kriege an sich vorüberziehen, keiner in kürzerer Zeit beendet
als der gegen die Gallier; von da an war beständig tiefer Friede. Von unserer Art und unseren Lebensformen durchdrungen und mit uns durch
Verschwägerung verbunden sollen sie ihr Gold und ihre Schätze jetzt lieber zu uns bringen als für sich behalten. Alles, ihr Senatoren, was jetzt
für sehr alt gilt, ist einmal neu gewesen: Plebeier als Beamte nach den
Patriziern, Latiner nach den Plebeiern, Vertreter der übrigen Völker
Italiens nach den Latinern. Auch dies wird einmal alt werden, und was
wir heute noch mit Beispielen verteidigen, wird zu den Beispielen gehören.

A. Gesamtaufbau und Gedankenführung

1. Claudius

Nach einer Lücke setzt unser Text mit der *praemunitio* ein, man solle nicht
den Vorschlag des Claudius als eine Neuerung ablehnen, sondern bedenken,
daß die ganze römische Verfassungsgeschichte ein einziger Erneuerungsprozeß
gewesen sei. (Schon das zweimalige *primam* scheint mir darauf hinzuweisen,
daß vor diesem so nachdrücklich als »erstem« hervorgehobenen Einwand nicht
viel mehr gestanden haben kann als die Hauptankündigung des Themas).

Es folgen Belege: 1. Solange Könige herrschten, gab es darunter Ausländer
(hier schweift Claudius vielfach in biographische Einzelheiten ab). 2. Die römische Verfassung hat sich oft gewandelt. Der zweite Absatz ist gedanklich nicht
ganz streng in sich geschlossen. Alles Aufgezählte paßt zwar zu dem Thema
»Wandlungen der römischen Verfassung«, nur ein Teil aber zu dem eigentlichen
Problem »Erweiterung des an der Regierung beteiligten Personenkreises«.

Anhangsweise spricht Claudius von den militärischen Eroberungen und von
der äußeren Vergrößerung des römischen Imperiums, ein Gegenstand, der im
Grunde als gesonderter Punkt ausgearbeitet zu werden verdiente, denn mit
ihm hängt letzten Endes die Notwendigkeit zusammen, auch die eingemeinde-
ten Völker mitregieren zu lassen. Merkwürdigerweise bezeichnet Claudius
aber diesen Gesichtspunkt als Abschweifung; er erklärt nämlich danach,
er kehre jetzt wieder zum Thema zurück. Hierauf behandelt er jedoch, wie

es der von ihm soeben erwähnte Aspekt nahelegt, die Ausdehnung des römischen Bürgerrechts auf die besiegten Völker. In der folgenden Lücke hat sich der Gedanke dahin fortentwickelt, daß auch das Recht, im Senat vertreten zu sein, durch Augustus und Caesar den besten Männern aus Kolonien und Municipien zugestanden wurde. Ohne den Vorrang der italischen Senatoren anzutasten, betont Claudius dann, auch die Provinzialen seien nicht zu verschmähen.

Er nennt eine bestimmte Gemeinde und einzelne Personen, für die er Privilegien beantragt oder die er beschimpft.

Nach einer Selbstaufforderung, zur Sache zu kommen, weist Claudius schließlich auf die vielen ausgezeichneten Männer hin, die es verdienen, Senatoren zu sein. Durch die Erwähnung des Persicus [5] beweist der Kaiser, daß er kein einseitiger Neuerer ist, sondern auch die Tradition respektiert. Im nächsten Satz erinnert er daran, daß Männer aus Lugudunum schon jetzt im Senat sind.

Caesar hat zwar zehn Jahre lang Krieg gegen die Gallier geführt, aber seitdem haben sie hundert Jahre lang Rom die Treue gehalten. Als Drusus mit den Germanen kämpfte, verhielten die Gallier sich ruhig, obwohl bei ihnen damals gerade der Census durchgeführt wurde; wieviele Probleme ein Census mit sich bringt – auch in Rom – weiß Claudius jetzt aus Erfahrung.

Wenn F. Vittinghoff [6] 361 f. vermutet, das realpolitische Argument des Tacitus, die gallischen Senatoren mögen ihr Geld nach Rom bringen, sei auf der Bronzetafel in Lyon – in Gallien selbst! – verewigt gewesen, so richtet sich diese absurde Anschauung von selbst. [7] Es ist daher nicht einzusehen, wieso er

[5] Q. Fabius Maximus Allobrogicus hatte einst über die Allobroger triumphiert. Paullus Fabius Persicus hätte deshalb wohl am stärksten Anstoß an der Aufnahme von Allobrogern in den Senat nehmen können (F. Vittinghoff, Zur Rede des Kaisers Claudius..., Hermes 82, 1954, 348–371, bes. 360). Es ist grotesk, wenn Koestermann, Komm. S. 79, den Persicus als »Allobroger« bezeichnet.

[6] Zit. Anm. 5.

[7] Es ist auch nicht zwingend, wenn Vittinghoff 364 f. erwartet, Claudius müsse am Ende sein eigentliches Anliegen nochmals nennen und den Senatsbeschluß vorbereiten. Daß der Senatsbeschluß selbst unmittelbar nach der Rede auf einer zu postulierenden dritten Bronzetafel gestanden habe, ist unbeweisbar. Es ist viel natürlicher anzunehmen, daß der Senatsbeschluß an dem verlorenen Anfang der Tafel erwähnt wurde und sich ausdrücklich mit den anschließend wiedergegebenen Worten des Kaisers identifizierte. Nimmt man an, daß jene allgemeine Überschrift in etwas größeren Buchstaben über die ganze Doppeltafel ging, so erkennt man, daß die Lücken am Anfang und in der Mitte der Rede nicht allzu groß zu sein brauchen. Was wir aus dem

überhaupt eine Fortsetzung postuliert, zumal auch die archäologischen Daten keine Anhaltspunkte dafür bieten.

2. Tacitus

Die besten Männer der Provinz sollen nach Rom gezogen werden; dies war schon immer so: Der Ahnherr der Claudier kam aus dem Sabinischen, Ähnliches gilt von vielen berühmten Geschlechtern. Italien selbst wurde bis zu den Alpen erweitert, es wurden also nicht nur einzelne Männer, sondern ganze Völker eingebürgert. Beispiele: die Transpadaner haben dem erschöpften Imperium neue Kraft zugeführt. Nachkommen spanischer Bürger und Männer gallischer Herkunft zeigen römische Vaterlandsliebe. Gegenbeispiel: Sparta und Athen gingen an ihrer rassischen Exklusivität zugrunde. Dagegen nahm Romulus Feinde als Bürger auf; Ausländer wurden Könige, Söhne von Freigelassenen schon in alter Zeit Staatsbeamte. Gedachter Einwand: Die Senonen waren unsere Kriegsfeinde. Widerlegung: die Vulsker und Aequer auch. Zweiter Einwand: Die Gallier haben Rom erobert. Widerlegung: Auch die Etrusker und Samniten haben uns gedemütigt. Außerdem ist der gallische Krieg besonders rasch beendet worden, und seitdem sind die Gallier uns unwandelbar treu. Sie sind schon romanisiert und sollen uns ihre Finanzkraft auch in Rom zugute kommen lassen. Das *ius honorum* wurde im Laufe der römischen Geschichte auf einen immer größeren Personenkreis ausgedehnt. Auch der jetzige Schritt ist nur ein Glied in einer größeren Entwicklung.

3. Vergleich

a) Was entfällt bei Tacitus?

Die Rede ist bei Tacitus erheblich kürzer als im Original. Er übergeht die umständlichen Ausführungen über die Königszeit – eines der Forschungsgebiete des Claudius[8] –, die Skizze der römischen Verfassungsgeschichte, den

[Fortsetzung von Fußnote 7:]

Inhalt schlossen, steht also auch mit den äußeren Daten nicht im Widerspruch. – Einen kurzen Senatsbeschluß am Anfang der Tafel vermutet auch E. Schoenbauer, Jura 6, 1955, 169.

[8] Claudius schrieb unter anderem zwanzig Bücher etruskischer Geschichte in griechischer Sprache (Suet. Claud. 42, 5).

Hinweis auf die Kriege und die Erfolge des Claudius in Britannien, die Anspielungen auf Maßnahmen des Augustus und Tiberius,[9] die Erwähnungen persönlicher Bekannter des Claudius und den Antrag auf Privilegien für sie.

Grundsätzlich beschränkt sich Tacitus auf das augenblickliche Problem als solches und behält es schärfer im Auge als der Kaiser, der einerseits mehr an die allgemeine Entwicklung der römischen Staatsordnung denkt, andererseits auch mehr Einzelheiten anführt. Beides bedingt sich bei Claudius zum Teil gegenseitig: Da er für bestimmte Personen Zulassung zu Priesterämtern beantragt, ist es gerechtfertigt, wenn er in seinem historischen Überblick ebenfalls nicht nur die politischen Magistrate berücksichtigt. Charakteristisch ist demgegenüber die Beschränkung bei Tacitus: *plebei magistratus post patricios, Latini post plebeios, exterarum Italiae gentium post Latinos.*

Tacitus verzichtet also auf nur Zeitgebundenes und auf Dinge, die nicht zum Thema gehören. Aber auch der Humor des Claudius kommt bei ihm nicht zum Vorschein.

b) Was fügt Tacitus hinzu?

Da die originale Rede des Claudius nicht vollständig erhalten ist, kann es hierüber keine letzte Sicherheit geben.[10] So wie die Texte uns vorliegen, läßt sich folgendes beobachten:

1. Tacitus arbeitet deutlicher das Prinzip heraus, nach dem Claudius handelt: *ut non modo singuli viritim, sed terrae, gentes in nomen nostrum coalescerent.* Er erfaßt also den Grundgedanken, der bei Claudius mitschwingt, während er von den Kriegen der Römer und von der Ausweitung des Imperiums bis über den Ozean hinaus spricht.

2. Tacitus betont ebenfalls die Zuverlässigkeit der Gallier,[11] aber darüber hinaus die echt römische Vaterlandsliebe auch der aus der Provinz stammenden

---

[9] Allerdings dürfte der Hinweis *deductarum ... legionum* sich vor allem auf Koloniegründungen des Augustus beziehen.

[10] Vittinghoff a. O. betont den fragmentarischen Zustand der originalen Rede und die Möglichkeit einer (historischen) Mittelquelle für Tacitus. Für direkte Benützung der Senatsakten: F. A. Marx, Untersuchungen zu Tacitus' Annales, Hermes 60, 1925, 74–93, besonders 82–90. Direkte Benützung der originalen Rede nimmt auch Carcopino an (1934, 168; 1959, 183).

[11] Beide Autoren verschweigen also den Aufstand des Sacrovir unter Tiberius (Fabia 6).

Senatoren, unter denen er bezeichnenderweise die zu seiner Zeit besonders bedeutenden Spanier hervorhebt.[12]

3. Durch ein historisches Gegenbeispiel unterstreicht Tacitus das Typische des Vorgangs: Athener und Spartaner haben sich durch ihre Unfähigkeit, die Vorurteile des Blutes zu überwinden, politisch selbst zugrunde gerichtet. Zweifellos ein schlagendes Beispiel, aber bei einem rhetorisch geschulten Schriftsteller eher zu erwarten als bei einem Politiker. Tacitus greift hier ausnahmsweise historisch scheinbar weiter aus als Claudius; er tut es aber, um die Grundidee der Rede durch ein Gegenbeispiel desto deutlicher hervortreten zu lassen. Er interpretiert also die Handlungsweise des Kaisers, indem er ihr einen entgegengesetzten Verhaltenstyp gegenüberstellt: im Grunde eine geschichtsmorphologisch-ethische Deutung, die nicht primär nach dem historischen Geschehen fragt, sondern »anthropologisch« abstrahiert. Das Bezugssystem ist bei Claudius die Totalität der römischen Verfassungsentwicklung, bei Tacitus sind es die Möglichkeiten menschlichen Verhaltens.[13]

4. Wenn Tacitus nach Athenern und Spartanern als Kontrast Romulus einführt, der dieselben Menschen, die eben noch Feinde waren, am gleichen Tage zu Vollbürgern macht, so entspricht dies im großen wie im kleinen seiner Technik, Gegensätze nebeneinander zu rücken.

5. Die Gallier waren nicht bloß Gegner Roms, sie haben Rom erobert. Tacitus appelliert stärker an die Vorstellungskraft; die Widerlegung ist kaum weniger bildhaft (*iugum subiimus*): ein Beleg für sein Gestaltungsprinzip schlagender Veranschaulichung in »Denkbildern«.[14]

---

[12] Kaiser Trajan war Spanier. Das Thema »Neubürger im Senat« war für Tacitus auch angesichts seines eigenen Werdeganges und desjenigen seines bewunderten Schwiegervaters Agricola bedeutungsvoll; freilich hat E. Paratore, Tacito, Rom 1962 ², 498 ff. recht, wenn er hervorhebt, daß eine Erweiterung des *ius honorum* von Tacitus subjektiv nicht unbedingt begrüßt worden sein muß.

[13] K. Wellesley, Can You Trust Tacitus? Greece and Rome, 2. ser. 1, 1954, 14–33 verkennt dies, wenn er sagt: »a statesmanlike utterance is turned into a school exercise« (31). Derartige Werturteile hängen davon ab, ob der Betrachter mehr danach fragt, »wie es wirklich gewesen« oder »wie es bei der Natur des Menschen immer sein wird« oder nach beidem. Letztlich sind sie für den Betrachter typischer als für die Gegenstände.

[14] Vgl. H. Hommel, Die Bildkunst des Tacitus, Würzburger Studien 9, Stuttgart 1936, 116–148, bes. 119, Anm. 12 »denkbildhafte« Diktion des Tacitus (nach P. Friedländer bei E. Norden, Einl. in die Altertumswissenschaft ³ I 4, 1923, 81.)

6. Der Historiker gebraucht zwei Argumente, die auf einer in Gallien veröffentlichten Inschrift fehl am Platze gewesen wären: Die Wehrkraft und die Finanzen der Provinz sollen jetzt Rom zugute kommen. Wie es sich für Historikerreden in der Antike gehört, steht die Deutung über derartigen augenblicksgebundenen Erwägungen.

7. Wenn Tacitus von der auswärtigen Herkunft der wichtigsten Patriziergeschlechter, darunter der Claudier, ausgeht, so kann dieser Hinweis auch in dem verlorenen Anfangsteil der originalen Rede gestanden haben. Sicherlich hinzugefügt hat der Historiker, wie wir sahen, die Erwähnung der spanischen Neu-Senatoren: Gilt es, das Ziel der Rede zu belegen, so spart auch Tacitus nicht mit Beispielen. – Andererseits ist bezeichnend, daß der Senator die für Claudius charakteristische Berufung auf den »Großohm« Augustus und den »Oheim« Tiberius übergeht, somit das dynastische Denken ausschaltet, nicht aber die altrömisch-gentilizische Berufung auf die *maiores*. Eine bedeutsame Akzentverschiebung!

8. Wie es seinem exemplum-Denken entspricht, ordnet Tacitus den augenblicklichen Vorgang distanzierend in den geschichtlichen Ablauf ein (*inveterascet hoc quoque*) und betont den beispielhaften Charakter des Schrittes für die Zukunft. Freilich erscheint dieser allgemeine Gesichtspunkt erst am Ende der Rede.

Denk- und Darstellungsart des Schriftstellers haben also die Rede der Zeitgebundenheit enthoben und in taciteischer Weise ins Allgemeinmenschlich-Typische gesteigert.

c) Zur Disposition

Claudius spricht den Gedanken, der geplante Schritt sei neuartig, am Anfang aus. Tacitus spart ihn auf das Ende auf und legt ihn durch die Beispielreihen wie von selbst nahe; er verbindet ihn zum Schluß geschickt mit einer kurzen Rekapitulation der Erweiterung des *ius honorum*.

Tacitus setzt recht abrupt mit einem Exempel ein und deutet erst am Ende des ersten Satzes in einem nachtragsartigen Ablativ des Gerundiums den Grundgedanken an. So läßt er im einzelnen wie im ganzen das Allgemeine sich aus dem Besonderen entwickeln.

Freilich geht er dabei alles andere als wahllos vor; dies zeigt der Aufbau. Der Kaiser reiht in der originalen Rede die historischen Ereignisse chronologisch, ohne die verschiedenen Gesichtspunkte immer klar voneinander zu scheiden. Bei Tacitus ist die Gruppierung der Exempla hingegen durch ihre Rolle innerhalb der Argumentation bestimmt: Ausländer wurden in Rom Könige. Lapidar in die Mitte der Rede gestellt, wirkt der Satz stärker als die vielen Namen und Einzelheiten in der Einleitung der echten Kaiserrede. Das weit gespannte historische Panorama des Claudius ersetzt Tacitus freilich nur durch einen zweckbestimmten Ausschnitt am Ende. [15]

Sueton hat über die Schreibart des Claudius gesagt: *scripsit magis inepte quam ineleganter.* [16] Mit *inepte* ist hier weder eine »Verrücktheit« noch eine »Ungeschicklichkeit« gemeint, sondern ein gewisses »mal à propos«, das Gegenteil des *aptum*. Während Tacitus seine Gedankenfolge in allen Einzelheiten dem Thema, dem Typus der Situation und der Würde der Personen anpaßt, gefällt sich Claudius in Abschweifungen und läßt manchmal ohne übertriebene Rücksicht auf *dignitas* seinen Humor durchblicken.

So viel zur inhaltlichen *ineptia* bei Claudius und dem Sinn für das *aptum* bei Tacitus. [17] Inwieweit der Kaiser vielleicht dennoch den seiner Situation angemessenen Ton gefunden hat, wird der folgende Abschnitt zeigen, der auch deutlich machen soll, wie es stilistisch um die *elegantia* des Claudius bestellt ist und welche Eigenschaften ihr bei Tacitus gegenüberstehen.

B. Sprache und Stil

1. Claudius

Eine sprachlich-stilistische Charakteristik der Rede des Claudius muß sich zwischen gegensätzlichen Polen bewegen.

a) Konventioneller Stil

Im Wortschatz der Rede fallen bestimmte politische Schlagwörter der Kaiserzeit auf, so *quies* und *pax* (2, 36 f.) als hohe Werte und Bürgertugenden, *boni et locupletes* als Qualifikation für die Aufnahme in den Senat (2, 5).

---

[15] Zur scheinbaren Erweiterung der historischen Perspektive bei Tacitus s. oben S. 174 und 175.

[16] Suet. Claud. 41 Zur *elegantia* des Claudius auch Tac. ann. 13, 3, 6.

[17] Wenn N. P. Miller, RhM 99, 1956, 314 in den »antiquarischen Argumenten« der Rede bei Tacitus den Versuch sieht, den Pedanten Claudius zu charakterisieren, so übersieht er, daß Tacitus hier das Antiquarische durch das Anthropologische ersetzt, also auch in der Wahl der Argumente taciteisch ist. Daß der *Stil* der Rede taciteisch ist, erkennt auch Miller.

Typisch auch die schablonenhaften Superlative (Elative) zur Bezeichnung solcher Gemeinden und Personen, denen der Kaiser seine Gunst zuwendet: *ornatissima*[18] *ecce colonia valentissimaque* (2, 10); *L. Vestinum familiarissime diligo*[19] (2, 12); *de fratre...miserabili quidem indignissimoque hoc casu* (2, 17 f.); *nobilissimum virum* (2, 25); ebenso die nur scheinbar affektischen Bezeichnungen *insignes iuvenes* (2, 24); *amicum meum* (2, 25). Konventionell ist auch die Beschimpfung des politischen Gegners als »Räuber« und »Ungeheuer aus der Ringschule« (2, 15); man sollte hier nicht das ungezügelte Temperament eines Tyrannen wittern,[20] sondern sich klarmachen, daß solche Redeweise, die wir auch aus Cicero kennen, kein Affektausbruch, sondern Klischee ist.

Zum Stil der politischen Rede gehört aber auch eine gewisse Behutsamkeit und Zurückhaltung. Sie äußert sich z. B. in der Wahl der Verben: Bescheidenheitsformeln sind das subjektivierende *puto* (2, 9) und das bittende *quaeso* (2, 13) – solche Floskeln gehören auch zum festen Bestand von Reden und Anträgen im Senat;[21] eine ähnliche Tendenz drückt sich aus in *vereor ne... videar* (1, 39 f.) und *timide quidem* (2, 30). Vorsicht spricht auch aus der indirekten Form der Polemik und Auseinandersetzung: *si quis hoc intuetur... idem opponat* (2, 32–34). Von diplomatischem understatement zeugt andererseits die mehrfache Verwendung von *non paenitet* im Sinne von »wir freuen uns darüber«.

Der Ton der Rede bestimmt auch Syntax und Stil: so die nur scheinbar »pleonastischen« Elemente, z. B. *equidem primam omnium illam cogitationem hominum quam maxime primam occursuram mihi provideo*: »daß mir als erstes entgegentreten wird, was die Menschen immer zu allererst denken«. Die Wortwiederholung dient hier einer Verallgemeinerung, die dem Einwand von vornherein das Gewicht nimmt.

---

[18] Die Verwendung von *ornare* und Verwandtem ist in unserem Text überhaupt schematisch: vgl. auch *ornare curiam* 2, 9; *equestris ordinis ornamentum* 2, 11. Der Ausdruck *ornamentum* auch Sen. ad Polyb. 14, 3 (zu dem »echt claudischen« Stil dieser Rede H. Dahlmann, Hermes 71, 1936, 374 f.; D. M. Last und R. M. Ogilvie, Claudius and Livy, Latomus 17, 1958, 476–487, bes. 485).

[19] *Diligo* ist bei Tacitus ziemlich selten: R. Syme, Tacitus, Oxford 1958, 345.

[20] Vittinghoff 362: »Der wütende und sachlich unbegründete Ausfall gegen Valerius Asiaticus kennzeichnet ausreichend den Charakter des triebhaft-unbeherrschten Mannes«.

[21] Vgl. z. B. auch den Gebrauch von *arbitror* in Catos Rhodierrede (oben S. 34 f.).

Zur Tradition des Curialstils gehören auch Doppelungen:[22] *formas status-que* (1, 7); *coloniarum ac municipiorum* (2, 3); *bonorum... et locupletium* (2, 4); *ornatissima... valentissimaque* (2, 9); *familiarissime diligo et hodieque in rebus meis detineo* (2, 11f.); *miserabili quidem indignissimoque hoc casu* (2, 18); *fidem obsequiumque* (2, 34).

Ebenso stehen bestimmte Formen der *traductio* (Ploke) in der Tradition des Curialstils; es erinnert an den alten Typus *diem, quo die*, wenn Claudius sagt: *non magis sunt paenitendi senatores, quam paenitet* (2, 23f.; vgl. auch 2, 29 *non paenitet*).

b) Gewählte Ausdrucksweise und Historikerstil

Neben konventionellen Zügen des Curialstils besitzt die Rede aber auch andere; schon bei der Anwendung der Doppelungen zeigt sich die Tendenz, ihnen durch zusätzliche Mittel neuen Glanz zu verleihen: Die Verbindung *fidem obsequiumque* wirkt dadurch lebendiger, daß die Randstellung der jeweils zugehörigen weiteren Bestimmungen eine chiastische Form entstehen läßt. Die oben zitierte *traductio* erhält durch Antithese eine Pointe; zwischen die sinnverwandten Adjektive werden oft andere Wörter eingeschoben (oben 2, 4 und 2, 9) oder das jeweils zweite Glied wird erweitert (oben 2, 11f.; 2, 18).

Während die meisten Elemente des Curialstils sich in der zweiten Columne sowie in den Anfangszeilen der ersten finden, zeigt der Hauptteil der ersten Columne ein anderes Gesicht.

Mit *quondam reges hanc tenuere urbem* begibt sich Claudius inhaltlich und auch stilistisch in den Bereich der Geschichtsschreibung.[23] Man vergleiche den Anfang der Annalen des Tacitus: *urbem Romam a principio reges habuere.* Bei Claudius dieselbe »vornehm« klingende Endung *-ere*, die auch im kom-

[22] Dabei ist nicht Synonymie vorauszusetzen, sondern es geht um die stilistische Beiordnung verwandter Begriffe.

[23] Es überrascht nicht, in unserem Text viele Phrasen des von Claudius bewunderten Lehrers Livius wiederzufinden (ausführlich hierüber D. M. Last und R. M. Ogilvie a. O.; doch gehen sie entschieden zu weit, wenn sie auch Ausdrücke wie *primam omnium* oder *qua-qua* zu den Livius-Reminiszenzen rechnen; immerhin bleiben so bezeichnende Berührungen wie *supervenere; discrepat inter; invisi civitati; trepidis rebus; securam...pacem praestiterunt; bello per...annos exercuerunt* und manches andere). Zum Vergleich mit der Canuleius-Rede Liv. 4, 3 f. s. A. Momigliano, L'opera dell'imperatore Claudio, Firenze 1932, 38 (mit älterer Lit.). Der Kaiser stilisiert sich selbst als Volkstribun.

menden Satz noch beibehalten wird (*supervenere* 1, 9).[24] Ebenfalls für den
Historikerstil bezeichnend sind die erläuternden Parenthesen mit *nam* (1, 16
und 22). Auch das Intensivum *appellito*[25] paßt zu der archaischen Färbung
des historischen Teils der Rede.

Manchmal äußert sich in der Verteilung der Hauptgedanken auf neben-
sächliche Satzteile ein Streben nach Asymmetrie. Überhaupt spielen zum Teil
recht gewählte Partizipialkonstruktionen,[26] die bei Cicero noch relativ selten
sind, eine Rolle; doch sind diese auch bei Tacitus anzutreffenden Prinzipien von
Claudius keineswegs streng durchgeführt; weder die studierte Asymmetrie
noch die Preziosität geben der Rede des Claudius das Gepräge, sondern eine
ziemlich sachgemäße Ausdrucksweise, die Sueton ohne besonderes Lob als ›*non
ineleganter*‹ bezeichnet.[27]

[24] Dagegen mit feinem Takt in einer nicht erzählenden, sondern beurteilenden
Partie die »normale« Endung *coeperunt* (1, 25).

[25] Das Verb ist bei dem Archaisten Gellius in frequentativer Bedeutung häufig; bei
Tacitus erscheint es einmal auch in intensiver Bedeutung, und zwar sonderbarerweise
ebenfalls in Verbindung mit dem *mons Caelius* (ann. 4, 65); es liegt nahe, bei der
semantisch auffallenden Verwendung dieses recht seltenen Verbs in demselben sachlichen Zusammenhang anzunehmen, daß es sich bei einem altlateinischen Historiker
fand, auf den Tacitus und Claudius letztlich zurückgehen; daß Tacitus auch dort aus
Claudius schöpft, ist unwahrscheinlich, weil bei Tacitus anderes Material geboten
wird. Die Stelle aus unserer Claudius-Rede fehlt merkwürdigerweise im Thesaurus,
obwohl sie der älteste direkte Beleg für das Wort ist. Trotzdem kann Claudius nicht
der erste sein, der das Wort im Sinne von *appellare* (also intensiv, nicht frequentativ)
verwendet hat, denn Paul. Fest. 27 M. (= 24 L.) dürfte über Festus auf Verrius Flaccus
(augusteische Zeit) zurückgehen, der seinerseits das Wort, das zu erklären er für nötig
befand, aus der gemeinsamen altlateinischen Tradition geschöpft haben muß, auf die
Claudius und Tacitus zurückgreifen. Dafür gibt es ein reizvolles Indiz: bei Paulus
liest Müller: *appellitavisse : ‹saepe› appellasse*. Der Zusatz ist eine moderne Ergänzung und paßt auf Claudius und Tacitus bzw. die ihnen vorliegende Tradition nicht.
Sie ist abzulehnen, denn frequentatives *appellitare* = *saepe appellare* war geläufig
und bedurfte für einen Römer keiner Erklärung; *appellitare* = *appellare* (für die Na-
mensgebung) hingegen war eine Besonderheit, die Verrius festhielt.

[26] Z. B. das part. fut. *promoturi;* vgl. auch *patri... subigenti,* wenn Cicero auch die
letztere Konstruktion kennt.

[27] Die Freude des Claudius am »eigentlichen« Ausdruck wird am Vergleich mit Tacitus noch deutlicher werden.

c) Lockerer Stil

Wieder andere Elemente scheinen auf eine – zum Teil fast improvisatorisch anmutende – Mündlichkeit des Stils hinzuweisen: so Perseverationserscheinungen wie *ornare – ornatissima – ornamentum* (auf engem Raume 2, 9–11 und ohne erkennbare stilistische Absicht, zumal die Sätze gedanklich nicht eng miteinander zusammenhängen); vgl. auch *ita appellitavit – ita appellatus est* (1, 22 f.).

Spuren der mündlichen Improvisation [28] scheinen auch im Satzbau zum Teil erkennbar zu sein. Man sehe, wie sich die Konstruktion in folgendem Satz allmählich entwickelt und etwas verschiebt (1, 5–7) ... *cogitetis, quam multa in hác civitate novata sint, et | quidem statim ab origine urbis nostrae in quod formas statúsque rés p(ublica) nostra díducta sit.*

Mit *et quidem* wird zunächst eine nachträgliche Umstandsbestimmung angefügt, nach der der Satz zu Ende sein könnte (*urbis nostrae*), doch entwickelt sich aus diesem Zusatz eine neue selbständige Aussage mit eigenem Subjekt und Prädikat.

Der lockere Stil, der den Gedanken sich allmählich mit dem Satz entfalten läßt, wirkt sich auch in der historischen Partie der Rede aus; es entsteht dadurch eine höchst eigentümliche Mischung von historiographischer Feierlichkeit und einem der Mündlichkeit nahestehenden Nachtragsstil. Dabei zieht ein Gedanke den folgenden als Erläuterung nach sich: Die Feststellung *propter temeratum sanguinem* wird in einem *quod*-Satz nachträglich konkretisiert, der hier erscheinende Hinweis auf die Armut der Mutter wird seinerseits in einem weiteren Nebensatz näher erklärt. Dennoch hat Claudius inzwischen das Ziel nicht aus den Augen verloren, sondern steuert nun mit zwei weiteren Nebensätzen zielbewußt auf das Ende zu, das den Hauptgedanken bringt: *cum domi re|pelleretur á gerendis honoribus, postquam Romam migravit, | regnum adeptus est.* Obwohl der Kaiser sich am Anfang seiner Neigung überließ, aus dem reichen Schatz seiner historischen Kenntnisse einige Einzelheiten im Plauderton zum besten zu geben, verliert er dennoch keineswegs den Faden, sondern läßt auf die scheinbar regellose Diastole eine entschiedene und zielstrebige Systole folgen. Dasselbe beobachtet man auch im nächsten Satz: Zuerst wird der Grundgedanke »zwischen ihn und seinen Sohn schob sich

---

[28] Die Form *poterint,* zu der es vereinzelte Parallen gibt (Sommer Hdb. 531: *erint* auct. Her. 1, 10; 2, 10 ist »kaum alt«; inschriftlich *aderint* aus dem 1. Jh. n. Chr.) kann zu Lasten des Handwerkers gehen, der unsere Bronzetafel beschrieb.

Servius Tullius« durch eine Anmerkung zu dem Wort *filio* erweitert: »oder seinen Enkel«; an diese Erläuterung schließt sich eine weitere, die einen Hinweis auf die Quellenlage enthält: »denn auch darüber sind die Autoren uneinig«. All diese Anmerkungen treten nicht etwa ans Ende des Satzes, sondern in seine Mitte; der Ehrenplatz am Schlusse bleibt dem grammatischen Subjekt Servius Tullius vorbehalten. (Man beachte die Tatsache, daß das Verb hier seinen traditionellen Platz aufgibt,[29] um dem Eigennamen größeren Nachdruck zu verleihen.) An diesen Namen schließen sich zwei Bemerkungen: 1) Nach römischer Tradition ist Servius der Sohn einer Gefangenen (*captiva natus Ocresiá*: Randstellung der wichtigen Wörter!), 2) nach etruskischer Überlieferung ist er der Kampfgefährte des Caelius (Caeles) Vivenna. Wäre der Satz hier zu Ende, so würde man nichts vermissen; *insertus* wäre dann elliptisches Hauptverb. Aber Claudius erweitert nun sein Referat der etruskischen Tradition und steuert gleichzeitig allmählich auf das eigentliche Ziel des Satzes zu: *postquam... Etruria excessit* hat ähnliche Funktion wie im vorhergehenden Satz *cum domi re|pelleretur á gerendís honoribus*. Freilich wird vor der Erlangung der Königswürde noch die Besetzung des Caelius-Hügels sowie seine und des Vivenna Umbenennung berichtet. Dabei geht es nicht ohne Parenthesen und etwas umständliche Umschreibungen und Wiederholungen ab. Im ganzen zeigt aber auch der zuletzt betrachtete Satz dasselbe Aufbauprinzip wie der vorhergehende, nur in erweiterter Gestalt: Anfang – Anmerkungen – Hauptsache – Anmerkungen – allmähliches Zurücklenken im Temporalsatz – Anmerkungen – Hauptsache. Im folgenden Satz beobachten wir wiederum die Tendenz der Anmerkung, sich in die Satzmitte zu schieben *(qua ipsius qua filiorum eius)*; der entscheidende politische Wandel steht wiederum am Ende.

In dem bisher betrachteten Abschnitt lassen sich also durchaus Elemente einer der mündlichen Rede nahestehenden lockeren Fügung beobachten, doch wäre es verfehlt, deshalb den Stil des Claudius als assoziativ, sprunghaft oder gar als Symptom einer willensschwachen Persönlichkeit zu interpretieren; es wäre doch merkwürdig, wenn die Persönlichkeit des Claudius sich von der Satzmitte an jedesmal aufs neue wieder in eine willensstarke verwandeln würde, die zielstrebig auf das thematisch relevante Satzende zusteuert.

Der somit bewußt gewählte Denkstil hat eine künstlerische und eine praktisch-psychologische Komponente. Die künstlerische ist das Streben, durch Auflockerung der Oberfläche größere Farbigkeit und Bewegtheit zu erzielen;

---

[29] Bei participia coniuncta ist dies freilich oft der Fall.

ein Kunstwollen, das an der zur Zeit des Claudius erbauten Porta Maggiore in Rom die Säulen und Wände in dem Zustand halbvollendeter Rustica beläßt[30] und dadurch dem einfallenden Licht die Härte nimmt. Die psychologische Komponente läßt sich von der künstlerischen kaum trennen: Wieviel weniger starr wirkt eine Argumentation, die nicht ohne Rücksicht auf den Zuhörer gradlinig auf ihr Ziel zusteuert, sondern ihn zunächst liebenswürdig auf scheinbaren Seitenwegen durch die römische Frühgeschichte führt! Auch die behagliche Mündlichkeit und gelehrtenhafte Zerstreutheit des »guten Kaisers Claudius« ist ein Mittel seiner diplomatischen Beeinflussung der Zuhörer.

2. Tacitus

Unsere Darstellung folgt dem Text; die Überschriften weisen dabei jeweils auf ein Stilmittel hin, das in dem betreffenden Satz besonders deutlich zu erkennen ist. Es werden jedoch auch die übrigen sich wiederholenden stilistischen Erscheinungen erwähnt, um so ein Gesamtbild des Textes entstehen zu lassen.

a) Hauptgedanke im untergeordneten Satzteil

Schon im ersten Satz zeigt sich eine Besonderheit: Der Hauptgedanke erscheint nicht eigentlich im Hauptsatz, sondern in einer angefügten ablativischen Schleppe: *transferendo*[31] *huc quod usquam egregium fuerit.* Dieses Stilmittel wirkt nicht etwa entwertend oder abschwächend, denn die Schlußstellung als solche verleiht dem Hauptgedanken ausreichendes Gewicht. Die ablativische Form fügt aber ein Element des Unpersönlichen und in sich Geschlossenen hinzu, das zur Monumentalität des taciteischen Stils gehört.

Der zweite Satz zeigt zweimalige Ellipse von *esse:* wieder eine charakteristische Straffung. Zugleich beweist Tacitus seinen Sinn für Steigerung: Zweimal eine wachsende Reihe – dann wird durch *non modo... sed* ein weiterer Gipfel aufgetürmt. Auch dieser Satz endet inhaltlich und formal bedeutsam: Den Hauptgedanken des ersten Satzes überbietend und weiterführend tritt an die Stelle der Verpflanzung der tüchtigsten Fremden nach Rom die umfassendere Idee einer allgemeinen Romanisierung. Der gewichtige Schlußgedanke

---

[30] L. Curtius – A. Nawrath, Das antike Rom 4, hrsg. von E. Nash, Wien und München 1963, S. 209 f.

[31] Zum abl. abs. als Satznachtrag (mit Lit.) R. Enghofer, Der abl. abs. bei Tacitus. Diss. Würzburg 1961, 130–138.

steht wiederum in einem untergeordneten Satzteil. Dies wird in den folgenden Sätzen noch mehrfach der Fall sein; die »Ausnahme« wird bei Tacitus fast zur Regel.

b) Überlagerung zweier Vorstellungen

Die Form, in welcher der Vorgang der Romanisierung ausgedrückt wird, ist für Tacitus charakteristisch: *in nomen nostrum coalescerent*. Der eigentümliche Reiz dieser Wortverbindung liegt darin, daß Präposition und Präverb nicht miteinander identisch sind: einerseits deutet *in* auf ein Hineinwachsen in den römischen Namen, andererseits weist *co-* auf ein Zusammenwachsen. Der Übersetzer oder Interpret ist gezwungen, das »Joch«, mit dem der Schriftsteller zwei nicht restlos kongruente Gedanken zusammengespannt hat, zu lösen, eine Verlegenheit, in die jeder, der sich um den Stil des Tacitus bemüht, auf Schritt und Tritt geführt wird. Ähnliches erscheint später in unserem Text nochmals (s. S. 185 unter f).

Bei kaum einem Schriftsteller ist das Zeugma als Denkform so stark ausgeprägt wie bei Tacitus.[32] Die leichte Kollision zwischen Präposition und Präfix wird auch der Römer hier empfunden haben; gerade die erstrebte Zweischichtigkeit gibt dem Ausdruck seine besondere Dichte. Tacitus setzt gewissermaßen zwei Töne übereinander, statt sie linear nacheinander erklingen zu lassen.

c) Asymmetrie

Der dritte Satz enthält wiederum zwei Ellipsen; auch hier erscheint der Hauptgedanke, der am Ende steht, nicht im Hauptsatz. Typisch an dem vorliegenden Satz ist aber vor allem seine Asymmetrie: *solida domi quies* ist unpersönlich ausgedrückt; dieser Konstruktion ist das persönliche *adversus externa floruimus* durch einfaches *et* beigeordnet; von den sich anschließenden *cum*-Sätzen ist – in umgekehrter Reihenfolge! – der erste persönlich, der zweite unpersönlich konstruiert.

Der vierte Satz ist durch seinen elliptischen Charakter beinahe zweideutig: Daß *num paenitet* soviel bedeutet wie *num vos paenitet,* muß man aus dem Inhalt erraten – oder die originale Rede des Claudius zur Bestätigung heranziehen.[33] Wiederum steht der Gedanke der Einbürgerung und endgültigen

---

[32] Zum Zeugma bei Tacitus A. Draeger, Über Syntax und Stil des Tacitus, Leipzig 1882 3, 107. Verwandte Ausdrücke: 105 f.

[33] Col. 2, 23; 24; 29.

Übersiedlung nach Rom betont am Satzende, und wieder ist sein Träger kein Hauptverb.

d) Geschlossenheit

Den positiven Teil der Rede schließt ein Satz ab, dessen Eckpfeiler zwei verba finita bilden (*manent ... concedunt*) und in dessen Mitte die römische Vaterlandsliebe der Neubürger betont wird (*amore* steht im Zentrum des Satzes).

e) Zuspitzung [34] und Kontrast

Mit *quid aliud* stellt Tacitus nun ein unmittelbar überzeugendes Gegenbeispiel auf. Der Hauptgedanke, diesmal also die Ablehnung der Assimilation der Fremden, wird ebenfalls an den Schluß gerückt – wieder in einem Nebensatz.

Das kontrastierende positive Exempel des Romulus zeigt dieselbe Endlastigkeit, nun in einem Konsekutivsatz.

Der nächste Satz, der kürzeste bisher, drückt den Grundgedanken überscharf aus: Sogar die Königswürde stand bei uns Fremden offen. Und ein weiterer Extremfall: Söhne von Freigelassenen erhielten Staatsämter. Auf diese Zuspitzung hatte Tacitus schon zuvor hingearbeitet, als er die Verwandlung der Feinde in Bürger sich innerhalb eines einzigen Tages vollziehen ließ. Solche Fälle sollen als dunkler Hintergrund die Harmlosigkeit der augenblicklichen Maßnahme hervortreten lassen. Jetzt steht erstmals ein anderer Gedanke am Satzende als bisher: Die Ausdehnung des *ius honorum* entspricht altem Brauch.

Das Gewicht dieser Feststellung wird durch die Wortwahl unterstrichen: *factitatum est* ist ein Frequentativum. [35] Der auffallende Rhythmus (Ditrochaeus) kommt hinzu.

f) Knappheit

Es folgt ein gedachter Einwand: Die Senonen waren unsere Feinde. Gegenargument: Die Volsker und Aequer waren es auch. Zweiter Einwand: Die Gallier haben unsere Stadt erobert. Gegenargument: Auch die Etrusker und die Samniten haben uns schon gedemütigt.

---

[34] Zum Thema allgemein: B.-R. Voss, Der pointierte Stil des Tacitus, Münster 1963.

[35] Zur Bezeichnung alter Bräuche dient dieses Verb häufig; Tacitus verwendet es etwas vielseitiger als Cicero (s. ThLL 6, 1, 1913, 139 f.).

In diesen vier Sätzen ist der Stil sehr knapp; es werden einfach die Tatsachen einander gegenübergestellt. Zur Kennzeichnung der logischen Beziehung dient am Anfang *at*, im vierten Satz *sed;* der dritte Satz ist asyndetisch eingefügt; der zweite enthält ein ironisches *scilicet.*

Daran schließen sich zwei positive Argumente zugunsten der Gallier: Rasch unterworfen, sind sie den Römern seitdem unwandelbar treu. Außerdem sollen sie jetzt auch ihr Vermögen in Rom anlegen. Wieder erscheinen hier typisch taciteische Ellipsen, wie sie uns mehrmals im Laufe unseres Textes begegnet sind (*nullum ... confectum: continua inde ... pax*); außerdem tritt eine dem Zeugma nahestehende Verbindung auf: *moribus artibus adfinitatibus nostris mixti.*

Am Ende weitet sich der Blick. Alles, was jetzt alt ist, ist einmal neu gewesen; das *ius honorum* wurde laufend auf einen größeren Personenkreis ausgedehnt; auch unsere heutige Entscheidung wird in Zukunft zu den Beispielen zählen.

Der Schlußteil ist lebhafter gestaltet als die vorhergehenden Teile; dazu trägt die Technik, einen Einwand einzuführen und durch Gegenargumente zu entkräften, ebenso bei wie die besondere Knappheit der Formulierungen.

g) Stellung des Hauptverbs und Satzverbindung

Bei Tacitus ist die Stellung des Hauptverbums beweglicher als in der Rede des Claudius: Wir finden nicht nur die traditionelle Endstellung, sondern auch die ›logische‹ Mittelposition (*hortantur uti ...*) und die lebhafte Anfangsstellung, und zwar sowohl im Fragesatz (*num paenitet ...*) als auch im Aussagesatz (*manent posteri eorum;* ebenso *inveterascet hoc quoque*).[36] Der sinntragende Teil des Prädikats steht in folgendem Hyperbaton betont am Anfang: *capti a Gallis sumus.*

Tritt das sinntragende Verb an die Spitze, so entsteht ein belebendes staccato. Überhaupt sind die Sätze vielfach nicht durch logische Partikeln miteinander verknüpft, sondern wie in der Poesie[37] asyndetisch nebeneinandergestellt.

---

[36] In beiden Fällen wird die invertierte Wortstellung durch Chiasmus (bzw. Randstellung der Verben) gestützt.

[37] Über Tacitus und Vergil (unter inhaltlichen Gesichtspunkten): W. Edelmaier, Tacitus und die Gegner Roms, Diss. Heidelberg 1964, 134–139. Stilistisch: Syme 357 f. Stellen: Draeger 127–129. In unserem Text ist *regnare in* ungewöhnlich (analog zu *dominari*).

Die einzigen satzverbindenden Partikeln, die etwas häufiger auftreten, sind die adversativen.[38] Auch dies ist für den straffen Stil des Tacitus charakteristisch, der Kontrast und Pointe liebt.

h) Ironie

Bezeichnend ist, daß bei Tacitus die Ironie eine Rolle spielt: *scilicet Vulsci et Aequi numquam adversam nobis aciem instruxere*. Hierauf wird bei dem Vergleich mit Claudius zurückzukommen sein.

3. Stilvergleich

Während der Vergleich des Inhalts, wie erwähnt, mit einigen Unsicherheiten belastet ist, lassen sich über Sprache und Stil eindeutigere Aussagen machen.

Das Sprachmaterial ist bei Claudius uneinheitlich: Die übliche Sprache der Senatsreden, im Lob wie im Tadel konventionell, im Ausdruck zurückhaltend und vorsichtig bis zur Unschärfe, kontrastiert mit Elementen der Historikersprache und einzelnen gewählt, ja fast gesucht wirkenden Partizipialkonstruktionen. Solche Unterschiede beruhen jedoch nicht auf Willkür, sondern sie entspringen der Anpassung an den jeweiligen Gegenstand und an die Situation.

Homogener sind die sprachlichen Mittel bei Tacitus. Man bemerkt dies schon an Kleinigkeiten wie der Endung *-ere* (3. Pers. Ind. Perf.); sie erscheint bei Tacitus nicht nur bei Erwähnung historischer Fakten (*instruxere*), sondern – im Gegensatz zu Claudius – auch in der Erörterung selbst: *omnia..., quae nunc vetustissima creduntur, nova fuere.*

Ebenso steht das sallustische *fessus* (das Caesar bezeichnenderweise ganz meidet) in einem beurteilenden Satz. Die Verbindung dieses normalerweise auf Personen bezogenen Partizips mit *imperium* wirkt poetisch.[39]

Wie anspruchsvoll wird der Prozeß der Romanisierung zweimal in zeugmatischer Form ausgedrückt! Überall empfindet man die Vermeidung konventioneller Wendungen (Claudius hingegen gebraucht durchgehend die termini technici des politischen Lebens,[40] z. B. 1, 34 f. *distributum consulare imperium*

---

[38] *At* beim fingierten Einwand ist rhetorisch, vgl. Draeger 122.

[39] Vgl. ThLL 6, 3, 1916, 611, 22 ff.; 612, 3 ff.

[40] *Dignitatis incrementa* ist auch bei Val Max. 4, 7, 5 und inschriftlich belegt (ThLL 7, 1, 7, 1941, 1047, 40 ff. Bulhart); der Ausdruck ist weniger gesucht als er zunächst scheint. Claudius hat geradezu Freude am »eigentlichen« Ausdruck.

tribunosque militum consulari imperio appellatos[41]); auch die *coloniae* und *municipia* (Claudius 2, 3) sucht man hier bei Tacitus vergeblich, er umschreibt vielmehr diesen Sachverhalt aenigmatisch: *specie deductarum per orbem terrae legionum* (wobei mit dem Unterton *deductarum coloniarum* gerechnet ist, doch ohne daß der Fachausdruck erschiene).[42] Ähnliche Zurückhaltung legt Tacitus sich im Gebrauch der Elative auf, soweit es sich um konventionelle Anerkennungsfloskeln handelt (vgl. nur den Positiv *insignes viros*).[43]

Stilistisch stellten wir bei Claudius immer wieder Abundanzen fest, bei Tacitus Ellipsen. Ehe man daraus individualpsychologische Schlüsse zieht, muß man freilich die sozialpsychologische Situation beider Autoren beachten. Claudius spricht vor dem Senat, den es in taktvoller Weise zu überzeugen gilt; eine gewisse Umständlichkeit ist oft ein Gebot der Diplomatie und kann zum Ethos der rednerischen Äußerung gehören.[44]

Tacitus hingegen braucht sich nicht auf eine oft gleichgültige und nur halb aufmerksame Zuhörerschaft einzustellen, sondern er darf mit aufgeschlossenen Lesern rechnen, die jede Feinheit seines Stils mit Spannung erwarten und in Ruhe genießen können.[45] In der Praxis hätte eine Rede nach Art dieser taciteischen sich wohl kaum anders ausgenommen als die des Brutus bei Shakespeare in »Julius Caesar«: scharfsinnig und knapp, aber etwas kontaktarm und zu fein gesponnen, um noch zu wirken.

Die Unterschiede der literarischen Gattungen sind hier also letztlich durch das verschiedene Publikum bestimmt. Wenn Tacitus trotzdem die Reden in seinem Geschichtswerk etwas anders stilisiert als die historische Erzählung

[41] Den *latus clavus* erwähnt Tacitus hier nicht, obwohl er das eigentliche Thema ist (vgl. 11, 23, 1; dazu Syme 344).

[42] Die Tendenz, Fachausdrücke zu vermeiden, ist bei Tacitus durchgehend zu beobachten (vgl. Syme 343 f.; F. Kuntz, Die Sprache des Tacitus, Diss. Heidelberg 1962, 148).

[43] Claudius kennt diese Form auch (2, 23 *insignes iuvenes*), aber er begnügt sich nicht mit ihr (s. o.).

[44] Wenn Plinius (epist. 1, 20) Tacitus davon zu überzeugen versucht, daß eine Rede in gewisser Weise desto besser sei, je länger sie sei, so ist dies zwar einseitig, beruht aber im Ansatz auf einer richtigen psychologichen Beobachtung: Der Zuhörer will das Gefühl entwickeln können, daß der Redner auf ihn einzugehen weiß und sein Vertrauen verdient.

[45] Den sozialpsychologischen Unterschied des Publikums hat Quintilian im Auge, wenn er den Stil Sallusts zwar lobt, aber dennoch für die Praxis des Redners als ungeeignet bezeichnet (10, 1, 32).

selbst,[46] so ist doch der Abstand zu einer wirklich gehaltenen Rede, wie unsere Interpretation gezeigt hat, weit erheblicher als die werkimmanente Stildifferenz; Brachylogie, Ellipse, Zeugma und das Streben nach erhabenem Ausdruck prägen den Stil des Tacitus innerhalb der betrachteten fingierten Rede – und auch sonst.

Überhaupt ist die originale Rede des Claudius in höherem Maße kommunikativ. Ironie ist in der Hand des Redners eine gefährliche Waffe; da sie Antipathie hervorruft, kann sie sich sehr leicht gegen den Redner kehren. Tacitus darf sie, wie wir sahen, ohne Gefahr verwenden. Claudius hingegen durchdringt seine Rede mit Humor[47] und gewinnt dadurch die Sympathien der Senatoren. Er verweilt behaglich bei der Situation der verarmten Adligen, die darauf angewiesen ist, einen Ausländer zu heiraten. Er lobt die Treue der Gallier, die während des Germanenkrieges nicht revoltierten, obwohl gerade der Census durchgeführt wurde, und erinnert daran, daß das selbst heute und in Rom noch ein Problem sei. Auch die Form, in der er auf seine Eroberung Britanniens zu sprechen kommt, ist alles andere als geradlinig, vielmehr durch einen Einschlag harmloser Selbstironie[48] gebrochen und leicht humoristisch getönt. In der Wirklichkeit vertragen sich Majestät und Humor also besser als in der Geschichtsschreibung.

Wir haben eine ganze Reihe sprachlicher Mittel beobachtet, durch die Claudius seinen Ausführungen die Schärfe zu nehmen sucht. Das Umgekehrte sehen wir bei Tacitus: *eodem die hostes, dein cives; advenae in nos regnaverunt.* Fast in jedem Satz läßt sich die Tendenz zu epigrammatischer Zuspitzung konstatieren; eine entgegengesetzte Neigung tritt im »Nachtragsstil« des Claudius zutage (seine Nachträge führen vom Thema ab, die des Tacitus[49] sind streng thematisch).

---

[46] Bei Tacitus erscheint *inveterascere* nur in der vorliegenden Rede, eine Caesar und Cicero vertraute Vokabel. Wörter, die Tacitus nur in Reden verwendet, sammelt Syme II, 719 f.

[47] Claudius beweist auch sonst Humor, vgl. V. M. Scramuzza, The Emperor Claudius, Cambridge 1940, 111 ; C. G. Bruns, Fontes Iuris Romani, Tübingen 1909 7, 199 f. (Nr. 53).

[48] Die Selbstironie steht als Geisteshaltung der eigentlichen Ironie viel ferner als dem Humor, s. A. Haury, L'ironie et l'humour chez Cicéron, Leiden 1955. Vgl. auch Verf., Ovids Humor (1963); jetzt in: Ovid, hrsg. von M. v. Albrecht und E. Zinn, Darmstadt 1968 (Wege der Forschung 92) 405–437, bes. 408.

[49] Zu »Nachträgen« bei Tacitus: F. Klingner, Beobachtungen über Sprache und Stil des Tacitus am Anfang des 13. Annalenbuches, Hermes 83, 1955, 187–200.

Inwieweit können wir über die Grenzen der Gattungen hinaus zur stilistischen Individualität der Autoren vordringen? Man weiß, daß auch Claudius
Historiker gewesen ist, aber kein Nachfolger Sallusts, sondern ein Schüler des
Livius.⁵⁰ Das Gegenbeispiel der gelassenen *lactea ubertas* des Livius⁵¹ läßt
ermessen, daß hinter dem Stil des Tacituskapitels nicht nur Gattungstradi-
tion, sondern eigener Gestaltungswille des zuchtvollen Neu-Senators steht. –
Erinnern wir uns andererseits an die nüchterne und geradlinige Diktion
sonstiger Senatsbeschlüsse und kaiserlicher Verlautbarungen, so vernehmen
wir in der gelehrtenhaften Umständlichkeit und dem entspannten Humor
des altadligen und unprätentiösen Kaisers einen persönlichen Ton.

Der sprachliche Grundcharakter der Claudiusrede ist trotz gelegentlicher
Preziosität im ganzen konventionell, der Gedankengang aber individuell.

Bei Tacitus ist in gewisser Weise das Umgekehrte der Fall: Gedanklich sucht
er das Typische, in Worten aber – die Eigenart der Historikersprache akzen-
tuierend – das Außergewöhnliche, wobei durch die Vermeidung des Normalen
und durch Wiederholung aparter Strukturen freilich eine neue, distanzsprach-
liche Normierung entsteht.⁵²

Das sachliche *ineptum* und stilistische *proprium* bei Claudius, wie auch das
sachliche *aptum* und das stilistische *improprium* bei Tacitus ist somit mehr als
nur eine mechanische Folge des Gattungsunterschiedes; in seiner jeweils spezi-
fischen Konfiguration ist es für die Eigenart wie für den Stilwillen beider
Autoren charakteristisch.⁵³

⁵⁰ Daß Tacitus z. T. auch Livius folgt, betont Syme II 733 f.; doch erkennt auch
er, daß Sallusts Einfluß wichtiger ist. Von »Historikersprache« spricht Kuntz passim;
aber das Problem beginnt, wo er aufhört: jeder Historiker schreibt wiederum anders.

⁵¹ Quint. 10, 1, 32, vgl. auch 10, 1, 101: *adfectus quidem praecipue eos, qui sunt
dulciores, ut parcissime dicam, nemo historicorum commendavit magis.*

⁵² Z. B. in der Verlagerung der Hauptgedanken auf untergeordnete Satzteile.

⁵³ Daß Tactius seine Sprache und seinen Stil bewußt ausgebildet hat, zeigen die
bedeutsamen Untersuchungen zu seiner Stilentwicklung, von denen nur E. Wölfflin
(Philologus 25, 1867, 92 ff.) und E. Löfstedt genannt seien (zuletzt in: Tacitus, hrsg.
v. V. Pöschl, Darmstadt 1969, 89–103).

IX. KAPITEL

Plinius der Jüngere (cos. 100 n. Chr.)

Jagdglück eines Schriftstellers [1]

C. Plinius Cornelio Tacito suo s.

Ridebis, et licet rideas. ego ille, quem nosti, apros tres et quidem pulcherrimos cepi. »ipse?« inquis. ipse; non tamen ut omnino ab inertia mea et quiete discederem. ad retia sedebam; erat in proximo non venabulum aut lancea, sed stilus et pugillares; meditabar aliquid enotabamque, ut, si manus vacuas, plenas tamen ceras reportarem. non est quod contemnas hoc studendi genus; mirum est ut animus agitatione motuque corporis excitetur: iam undique silvae et solitudo ipsumque illud silentium quod venationi datur magna cogitationis incitamenta sunt. proinde cum venabere, licebit auctore me ut panarium et lagunculam sic etiam pugillares feras: experieris non Dianam magis montibus quam Minervam inerrare. vale.

C. Plinius grüßt seinen Cornelius Tacitus.

Du wirst lachen – und du darfst es auch. Ich, der Plinius, den du kennst, habe drei Eber, und zudem Prachtexemplare, gefangen. »Selber?« fragst du. Selber! Freilich ohne dabei meine geruhsame Bequemlichkeit völlig aufzugeben. Ich saß bei den Netzen [2]; ganz in der Nähe lag kein Jagdspieß, keine Lanze, sondern der Schreibgriffel und das Täfelchen [3]: ich überlegte mir etwas und schrieb es nieder, um, wenn schon mit leeren Händen, so doch wenigstens mit voller Tafel nach Hause zu kommen. Es

---

[1] Plin. epist. 1, 6. Text: M. Schuster und R. Hanslik, Leipzig 1958 [3]; vgl. jetzt auch R. A. B. Mynors, Oxford 1963. Kommentar: A. N. Sherwin-White, Oxford 1966. Index: X. Jacques und J. van Ooteghem, Brüssel 1965 (Acad. Royale de Belgique, Cl. de Lettres, Mém. 8°, 2e sér. 58, 3).

[2] Zu den Jagdnetzen s. J. Aymard, Les chasses romaines, Paris 1951, 207–218.

[3] Sherwin-White z. St. denkt entweder an die üblichen Wachstäfelchen oder an *pugillares membranei*. Aber paßte zu letzteren der hier erwähnte *stilus*?

besteht kein Grund, daß du diese Form geistiger Arbeit gering schätzest. Wunderbar, wie der Geist durch die lebhafte Körperbewegung angeregt wird. Schon die Wälder und die Einsamkeit ringsum und gerade die Stille, die zum Jagen gehört, bieten zum Nachdenken⁴ einen mächtigen Anreiz. Wenn du also in Zukunft jagst, darfst du dich auf mich berufen und außer dem Brotbeutel und der Feldflasche auch noch Schreibzeug mitnehmen. Du wirst die Erfahrung machen, daß Minervas Geistesblitze im Wald nicht weniger zu finden sind als Dianas Jagdglück.⁵ Leb wohl.

Schon mit dem ersten Wort ordnet Plinius seinen Brief der Gattung der heiteren Episteln zu – Ansätze zu einer Brieftheorie,⁶ die eine solche Unterabteilung kennt, hat man schon bei Cicero gefunden; freilich sollte man in dieser leichten Materie die Rolle abstrakter Theorien noch weniger überschätzen als sonstwo. Begnügen auch wir uns also zunächst mit der Feststellung,

⁴ Zu *cogitatio* vgl. 9, 36, 2. Zum Gedanken 1, 9, 6; 9, 10, 2; dazu Sherwin-White (Tac. dial. 9, 6; Quint. inst. 10, 3, 22 f.).

⁵ Wenn 9, 10, 1 dem Tacitus ein ähnlicher Gedanke zugeschrieben wird, so folgt daraus natürlich nicht, daß einer der Briefe von Tacitus verfaßt sei (so L. Herrmann, Latomus 14, 1955, 343 ff.)

⁶ Vgl. Cic. fam. 2, 4, 1. Ed. Fraenkel JRS 47, 1957, 69; H. Koskenniemi, Cicero über die Briefarten, Arctos (Commentationes in honorem E. Linkomies), Helsinki 1954, 97–102. Zum Zusammenhang dieser Vorstellung mit dem Gedanken des »Kunstbriefs«: A.-M. Guillemin, Pline et la vie littéraire de son temps, Paris 1929, 133; über die Beziehung zur poetischen Epistel 134–146. Bei einem bewußt arbeitenden Schriftsteller spiele die Theorie auf die Praxis zurückwirken; grundsätzlich s. H. Peter, Der Brief in der römischen Literatur, Abh. der Kgl. Sächs. Ges. der Wiss., phil.-hist. Kl. 20, 1903 (über Plinius bes. Kap. 5), der den Brieftypus des Plinius etwas einseitig mit der rhetorischen Digression in Zusammenhang bringt (ein poetisches Analogon wären die Silven des Statius); wichtig auch A.-M. Guillemins Hinweis auf Martial und den Epigramm-Charakter vieler Briefe des Plinius. Zur eigenen Brieftheorie des Plinius Sherwin-White 3–11. Zu seiner literarischen Sorgfalt s. 7, 9, 8 *Volo epistulam diligentius scribas. nam saepe in oratione quoque non historica modo sed prope poetica descriptionum necessitas incidit, et pressus sermo purusque ex epistulis petitur.* Richtig die allgemeine Beobachtung Guillemins über die Verbindung von poetischen Elementen mit Schlichtheit in den Briefen des Plinius, wenn auch manche Einzelparallelen forciert erscheinen (a. O. Kap. 3). »Pliny's simplicity is decidedly studied« (Sherwin-White 3). Den hohen Grad der Bewußtheit seines Gestaltens wird unsere Analyse bestätigen. Auch der Prosarhythmus ist streng beachtet; wir finden Kretikus + Trochäus; Dikretikus; Ditrochäus; Kretikus; auch den Typ »*esse videatur*« (*retia sedebam*).

daß Plinius einen heiteren, künstlerischen Brief schreiben will! Der erste Satz ist in seiner Formulierung anmutig. Das im Futurum stehende Hauptverb nimmt bereits die Wirkung des Briefes vorweg, noch ehe man den Inhalt weiß. Auf die indikativische Feststellung »du wirst lachen« folgt – dem freundlichen Nicken eines Dirigenten vergleichbar, wenn ein Instrument ohne sein Zutun richtig eingesetzt hat – die Bestätigung: »Und du darfst auch lachen«. Der nächste Satz ist umrahmt von Subjekt und Prädikat; schon daß das Subjekt in diesem Falle überhaupt ausgedrückt wird, ist eine Besonderheit; für eine bloße Mitteilung hätte *cepi* allein ausgereicht. Doch nicht genug damit, daß das betonte *ego* verwendet wird: hinzu tritt als zusätzliche Erweiterung *ille quem nosti*. Es wird also nicht nur unterstrichen, daß Plinius besonderes Jagdglück hatte, sondern der Plinius, wie Tacitus ihn kennt: sonst mehr gewohnt, mit Worten als mit Waffen zu siegen. Die Wortfolge ist bis ins Einzelne sprechend: Die Eber treten unmittelbar neben Plinius, ihre Dreizahl wird in analytischer Wortfolge durch Nachstellung registerartig hervorgehoben: »Eber: drei«. Dann erst wird gesagt, daß es sich um Prachtexemplare handelt. Die Randstellung von Subjekt und Prädikat spiegelt vielleicht unbeabsichtigt, aber reizvoll die Gefangennahme. Wieder wird mit der Reaktion des Adressaten gerechnet: *ipse? inquis.* Auch diese Gewissensfrage kann bejaht werden: *ipse.* Drei Worte und zugleich drei Sätze: Besser läßt sich das Stilprinzip der Kürze, wie es zum Wesen des Briefes allgemein und besonders zu dem des Empfängers Tacitus paßt, nicht illustrieren. Der rasche Personenwechsel beleuchtet zugleich die antike Auffassung des Briefeschreibens als eines Gesprächs mit Abwesenden.[7] Die letzte, etwas frappierende Antwort bedarf einer Einschränkung: *non tamen ut omnino ab inertia mea et quiete discederem.* Plinius hat also sein gewohntes Wesen nicht verleugnet. Einerseits ist dies eine Beruhigung für Tacitus; andererseits macht diese Erläuterung das Rätsel noch größer. Ehe wir fortfahren, noch kurz eine Bemerkung zur Selbstcharakterisierung durch *inertia et quiete.* Klingen diese Worte nicht negativ? Oder redet Plinius von seinem dem Geistigen zugewandten Naturell mit demselben understatement, mit dem der Geschäftsmann bei Petron von seinen »paar Fetzen« und seinen »Buden« spricht? Der Ausdruck ist nicht frei von Selbstironie; er ist erheblich weniger provozierend, als wenn von den Elegikern etwa Ovid, um nur diesen zu nennen, sich als *ille ego nequitiae Naso poeta meae*[8] bezeichnet. Seit den Tagen Sallusts und Ciceros hat der Schriftsteller in bezug auf die Vollgültigkeit sei-

---

7 Vgl. z. B. Cic. fam. 1, 7, 1; 15, 14, 3. Att. 6, 1, 24; 7, 15, 1; 12, 39, 2; 13, 18.

8 Am. 2, 1, 2.

ner Existenzform erheblich an Selbstsicherheit gewonnen; an die Stelle von Apologetik oder Provokation kann milder Humor treten.

Der neue Abschnitt bringt des Rätsels Lösung: *ad retia sedebam*. In der Tat: in dieser Beziehung hat der Gelehrte seine Lebensgewohnheiten nicht geändert. Aber auch die von ihm erwähnten Attribute entsprechen nicht der augenblicklichen Situation, sondern seinem eigentlichen Wesen: *erat in proximo non venabulum aut lancea, sed stilus et pugillares*. Die Antithese zwischen Jagd- und Schreibgerät ist bedeutsam. Man beachte den Wechsel der Betrachtungsweise: Anfangs lag der Überraschungseffekt darin, daß der Schriftsteller als Jäger gezeigt wurde, jetzt aber entpuppt sich umgekehrt der »Jäger« als arbeitender Schriftsteller: *meditabar aliquid enotabamque, ut si manus vacuas, plenas tamen ceras reportarem*. Einen Augenblick lang erscheint hier die Schriftstellerei also wieder altrömischer Tradition entsprechend als δεύτερος πλοῦς, als Ersatz für den Fall des Ausbleibens eines äußeren Erfolges. Aber die scheinbare Nebentätigkeit wird im Laufe des Briefes immer mehr zum Hauptthema. Plinius akzentuiert dies schon im folgenden Satz: *non est, quod contemnas hoc studendi genus*. Die Anfangsstellung der Negation verleiht dem Gedanken Gewicht, und die Einbeziehung des Adressaten schafft eine persönliche Note. Die Jagd ist nicht Selbstzweck, sondern nur noch Rahmen für ein *studendi genus*. Hier spricht ein Literat, der alles unter dem Gesichtspunkt seiner geistigen Interessen sieht: ungefähr das Gegenteil dessen, was man sich in einseitiger Verkennung der Möglichkeiten römischen Wesens unter einem Römer vorzustellen pflegt. 9 *mirum est, ut animus agitatione motuque corporis excitetur*. Ein wesentlicher Zug römischen Denkens kann sich dennoch auch hier nicht verbergen. Die Waldeinsamkeit und die Stille sind nicht Anlaß, um romantischen Gefühlen nachzuhängen, sondern werden zwar im Hinblick auf die Geistestätigkeit, aber doch unter einem Nützlichkeitsaspekt betrachtet.

In diese Erwägungen wird nun der Empfänger freundschaftlich einbezogen. Mit einem auch sonst die Nutzanwendung einleitenden *proinde* wird ihm geraten, es Plinius nachzutun. Durch die konkrete Nennung des Rüstzeugs (der traditionellen Wegzehrung, aber auch des von nun an ebenfalls mitzunehmenden Schreibtäfelchens) wird gegen Ende einprägsame Anschaulichkeit erzielt. Der Brief gipfelt darin, daß die ihm zugrundeliegenden zwei Themen (Jagd und geistige Tätigkeit) in mythischen Gestalten verkörpert werden.

---

9 Plinius ist übrigens weniger streng als Sallust, der die Jagd als *servile officium* ablehnt (Catil. 4, 1); in seiner Zeit braucht Plinius aber auch den Vorrang des Geistigen nicht mehr eigens zu betonen – eher die »Nützlichkeit« der Jagd auch für den Literaten.

Bei der fortgesetzten Nebeneinanderstellung der beiden den Brief konsti-tuierenden Gegensätze zieht Plinius recht verschiedene Register:

Ein wichtiges Mittel ist schon die Wortstellung: *ego ille quem nosti* steht dicht neben *apros.* Die umgekehrte Reihenfolge erscheint in größerem Rahmen: einerseits *apros tres... cepi,* andererseits *non tamen ut omnino ab inertia mea et quiete discederem.* Scharf pointiert ist die Gegenüberstellung des Zubehörs: *non venabulum aut lancea, sed stilus et pugillares;* ebenso der äußeren und der geistigen Ausbeute: *si manus vacuas, plenas tamen ceras.* Hier schafft der Chiasmus Abwechslung, aber auch die Kreuzung von kondizionaler und kon-zessiver Vorstellungsweise. Bis zum Ende des Briefes werden bei großer Ähn-lichkeit der Gedankenführung doch die Mittel immer wieder variiert: das banale *non solum, sed etiam* ist zweimal geschickt vermieden: *ut panarium et langunculam sic etiam pugillares.* Und nochmals anders: *non Dianam ma-gis... quam Minervam.*

Im dritten Viertel des Textes werden die beiden Aspekte einander jedoch nicht wie an den bisher betrachteten Stellen steigernd gegenübergestellt, son-dern in ihrer Verschränkung aufgezeigt: *mirum est ut animus agitatione mo-tuque corporis excitetur.* Man sehe, wie das zu *corporis* gehörige Wort *agita-tione* neben *animus* tritt und umgekehrt das auf *animus* bezogene *excitetur* unmittelbar bei *corporis* steht: sprachliches Abbild psychosomatischen Zusam-menwirkens. Im nächsten Satz entsteht syntaktisch, inhaltlich und klanglich eine axialsymmetrische Form. Eine polare Entsprechung herrscht dabei zwi-schen *venationi* und *cogitationis* als innerem und *silentium* und *incitamenta* als umrahmendem Begriffspaar.

Die Tendenz, mit Kontrasten zu arbeiten, ist ein Spezialfall einer allgemei-neren Neigung zur Zweigliedrigkeit, auch bei gleichartigen Vorstellungen. Wir finden dieses Stilprinzip fast in jedem Satz verwirklicht: *inertia... et quiete; venabulum aut lancea; stilus et pugillares; meditabar... enotabamque; agita-tione motuque; silvae et solitudo; panarium et langunculam;* vgl. auch *tres et quidem pulcherrimos.*

Zwei Haupterscheinungen in unserem Brief – die kontrastierende und die gleichartige Zweigliedrigkeit – haben verschiedene Funktion: Die kontrastie-rende Zweigliedrigkeit dient meist der steigernden Hervorhebung eines der beiden Glieder; im abwechselnden Vorherrschen des einen oder des andern bzw. in ihrer vorübergehenden Gleichberechtigung vollzieht sich die dramati-sche Entwicklung. Das ausschließliche Auftreten eines der beiden Glieder schafft im Leser die unbewußte Erwartung des anderen; so bildet »antizipa-torische Unvollständigkeit« die Voraussetzung für Spannung und Steigerung.

Andersartig ist die Rolle der gleichsinnigen Zweigliedrigkeit. In ihr entfaltet sich eine einheitliche Vorstellung unter zwei sich ergänzenden Aspekten: Schreibzeug (*stilus et pugillares*), geistige Arbeit (*meditabar... enotabamque*), Proviant (*panarium et lagunculam*). Plinius hat den Blick für das Kleine, für die sprechende Einzelheit. [10] Die Entfaltung führt bei Nomina zu größerer Anschaulichkeit und Konkretheit, bei Verba zu einer präziseren und zeitlich differenzierten stufenweisen Erfassung eines Vorgangs. Beides hat mit der rhetorischen Forderung der ἐνάργεια zu tun; in bezug auf Vorgänge ist das Verfahren uns in der analysierten Rede Ciceros begegnet. [11]

Die kontrastierende Zweigliedrigkeit hat uns den Brief des Plinius als eine Art Musikstück mit zwei Themen verstehen lassen, die in verschiedener Weise gegeneinander ausgespielt und miteinander verbunden werden, wobei im dritten Viertel durch Überlagerung und Durchdringung ein Schwerpunkt [12] geschaffen wird.

Die gleichartige Zweigliedrigkeit zeigt uns, auf welchem Wege Plinius seine Vorstellungen konkretisiert und seinem Leser einen anschaulichen Eindruck vermittelt. Hier ist rhetorisch geschulte Phantasie am Werk, die sich auch darin kundtut, daß der Brief, so klein er ist, aus Prooemium (*ridebis...*), Narratio (*ad retia sedebam...*), Argumentatio (*non est quod contemnas...*) und Peroratio (*proinde cum venabere...*) zu bestehen scheint. Wichtiger als dieser im Grunde selbstverständliche Hinweis (der uns immerhin die letzten Zweifel am literarischen Charakter der Epistel nehmen kann) ist die Tatsache, daß der Adressat am Anfang, in der Mitte und am Ende lebhaft mit einbezogen wird und daß jeder Teil des Briefes durch eine Pointe abgeschlossen ist. [13] Ein be-

[10] Vgl. auch Guillemin 153.

[11] S. oben S. 61–64. Man sollte also die plinianische »Breite« nicht einseitig hervorheben, ohne auf die erreichte ἐνάργεια einzugehen.

[12] Nur hier kommt einmal Dreigliedrigkeit vor; auch sie ist ein Mittel der Steigerung: *iam silvae et solitudo ipsumque... silentium...* Zum Trikolon (Cicero - Vergil - die Redner - Plinius) vgl. Guillemin 150 f.

[13] I: *ipse: non tamen ut omnino ab inertia mea et quiete discederem.*
II: *ut, si manus vacuas, plenas tamen ceras reportarem.*
III: *...illud silentium, quod venationi datur, magna cogitationis incitamenta sunt.*
IV: *experieris non Dianam magis montibus quam Minervam inerrare.*
A.-.M. Guillemin, a. O. 150 spricht von «véritables épigrammes en prose». Ebd. auch Bemerkungen über den Unterschied im Satz- und Periodenbau zwischen Plinius und Cicero, wobei allerdings strenger die Briefe mit den Briefen, der Panegyricus mit den Reden verglichen werden sollte. Richtig ist die Betonung der klaren Gliederung bei Plinius (z. B. 149).

sonderer Reiz des Briefes liegt darin, daß dieselben Gedanken und Worte immer wieder in neuem Licht erscheinen: *ridebis* ist objektive Feststellung, *et licet rideas* gibt dazu eine subjektive Zustimmung. *Ipse?* ist die gedachte Frage des Empfängers, *ipse* auch die Antwort des Schreibers. Die Erzählung des Plinius von seiner geistigen Tätigkeit im Wald wird im Bewußtsein des Tacitus ohne Wortwiederholungen, aber in begrifflicher Zusammenfassung als *hoc studendi genus* gespiegelt.

Sehr sprechend ist auch das Variationsstreben. Das Verb *venari* wird lange Zeit vermieden (*cepi; ad retia sedebam; venabulum; venationi*). Erst am Ende wird es ausgesprochen und zwar nicht über Plinius, sondern über Tacitus. Die dauernde Kommunikation hat sich zu einem vollständigen Rollentausch entwickelt. Die entscheidende Erfahrung, die Plinius gemacht hat, wird über Tacitus ausgesagt. Das Urerlebnis ist in gesteigerter mythischer Form in die Seele des Adressaten verlegt. Gespräch zwischen Entfernten? Mehr als das: Mitteilung [14] im höchsten Sinn des Wortes, gekonnt und dabei unprätentiös und humorvoll.

[14] Die Frage »Fiktiver oder wirklicher Brief« ist in einer kultivierten Gesellschaft falsch gestellt (R. Hanslik AAHG 17, 1964, 6 f. mit Lit.).

X. KAPITEL

Apuleius (geb. um 125 n. Chr.)

Mißlungener Erlösungsversuch [1]

Sic adfectus atque in solitudinem relegatus angulo stabuli concesseram,
dumque de insolentia collegarum meorum mecum cogito atque in alterum
diem auxilio rosario Lucius denuo futurus equi perfidi vindictam medi-
tor, respicio pilae mediae, quae stabuli trabes sustinebat, in ipso fere me-
ditullio Eponae deae simulacrum residens aediculae, quod accurate co-
rollis roseis equidem recentibus fuerat ornatum. denique adgnito salutari
praesidio pronus spei, quantum extensis prioribus pedibus adniti poteram,
insurgo valide et cervice prolixa nimiumque porrectis labiis, quanto
maxime nisu poteram, corollas adpetebam. quod me pessima scilicet sorte
conantem servulus meus, cui semper equi cura mandata fuerat, repente
conspiciens indignatus exsurgit et: »quo usque tandem«, inquit, »canthe-
rium patiemur istum paulo ante cibariis iumentorum, nunc etiam simu-
lacris deorum infestum? quin iam ego istum sacrilegum debilem claudum-
que reddam«; et statim telum aliquod quaeritans temere fascem lignorum
positum offendit rimatusque frondosum fustem cunctis vastiorem non
prius miserum me tundere desiit, quam sonitu vehementi et largo strepitu
percussis ianuis, trepido etiam rumore viciniae conclamatis latronibus
profugit territus.

So behandelt und in die Einsamkeit verbannt, hatte ich mich in den Win-
kel des Stalles zurückgezogen, und während ich über die Unverschämtheit
meiner Kollegen nachdenke und darauf sinne, wie ich am nächsten Tage
mit Hilfe von Rosen wieder Lucius sein und mich an dem treulosen Pferd
rächen würde, da erblicke ich am Mittelpfeiler, der die Balken des Stalles trug, fast genau in seiner Mitte, ein Bildnis der Göttin Epona, das in
einem Schrein thronte und liebevoll mit Kränzlein aus noch ganz frischen

---

[1] Apul. met. 3, 27. TEXT: R. Helm, Leipzig 1955 4. INDEX: W. A. Oldfather, H. V. Canter, B. E. Perry, Middletown (Conn.) 1934.

Rosen geschmückt war. Endlich das Mittel zur Erlösung vor Augen, voll gieriger Hoffnung, bäumte ich mich mächtig auf, so hoch ich mich mit ausgestreckten Vorderfüßen aufrichten konnte, machte den Hals lang, stülpte die Lippen ganz weit vor und reckte mich aus Leibeskräften nach den Kränzlein. Bei diesem Versuch, der leider unter einem Unstern stand, erblickte mich plötzlich mein Bursche, der sonst immer mein Pferd zu versorgen hatte, sprang zornentbrannt auf und sprach: »Wie lange sollen wir denn noch dieses Biest ertragen, das vorhin über das Futter der Zugtiere und jetzt sogar über die Götterbilder herfällt? Warum schlage ich diesen Gotteslästerer nicht gleich krumm und lahm?« Gesagt, getan. Auf der Suche nach einer Waffe fiel sein Blick auf ein zufällig daliegendes Bündel Holz; er fischte sich den allerdicksten verästelten [2] Prügel heraus und ließ nicht nach, auf mir Armem herumzudreschen, bis er, da mit lautem Gepolter und heftigem Krachen die Türe eingerannt wurde und die Nachbarn aufgeregt »Räuber, Räuber« schrien, erschreckt flüchtete.

1. Erzählstruktur

Der in einen Esel verwandelte Lucius muß erleben, daß ein Mitesel und sein eigenes treues Pferd ihn von der Futterkrippe verjagen. Am Anfang unseres Abschnittes steht er im Schmollwinkel. Das Plusquamperfekt (*concesseram*) kennzeichnet diese Feststellung als den Hintergrund für das Folgende. Das Nachsinnen über das erlittene Unrecht und das Planen der Rache ist ebenfalls noch nicht als Haupthandlung aufgefaßt, sondern in einem Temporalsatz als retardierendes Moment dem Hauptsatz vorangestellt, der die große Überraschung bringt: *respicio*. Der Esel erblickt das mit Rosen geschmückte Bildnis der Pferdegöttin Epona. Auch innerhalb des Hauptsatzes erhöht die Reihenfolge der Vorstellungen die Spannung: Man sieht zunächst den Stützpfeiler vor sich, dessen Stellung und Funktion erläutert wird, dann das Bild der Göttin und erst am Ende die Kränze mit den erlösenden Blumen. Die rettende Wirkung der Rosen war soeben in den Überlegungen des Lucius kurz angeklungen: So halten sich Retardierung und Vorbereitung die Waage. Apuleius setzt hierauf die Erkenntnis der Rettungsmöglichkeit partizipial bereits voraus, betont in einer Apposition die Hoffnung als treibenden Affekt und zeigt dann im Hauptsatz (*insurgo*) mit sehr anschaulichen ablativischen Erweiterungen die grotesken Verrenkungen des Esels, der nach den Blumen lechzt.

[2] Vgl. Pseudo-Lukian, Lucius 29.

Der Satz endet im Imperfekt – der Versuch ist also noch nicht von Erfolg gekrönt. Der Schwebezustand wird durch ein Partizip der Gleichzeitigkeit verlängert: *quod me ... conantem;* ein Ausblick auf das böse Ende ist, ähnlich der vorhin erwähnten Ankündigung des Rosenmotivs, ablativisch eingeschaltet; dann erst wird das neue Subjekt – der Sklave – genannt und (vergleichbar der Beschreibung des Pfeilers) in einem Nebensatz vorgestellt. Nach diesen retardierenden Vorbemerkungen rollen die Ereignisse Schlag auf Schlag ab: *repente conspiciens indignatus exsurgit et »quo usque tandem« inquit.* Die Dramatik ist dadurch verstärkt, daß das Anführungsverb hinter die beiden ersten Worte der Rede tritt und so das pathetische Cicerozitat isoliert.

Nach der Rede, die wir gesondert betrachten werden, faßt der Schlußsatz eine Fülle von Handlungen zusammen. Dreimal wiederholt sich dabei der Rhythmus »Partizip/Verbum finitum«, zunächst in zwei Hauptsätzen, dann in einem Nebensatz. Mit psychologischem Geschick wird das Aussuchen des Stocks über anderthalb Sätze ausgedehnt (Ausschauen nach einer Waffe – Entdeckung des Holzstoßes – Aufstöbern des stärksten Knüppels); die Mitte des Satzes bildet die Prügelei; das Ende der Prozedur ist kunstvoll in einen Nebensatz verlegt (*non prius ... quam ... profugit*), ein Mittel, das wir im ausgereiftem Erzählstil oft antreffen, vor allem auch in Verbindung mit *donec* [3]. Apuleius fügt jedoch noch eine weitere Feinheit hinzu: Das überraschende, die Handlung vorwärtstreibende Element – der Einbruch der Räuber – ist innerhalb des Nebensatzes in eine ablativische Konstruktion zurückgedrängt; auf diese Weise wird der Leser in atemloser Spannung gehalten.

Der Rhythmus apuleianischen Erzählens ist durch den Wechsel zwischen Spannung, die sich in vorgeschalteten Partizipien und Nebensätzen allmählich aufbaut, und rascher Lösung im Hauptsatz bestimmt. Die effektvolle Verlagerung des abschließenden Ereignisses in einen Nebensatz bildet einen bewußt erstrebten Höhepunkt. Besonders hervorzuheben sind die in ablativischer Konstruktion geschickt eingeflochtenen Vorankündigungen von Themen und Ereignissen, die anschließend wichtig werden. Man beachte auch die Kunst, den am Ende eines Satzes erreichten Schwebezustand am Anfang des folgenden durch ein präsentisches Partizip noch zu verlängern.

Das bisher gewonnene mehr zeichnerische Bild des apuleianischen Erzählstils soll im folgenden durch eine Analyse der Perspektive und der Palette belebt und vertieft werden.

---

3 Zu *donec* J.-P. Chausserie-Laprée, Les structures et les techniques de l'expression narrative chez les historiens latins, REL 41, 1963, 281–296, bes. 295 f.

Im ganzen Text ist der Standpunkt des Esels Lucius beibehalten. Mit ihm zusammen erblickt der Leser aus der Stallperspektive den Pfosten und an ihm das Götterbild der Epona. Aus der menschlichen Vergangenheit mitgebrachte soziale, moralische und juristische Vorstellungen werden konsequent auf die neue Umwelt übertragen. Die anderen Tiere heißen *collegae;* sie haben den Helden vom Futtertrog »relegiert«, das ehedem treue Pferd – eben noch *vector meus probissimus*[4] – hat sich als *equus perfidus* entpuppt. Lucius sinnt auf Rache; in dieser Bedeutung ist *vindicta* ein poetisches und taciteisches Wort. Welch ein Ausdruck in bezug auf ein Pferd! Noch sublimer wird die Sprache beim Anblick der rettenden Rosen – davon später –; einen Kontrast dazu bildet die unmittelbar folgende realistische Schilderung der vergeblichen Verrenkungen des schwerfälligen Eselskörpers. Die ablativi absoluti bringen in die Darstellung ein Element technischer Präzision, das an die berühmte Schilderung der in der bildenden Kunst verewigten Kampfstellung des Chabrias bei Cornelius Nepos[5] oder an die Darstellungen strategischer Manöver und Vorrichtungen bei Caesar erinnern mag. Die Wiederholung *quantum … adniti poteram – quanto maxime nisu poteram* unterstreicht inhaltlich die Anstrengung, formal vielleicht auch die eselhafte Ungeschicklichkeit. Welch ein Kontrast zwischen der poetischen Darstellung des Seelenzustandes und der exakten Schilderung des auf den Hinterbeinen stehenden Tieres! Der Standpunkt der Ich-Erzählung wird auch hier nicht aufgegeben, die »Selbstdarstellung« mit grotesker Konsequenz durchgeführt.

Die Paradoxie einer Kontinuität des Bewußtseins bei verwandelter Gestalt wird in der Begegnung zwischen Herr und Knecht herausgearbeitet: *servulus meus* bezieht sich auf das frühere Ich; *quod me … conantem* in demselben Satz auf das neue. Dadurch wird die Vertauschung der Machtverhältnisse in ihrer Komik unterstrichen; der Sklave apostrophiert seinen Herrn als abgetakelten Klepper und traktiert ihn mit Schlägen: burleske Variante einer von Ovid in der Actaeon-Erzählung tragisch gestalteten Situation.[6]

---

[4] Met. 3, 26.

[5] Nep. Chabr. 1, 2 f.: *fugatis iam ab eo conducticiis catervis reliquam phalangem loco vetuit cedere obnixoque genu scuto, proiecta hasta impetum excipere hostium docuit … hoc usque eo tota Graecia fama celebratum est, ut illo statu Chabrias sibi statuam fieri voluerit.* Mit dieser Beschreibung setzt sich noch Lessing im Laokoon 28 auseinander.

Vielleicht am frappierendsten ist die Beibehaltung des gewählten Standpunktes am Ende unseres Abschnittes: Der Überfall der Räuber ist in der Sicht
des Esels zunächst kein Hauptereignis, sondern nur insofern von Bedeutung,
als der Sklave dadurch veranlaßt wird, das Weite zu suchen, so daß das Tier
von seinem Quälgeist befreit wird.

3. Transparenz der Sprache

Das Adjektiv *rosarius*, das sonst in konkretem Sinne verwendet wird,[7] behält auch hier seinen ›technischen‹ Charakter, wird aber durch den Zusammenhang dem Konkreten entrückt; die Verbindung von technischer Sprache und
geheimnisvollem Inhalt schafft die spezifische Atmósphäre des Magischen.
Auch *auxilium*, ursprünglich militärischer Terminus[8] gibt dem Ausdruck nüchterne Schärfe. So genau die Sprache, so verschwommen die Vorstellung. Die
gegenständliche Bezeichnung »Rosen« wird vermieden. Das Abstrakte der
Wendung meint etwas durch Rosen Wirkendes oder Rosenhaftes, in dem die
Hilfe sich manifestiert: Der Ausdruck weist das Gegenständliche transzendie-
rend über sich selbst hinaus auf die mystische Erlösung im elften Buche.

In gleiche Richtung deutet die Wortverbindung *adgnito salutari praesidio.*
Die Preziosität bei der Erwähnung der Empfindungen des Lucius angesichts
der Rosen wirkt verfremdend. Obwohl die einzelnen Wörter alle bei Cicero
vorkommen, sind doch die Wortzusammenstellungen in ihrem religiösen Ton
apuleianisch. Ähnlich wie *auxilium* ist auch *praesidium* ursprünglich militärischer Fachausdruck; in unserem Roman wird es meist in ganz äußerlichem
Sinne verwendet;[9] einmal steht es in gebetsartigem Zusammenhang: Ein Mäd-
chen, das vor Räubern flieht, betet zu den Göttern um Hilfe und redet den
Esel Lucius als »*praesidium meae libertatis meaeque salutis*« an. Anspruchsvoll
wird 2, 18, 18 der Dolch als *salutis meae praesidia* bezeichnet. Das fast im
Sinne von »Mittel« gebrauchte technische Wort gewinnt an der Stelle, von der
wir ausgingen, durch die Verbindung mit dem Adjektiv *salutare* magisch-reli-
giösen Klang. Man kann dies im einzelnen belegen. Im elften Buche spricht die

---

6 *Heu famulos fugit ipse suos* (Ov. met. 3, 229). Apuleius verwendet den Actaeon-
Mythos 2, 4; die Analogie zum Schicksal des Lucius ist offensichtlich. H. Riefstahl
(Der Roman des Apuleius, Frankfurter Studien 15, 1938, 67–69) geht freilich nicht
auf die oben herausgearbeitete Rolle des Sklaven ein.

7 Vgl. Forcellini s. v.   8 S. Walde-Hofmann s. v.

9 S. den Index Apuleianus s. v.

Himmelskönigin Isis: *iam tibi providentia mea illucescit dies salutaris* (11, 5, 20).[10]

Den Sinn der Chiffre *praesidium salutare* wird die Szene des letzten Buches offenbaren, in der der Priester dem Esel einen Kranz von Rosen reicht und ihn auf diese Weise erlöst. Man beachte dabei die kühne Verwendung von *salus: fata salutemque ipsam meam gerens sacerdos adpropinquat... mihi coronam.*[11] Die grammatikalische Konstruktion läßt hier empfinden, daß der Priester zugleich *salus* und *corona* bringt. Diese Parallelisierung, die einer Identifikation nahekommt, überbietet den Ausdruck des von uns interpretierten Textes und macht deutlich, was hinter seiner abstrakten Verschwommenheit steht.

An dritter Stelle sei die Wendung *pronus spei* in ihrer Transparenz erklärt. Das Adjektiv *pronus*, das bezeichnenderweise in Ciceros Reden und Briefen fehlt, ist ein stilistisch keineswegs anspruchsloses Wort;[12] semantisch bezeichnet es im Gegensatz zum aufrechten Gang des Menschen die nach vorn geneigte Haltung des Tieres[13] und damit oft seine triebhafte Natur.[14] Syntaktisch ist die Verbindung *pronus spei* ein preziöser Konstruktionstypus, der sich im Anschluß an Altlateinisches und nicht ohne griechische Einflüsse vor allem in der Poesie ausgebreitet hat.[15] Lucius ist also »in seiner Hoffnung triebhaft«[16]. Die Schilderung des aufgerichteten Eselskörpers mit dem ausgestreckten Hals und den vorgestülpten Lefzen ist ein einziges groteskes Portrait der Gier. Einen lehrreichen Kontrast dazu bildet die bewußte, »menschenartige« Zurückhaltung des Esels bei der wirklichen Erlösung im letzten Buch: *Nec tamen gaudio*

---

[10] Vgl. 11, 22, 5 *deae potentis benignitas salutaris;* 11, 25, 6 *salutarem porrigas dexteram.*

[11] Met. 11, 12.

[12] Cicero gebraucht es viermal in den philosophischen Schriften, davon zweimal in dem »historischen« zweiten Buch von rep. (2, 41, 68; 2, 26, 47); Sallust und Tacitus kennen das Wort; auch bei Dichtern ist es nicht selten.

[13] Ov. met. 1, 84 f. *pronaque cum spectent animalia cetera terram, os homini sublime dedit.*

[14] So werden in unserem Roman die Augen der unkomplizierten Fotis, die im Grunde die Eselsverwandlung des Lucius verschuldete, als *prona libidine marcidos* bezeichnet (3, 14).

[15] Material bei Kühner - Stegmann 435–451, bes. 445; zur Deutung vgl. Hofmann - Szantyr 77–81, bes. 79 c und 75 β.

[16] Ganz ähnlich 8, 11 *inrepit cubiculum pronus spei.*

subitario commotus inclementi me cursu proripui, verens scilicet, ne repentino quadripedis impetu religionis quietus turbaretur ordo, sed placido ac prorsus humano gradu cunctabundus paulatim obliquato corpore, sane divinitus decedente populo, sensim inrepo (11, 12). Während in dem von uns interpretierten Text die Triebhaftigkeit und die tierische Gestalt betont werden, bereitet in der eigentlichen Erlösungsszene das »menschliche« Ethos der Gangart die Rückverwandlung vor.[17] Erst, als ihm der Kranz gereicht wird, darf er ihn verschlingen.[18]

In eben dieser Szene wird auch die Wandlung der *spes* durch den sprachlichen Ausdruck angedeutet. An die Stelle von *pronus spei* tritt *cupidus promissi*. Zwischen beiden Ereignissen liegt die Offenbarung, die den Umschwung vorbereitet und durch ein Versprechen die bloße Hoffnung in feste Zuversicht verwandelt hat; bezeichnenderweise ging der Göttererscheinung das Gefühl des Lucius voraus, sein Leidensweg werde nun bald zu Ende sein: *fato scilicet iam meis tot tantisque cladibus satiato et spem salutis, licet tardam, subministrante* (11, 1).[19]

Auch eine Einzelheit unserer Szene wie das Bildnis der Göttin Epona weist über sich selbst hinaus auf die Isis des letzten Buches. Während an der früheren Stelle der Esel versucht, der Göttin die ihr geweihten Rosen gewaltsam zu entreißen, betet er zu Beginn des elften Buches aufrichtig, worauf sich ihm Isis gnädig im Traume offenbart: ein bedeutsames Gegengewicht zu dem »Sakrileg«, für das Lucius von seinem eigenen Sklaven so hart gezüchtigt wird!

---

[17] Technisch liegt hier ein von Ovid häufig verwendetes Darstellungsprinzip zugrunde, vgl. Verf., Die Verwandlung bei E. T. A. Hoffmann und bei Ovid, Antike und Abendland 10, 161–180, bes. 162 ff.

[18] *Avido ore susceptam cupidus promissi devoravi* (11, 13). Schon einmal hat Lucius sich zurückgehalten, freilich nicht aus reiner Selbsterkenntnis, sondern weil er sich in seiner Eselsgestalt vor den Räubern sicherer fühlte (3, 29, 16); dieselbe Rolle spielt der Selbsterhaltungstrieb beim Verzicht auf die falschen und giftigen Lorbeerrosen (4, 2). Die Rosen spielen bei Apulelus eine doppelte Rolle: Der mystischen voraus geht die erotische (2, 16, 2 in der Liebeskammer; vgl. Hor. carm. 1, 5, 1; im Märchen von Amor und Psyche 6, 11, 3; vgl. von körperlichen Reizen *roseus* 2, 17, 5; 2, 8, 13; im Märchen von Amor und Psyche von den Füßen der Venus 4, 31, 12; Fotis ist eine irdische Venus: 3, 22, 13). Eine symbolische Vorankündigung kann man in den Anfangsworten des die Verwandlung berichtenden dritten Buches (Auroras Rosenarm) sehen, vgl. R. Heinze, Virgils epische Technik, Leipzig 1914³, 366–370. Eine mystische Spiegelung ist Psyches Rosenblut (5, 23, 6; der Esel Lucius ist ja ein mißglückter Amor, vgl. 3, 22, 13) und die Rosen der himmlischen Hochzeit 6, 24, 7.

[19] Ein weiterer Schritt ist die Erwartung der Initiation (11, 21).

Beide Szenen – die mißlungene wie die mystische Erlösung – fehlen bei Pseudo-Lukian, sind also in ihrer wechselseitigen Bezogenheit, die bis ins Sprachliche reicht, für die Gestaltungsart des Apuleius in besonderem Maße charakteristisch.[20]

Der Inhalt wie die Sprachhaltung unserer Szene spricht also eindeutig für den inneren Zusammenhang des Schlusses mit dem übrigen Werk.[21]

4. Glanzlichter

Anschaulich und farbig sind Wortschatz und Stil, freilich nicht etwa nur in sublimen Zusammenhängen, sondern auch – und fast noch mehr – in der Prügelszene. Das alt- und spätlateinisch belegte *quaeritans* ist ausdrucksvoller als *quaerens*, *offendit* plastischer als *vidit*, *rimatusque* sprechender als *quaerens*, *vastiorem* ungleich bedrohlicher als *maiorem*, auch *tundere* ist durch die damit verbundene Vorstellung von Intensität und handwerklicher Gründlichkeit recht drastisch.

Von rhetorischer Brillanz ist die bereits dargestellte klare, meist zweiteilige Satzgliederung, die durch rhythmische Mittel noch unterstrichen wird, wie die Klauseln an den Satzschlüssen zeigen.[22] Neckisch ist das Spiel mit Ciceroreminiszenzen in der Rede des Sklaven, die wir nun betrachten:

Auf *quousque tandem* folgt nach einer Kunstpause nun nicht etwa der Name Catilina, sondern das ebenso anlautende Schimpfwort *cantherius*. Ein für Apuleius charakteristisches gereimtes Isokolon stellt die Verbindung zwischen der vorhergehenden und der jetzigen Szene her (*cibariis iumentorum... simulacris deorum*).[23] Mit dem Adjektiv *infestus* wird das Stilniveau der Catili-

---

[20] A. Lesky (Apuleius von Madaura und Lukios von Patrai, Hermes 76, 1941, 43–74) behandelt umsichtig die Quellenfrage im Sinne der allgemeinen Ansicht, daß Apuleius und Pseudo-Lukian auf eine gemeinsame Quelle zurückgehen. Auf unsere Stelle geht er, soviel ich sehe, nicht ein.

[21] Die Sonderstellung des Schlusses betont einseitig R. Helm, Einleitung zu Apuleius Metamorphosen (lateinisch und deutsch), Berlin und Darmstadt 1956, 6.

[22] Zum Klauselrhythmus bei Apuleius s. M. Bernhard, Der Stil des Apuleius (Tüb. Beitr. 2), Stuttgart 1927, 249–255.

[23] Nach F. Polheim, Lateinische Reimprosa, Berlin 1925, 206, ist Apuleius »der reimfreudigste Schriftsteller der Antike«. Zur Isokolie bei Apuleius s. M. Bernhard 87 ff. 289 ff. 307 ff. 345 ff. Man beachte den das Pathos erhöhenden generalisierenden Plural; ähnlich kann man bei uns hören »Es sind Damen anwesend«, auch wenn es sich nur um eine einzige Dame handelt.

narien[24] eingehalten; der Vorwurf des Sakrilegs erinnert an die nicht weniger berühmten Verrinen; vgl. 1, 18, 47: *illine tu templo... tam sancto, tam religioso manus impias ac sacrilegas affere conatus es?*[25] Apuleius läßt gewissermaßen wie Cicero im Verrinencorpus auf die Anklage *de re frumentaria*[26] die Klage *de signis* (über die Götterbilder) folgen. Diese Gegenüberstellung unterstreicht spielerisch die Bedeutung der vorliegenden Szene, die neu ist und das »Futtermotiv« der griechischen Vorlage durch das Erlösungsthema überbietet.[27] Eine brutale Drohung bildet den Abschluß; nach einem bei Tacitus häufig anzutreffenden Verfahren adelt Apuleius eine gängige Wortzusammenstellung dadurch, daß er die Reihenfolge ändert: Während sonst *claudus* vor *debilis* steht,[28] stellt Apuleius das zweisilbige Wort nach, eine Härte, die durch das angehängte -*que* gemildert wird.

5. Transzendierendes Sprechen und Distanz

Im Vergleich mit Petron ist der Sprachcharakter bei Apuleius einheitlicher;[29] die Erzählung selbst ist weniger schlicht und die Sprache des Dialogs nirgends so betont vulgär wie stellenweise im Gastmahl des Trimalchio. Apuleius schreibt eine Kunstsprache, die stark mit poetischen Elementen durchsetzt ist; solches gab es ab und zu auch im Satyricon (beispielsweise an manchen Übergangsstellen zwischen Prosa- und Verspartien), doch ist die Skala der Stildifferenzen bei Petron größer, obwohl auch bei ihm ein einheitlicher künstlerischer Wille am Werke ist. Prosa und Poesie durchdringen sich bei Apuleius unauflöslich. Anders als bei Petron, dessen Stil auch in den urbanen und sogar

[24] Vgl. Cic. Catil. 1, 5, 11: *quod hanc tam taetram, tam horribilem tamque infestam rei publicae pestem totiens iam effugimus.*

[25] Vgl. auch Verr. II 5, 72, 188: *quorum templis et religionibus iste... bellum sacrilegum semper impiumque habuit indictum.*

[26] Bernhard (311–314) beachtet die Ciceronachfolge nicht in den Metamorphosen, sondern nur in den Florida; bezeichnenderweise befinden sich unter den in den Florida nachgeahmten Reden auch die Verrinen, besonders de re frumentaria.

[27] Vgl. Pseudo-Lukian, Lucius 15.

[28] Vgl. Hofmann, ThLL 5, 1, 1, 1910, 108, 50f. und 62.

[29] Die Einheitlichkeit des Stils der Metamorphosen hat Bernhard 255–258 mit Recht betont. Nur noch komisch kann heute die moralische Entrüstung wirken, mit der E. Norden, Kunstprosa 600–605, die Sprachbehandlung des Apuleius verhöhnt. Unabhängig davon ist natürlich von ihm die Verbindung des Apuleius mit der Sophistik richtig gesehen.

in den poetischen Partien durch Klarheit und Schärfe besticht und jedes Sentiment durch Ironie relativiert, herrscht im Goldenen Esel ein milder Humor, der die Erzählung durch bald spielerische, bald anspruchsvolle Formulierung in eine Atmosphäre des Märchenhaften taucht. Der Roman besitzt bei aller Freizügigkeit ἦθος und Stimmung, ja fast wieder etwas wie eine Maske der Naivität, hinter der sich ein philosophisch-religiöses Weltgefühl halb verbirgt, halb offenbart. Apuleius will nicht so sehr mit kritischem Blick Hohlheit und Oberflächlichkeit entlarven, als vielmehr das menschliche Dasein in seiner ganzen Breite unter dem Aspekt des Wunderbaren und Unerwarteten für höhere Zusammenhänge transparent werden lassen. Daher auch die kunstvolle und feierliche Sprache, die preziös und spielerisch das Geschehen mit mystischem Schimmer überhaucht. Über diesen letzten Hintergründen soll freilich die aufgeschlossene und umfassende Menschlichkeit des Apuleius nicht vergessen werden. Es würde die künstlerische Wirkung beeinträchtigen, wenn die metaphysischen Fundamente seiner Humanität deutlicher als unbedingt notwendig im Roman hervorträten. [30]

In ihrer Künstlichkeit wirkt die Sprache des Apuleius bei aller individuellen und humoristischen Färbung doch verklärt und distanziert. Vermag doch weder weltoffene Beobachtungsgabe noch philosophisch-religiöse Gestimmtheit allein der Sprache Spontaneität und Erfülltheit zurückzugeben; vielmehr kommt bei dem Versuch, durch die bald reizvolle, bald bizarre Ausgestaltung der Oberfläche über das äußere Geschehen hinauszuweisen, ein transzendierendes Sprechen zustande. Von einer solchen Sprachsituation hatte auch die christliche Kirche im lateinischen Bereich auszugehen. Zwar wurde das Lateinische immer weniger zur naiv gesprochenen Muttersprache – bereits für Apuleius ist es »langue prêtée« –, aber als symbolträchtiges und überpersönliches Wort hat es fortgelebt, nicht zuletzt dank der Metamorphose der Sprachhaltung in jener späten Epoche, der schon Apuleius angehört.

---

[30] Vgl. 11, 23 *Ecce tibi rettuli quae quamvis audita, ignores tamen necesse est.*

ANHANG

Zusätze

Seite 12, Abs. 4, Z. 1 zum Stichwort »Stil« neue Anm.: Zum Stilbegriff s. nun W. Ax, Sprachstil in der lateinischen Philologie, Beiträge zur Altertumswissenschaft 1, Hildesheim/New York 1976.

Seite 13, zweite Zeile von unten zum Stichwort »verstanden werden« neue Anm.: Eine gründliche Besprechung einiger Kapitel des vorliegenden Buches und eine reichhaltige Bibliographie findet sich bei G. Calboli, Nota di aggiornamento a Eduard Norden, La prosa d'arte antica dal VI secolo all'età della rinascenza, Roma 1986, 971-1185.

Seite 15, Anm. 1 nach »Leipzig 1962.« füge an: Vgl. jetzt auch Caton, De l'agriculture, texte établi, traduit e commenté par R. Goujard, Paris 1975; M. Porcius Cato, Vom Landbau, Fragmente, Alle erhaltenen Schriften, lat.-dt., hg. von O. Schönberger, München 1980. Monographie von F. Della Corte, Catone censore, La vita e la fortuna, Turin 1949, Florenz [2]1969.

Seite 16, Anm. 8 nach »Ekphraseis).« füge an: Zum allgemeinen Unterschied zwischen De agricultura und den anderen Werken Catos s. auch S.V.F. Waite, A Computer Assisted Study of the Style of Cato the Elder with Reference to Sallust and Livy, Harvard Studies in Classical Philology 74, 1970, 348f. Vgl. auch S.V.F. Waite, Approaches to the Analysis of Latin Prose applied to Cato, Sallust, and Livy, Revue de l'Organisation internationale pour l'étude des langues anciennes par ordinateur 2, 1970, 91-120.

Seite 17, Anm. 25 nach »bes. 360.« füge an: Vgl. auch M. Fuhrmann, Das systematische Lehrbuch. Ein Beitrag zur Geschichte der Wissenschaften in der Antike, Göttingen 1960, 157-159.

Seite 19, Anm. 27 nach »134 u.ö.« füge an: Vgl. jetzt auch K.D. White, Roman Agricultural Writers I: Varro and his Predecessors, Aufstieg und Niedergang der römischen Welt I, 4, 1973, 439-497. Beachtliche Kenntnisse in griechischer Sprache und Wissenschaft nimmt an: S. Boscherini, Lingua e scienza greca nel 'De agri cultura' di Catone, Roma 1970.

Seite 24, Anm. 36, nach »unergiebig.« füge an: Die neueste Textausgabe (M. Porci Catonis orationum reliquiae, Introduzione, testo critico e commento filologico a cura di M.T. Sblendorio Cugusi, Turin 1982, liest in 167 *impune* (statt *impoene*) und in 168 *Rodiensibus nunc aberit.* Diese Ausgabe enthält einen detaillierten Kommentar.

Seite 30, Anm. 50 nach »München 1965, 786-790.« füge an: Zum Stil der Reden (im Vergleich mit agr. und orig.) s. M.T. Sblendorio, Note sullo stile dell'oratoria catoniana, Annali della Facoltà di Lettere e Filosofia dell'Università di Cagliari 34, 1971, 5-32.

Seite 37, Anm. 78, nach »166, 167, 168, 169.« füge an: Dieser Aspekt scheint mir wichtiger zu sein als das kontroverse Problem des Prosarhythmus: Sein Vorhandensein bei Cato wird sowohl behauptet (E. Fraenkel, Leseproben aus Reden Ciceros und Catos = Sussidi eruditi 22, Rom 1968, 125-128), als auch abgestritten (A. Primmer, Der Prosarhythmus in Catos Reden, in: D. Ableitinger und H. Gugel, Hg., Festschrift für Karl Vretska zum 70. Geburtstag, Heidelberg 1970, 174-180). Fraenkel entdeckt mit Recht Kolonbildungen; der Periodengebrauch ist nicht vollständig ausgebildet. Ich teile die Vorbehalte Primmers hinsichtlich des Bewußtheitsgrades von Catos Praxis.

Seite 40, Anm. 85 nach »A.O. 165« füge an: Neue Gesamtwürdigung der Origines: W. Kierdorf, Catos »Origines« und die Anfänge der römischen Geschichtsschreibung, Chiron 10, 1980, 205-224.

Seite 42, Anm. 93 nach »Leo 299.« füge an: Zu den Archaismen bei Cato s. jetzt die abwägende Behandlung von G. Prugni, Per un riesame degli arcaismi Catoniani (rileggendo il Till), Quaderni dell'Istituto di Filologia Latina dell'Università di Padova 2, 1972, 25-36.

Seite 46, Anm. 110 nach »Usus ab?« füge an: Zur Unsicherheit hinsichtlich des Namens vgl. Frontin. 1,5,15 (4,5,10). Von Wichtigkeit für das Thema insgesamt ist S. Lundström, Vermeintliche Glosseme in den Tusculanen, Uppsala 1964, 323-328: Cic. Tusc. 1, 101 gehört in diesen catonischen Kontext.

Seite 52, Anm. 3 nach »1917².« füge an: Vgl. jetzt auch L. Piacente, Cic. Verr. II 5, 162, Quaderni dell'Istituto di lingua e letteratura latina (Univ. di Roma, Facoltà di Magistero) 1, 1979, 89-94. Piacente weist darauf hin, daß die Wiederholung des Wortes *crux* (162) auf eine Konjektur zurückzuführen ist. Ich halte diese Konjektur für notwendig, besonders deswegen, weil *inquam* folgt.

Seite 57, Anm. 25 statt »Malcovati²« lies »Malcovati⁴«

Seite 60, Z. 3 zum Stichwort »Erzählweise« neue Anm.: Allgemein zu dem Thema bei Cicero s. jetzt auch R.C. McClintock, Cicero's Narrative Technique in the Judicial Speeches, Diss. Chapel Hill 1975; Microfilm: Dissertation Abstracts 36, 1975, 3672A; D. Berger, Cicero als Erzähler. Forensische und literarische Strategien in den Gerichtsreden, Europäische Hochschulschriften 15, 12, Frankfurt/Bern/Las Vegas 1978; M. Fuhrmann, Narrative Techniken in Ciceros zweiter Rede gegen Verres, in: Der altsprachliche Unterricht 26, 1980, Heft 3, 5-17; J. Blänsdorf, Erzählende, argumentierende und diskursive Prosa, Würzburger Jahrbücher N.F. 4, 1978, 107 ff.

Seite 62, Z. 4 zum Stichwort »Gemination:« neue Anm.: In der Wiederholung des Wortes *crux* sieht Piacente (s. Zusatz zu S. 52) das Werk eines Humanisten; doch setzt das folgende *inquam* eine Wiederholung von *crux* voraus.

Seite 62, Anm. 48: statt »Malcovati²« lies: Malcovati⁴

Seite 65, Anm. 60: statt »Malcovati²« lies: Malcovati⁴

Seite 65, Anm. 63: statt »Malcovati²« lies: Malcovati⁴

Seite 66, Anm. 65, 66, 70: statt »Malcovati²« lies: Malcovati⁴

Seite 69. Anm. 84: statt »Malcovati²« lies: Malcovati⁴

Seite 75, Anm. 1, Z. 3 nach »bes. p. 175.« füge an: Zur Leichenrede auf Iulia s. jetzt W. Kierdorf, Laudatio funebris, Interpretationen und Untersuchungen zur römischen Leichenrede, Meisenheim am Glan 1980, 114f. Zur Gattung im ganzen s. D. Flach, Antike Grabreden als Geschichtsquelle, in: R. Lenz, Hg., Leichenpredigten als Quelle historischer Wissenschaften, Köln/Wien 1975, 1-35.

Seite 76, Abs. 2, Z. 2 zum Stichwort »Gedankenführung.« neue Anm.: Nach Kierdorf (zitiert oben im Zusatz zu S. 75) 60 hatten Leichenreden der archaischen und klassischen Zeit keinen Prolog; folglich ist der Text als Redeeingang anzusehen.

Seite 78, Anm. 10, nach »unterschätzen.« füge an: Nach G. Kennedy, The Art of Rhetoric in the Roman World 300 B.C. – A.D. 300, Princeton, N.J. 1972, 284, sind die Reden, die auf uns gekommen sind, ›simple in composition and diction‹, und ihr Stil ist von der analogistischen Theorie beeinflußt.

Seite 79, Abs. 3, Z. 3 zum Stichwort »Abstammung.« neue Anm.: Der gewöhnliche Topos »Erwähnung der Vorfahren« erhält einen Inhalt, der für den Sprecher bezeichnend ist. Kierdorf (zitiert oben, Zusatz zu S. 75) 116 und 135 rechnet mit propagandistischer Absicht.

Seite 80, Anm. 26 nach »Berlin 1961¹⁹.« füge an: Den Absatz bespricht jetzt H.A. Gärtner, Beobachtungen zu Bauelementen in der antiken Historiographie, bes. bei Livius und Caesar, Historia Einzelschriften, Heft 25, Wiesbaden 1975, 75-78, 96. Allgemein dazu G. Pascucci, Interpretazione linguistica e stilistica del Cesare autentico, Aufstieg und Niedergang der römischen Welt I, 3, 1973, 488-522; J. Kroymann, Caesar und das Corpus Caesarianum in der neueren Forschung. Gesamtbibliographie 1945-1970 (1972), ebd. I 3, 1973, 457-487.

Seite 80, Abs. 2, Z. 1 zum Stichwort »Postero die« neue Anm.: Zu *postero die* und ähnlichen ›natürlichen‹ Verknüpfungen s. J.-P. Chausserie-Laprée, L'expression narrative chez les historiens latins. Histoire d'un style, Paris 1969, 24-28, 29-32.

Seite 81, Abs. 2, Z. 5 zum Stichwort »als später.« neue Anm.: Vgl. hierzu jetzt auch H. Haffter und E. Römisch, Caesars Commentarii de bello Gallico, Interpretationen – didaktische Überlegungen, Heidelberg 1971, 14.

Seite 81, Anm. 32 nach »151 u.ö. «füge an: Zum *ablativus absolutus* als >künstlichem< Verbindungsmittel s. Chausserie-Laprée 109-124.

Seite 82, Anm. 37 nach »Köln 1922.« füge an: B. Borecký, Beobachtungen über das Verbindungsglied und die Wortfolge bei Caesar und Livius, in: I. Fischer, Hg., Actes de la XIIe Conférence Internationale d'Etudes Classiques Eirene (Cluj 1972), Bukarest und Amsterdam 1975, 339-347.

Seite 84, Z. 4 (Überschriften nicht mitgezählt) zum Stichwort »Folgende« neue Anm.: Gleichzeitig wird der Leser über die strategische Lage unterrichtet (hierzu allgemein H. Montgomery, Caesar und die Grenzen – Information und Propaganda in den Commentarii de bello Gallico, SO 49, 1973, 57-92, bes. 74).

Seite 84, Z. 4 von unten zum Stichwort »Handelnder« neue Anm.: Die Art und Weise, wie Caesar sich und seinen Namen in den Bericht einbringt, untersucht E.D. Kollmann, Die Macht des Namens. Beobachtungen zum »unpersönlichen« Stil Caesars, Studii Clasice 17, 1977, 45-60.

Seite 86, Anm. 44 nach »(= Suphan 9,333).« füge an: Vgl. auch M. Spilman, Cumulative Sentence Building in Latin Historical Narrative, Univ. of California Publications in Class. Philology 11, 1930-1933, 153-247, bes. 241: >Caesar's writing affords the most important illustration of the cumulative – complex sentence.<

Seite 87, Anm. 53 nach »im 1. Buch des bellum Gallicum.« (Z. 8 der Anm.) füge an: Über das Bellum Gallicum als literarisches Werk, in dem das Material planvoll angeordnet ist, s. H. Montgomery (zitiert oben, Zusatz zu S. 84) 74. Zu Caesars schriftstellerischer Entwicklung s. Haffter-Römisch (zitiert oben Zusatz zu S. 81) 14. Einen Wechsel vom Kommentarienstil zum historiographischen Stil bestreitet W. Görler, Die Veränderung des Erzählerstandpunktes in Caesars Bellum Gallicum, Poetica 8, 1976, 95-119, bes. 95-98 (es handle sich eher um einen Wechsel der Perspektive von einer persönlichen Sicht zu einem auktorialen Standpunkt).

Seite 88, Anm. 57 nach »im Gnomon.« füge an: Ebd., Caesar as Political Propagandist, Aufstieg und Niedergang der römischen Welt I, 1, 1972, 922-966 (Selbstdarstellung, nicht Selbstrechtfertigung: 940f.). Daß Caesar seine Politik in Gallien verteidigen mußte, bezweifelt auch H. Montgomery (zitiert oben, Zusatz zu S. 84) 80f.; doch nimmt er an, das Ziel könnte Propaganda im politischen Kampf mit Pompeius gewesen sein (ebd. 82). Vgl. auch F.-H. Mutschler, Erzählstil und Propaganda in Caesars Kommentarien, Heidelberg 1975.

Seite 90, Anm. 1 nach »München 1941.« füge an: Kommentar von K. Vretska, C. Sallustius Crispus, De Catilinae Coniuratione, 2 Bde., Heidelberg 1976 (zu unserem Abschnitt: I, 216-219). Forschungsüberblick: C. Neumeister, Neue

Tendenzen und Ergebnisse der Sallustforschung (1961-1981), Gymnasium 93, 1986, 51-68.

Seite 91, Anm. 5 nach »K. Latte, Sallust, Leipzig und Berlin, 1935, 10; 2., unveränderte Auflage, Darmstadt 1962, 10.« füge ein: K. Latte, in: V. Pöschl, Hg., Sallust, Wege der Forschung 94 (Darmstadt 1981²), 401-460, bes. 410 ff.

Seite 92, Anm. 7 nach »Oslo 1933, 72-75.« füge an: Ders., Zur sprachlichen Entwicklung des Sallust, SO 39, 1964, 13-37 (28-35 Materialsammlung und Bemerkungen zum Gebrauch der Alliteration).

Seite 92, Anm. 9 nach »2; 5.« füge an: ; bei Pöschl, Hg. (zit. oben, Zus. zu S. 91) 402; 405.

Seite 92, Anm. 10 nach »47.« füge an: E. Norden, Ennius und Vergilius, Berlin/Leipzig 1915, 54, Anm. 1 versucht zu zeigen, daß in *Cat.* 10,5 eine Variante eines trochäischen Tetrameters vorliege: *aliud habet in lingua promptum, aliud clausum in pectore,* also ein direktes Dichterzitat. Weitere Vermutungen poetischer Vorlagen bei Vretska z. St.

Seite 93, Anm. 13 nach »besonders 146f.« füge an: Vgl. W. Kroll, Die Sprache des Sallust, Glotta 15, 1927, 280-305, bes. 280 mit Anm. 3.

Seite 93, Anm. 15, nach »das Doppelte.« füge an: Zum Problem s. jetzt B. Heßen, Der historische Infinitiv im Wandel der Darstellungstechnik Sallusts, Frankfurt/M. 1984, bes. 147. Im Catilina dient der historische Infinitiv noch der Intensivierung, während man im Jugurtha beobachten kann, wie er zu einer Manier wird.

Seite 97, Anm. 24 nach »Minn. 1890.« füge an: Die wichtigsten Gesichtspunkte bezüglich des Chiasmus faßt Kroll (a.O. 300) gut zusammen.

Seite 98, Z. 8 zum Stichwort »Gegensatz aus;« neue Anm.: Zur Einzigartigkeit dieses Passus hinsichtlich des historischen Infinitivs s. Heßen (zit. oben, Zusatz zu S. 93) 61.

Seite 99, Z. 12 zum Stichwort »(vgl. 11,1).« neue Anm.: Zum Problem der *ambitio* vgl. L. Schmüdderich, Zur Staats- und Gesellschaftstheorie in Sallusts Catilina, Der altsprachliche Unterricht 18, 3, 1975, 65-70, bes. 68; während theoretisch *ambitio* zu den *adiaphora* gehören mag (*nam gloriam, honorem, imperium bonus et ignavus aeque sibi exoptant* 11,2), und sie tatsächlich *propius virtutem* sein mag (11,1), ist sie doch für Sallust mehr *ambitio mala* (4,2) und ein *vitium* (11,1), da sie sich zunehmend als Fehlhaltung zeigt.

Seite 101, Anm. 40 nach »113, 3-7.« füge an: Kommentar: C. Sallustius Crispus, Bellum Iugurthinum, erläutert und mit einer Einleitung versehen von E. Koestermann, Heidelberg 1971 (zu unserem Textstück 384-386).

Seite 102, Z. 1 von unten zum Stichwort »Bewegung«: neue Anm.: Richter 765 stellt einen ähnlichen Fall von Perspektivenverengung fest, und zwar in der Szene, in der die Römer auf den beschämenden Vertrag mit Jugurtha reagieren (Kap. 30).

Seite 104, Z. 4 von unten zu dem Stichwort »Gegenstand.« neue Anm.: Vgl. Koestermann z.St.

Seite 105, Abs. 3, Z. 3 zum Stichwort »abgetrennt.« neue Anm.: Koestermann z.St. hebt die pointierte Juxtaposition der beiden Antagonisten hervor und bemerkt, man könne sich vorstellen, wie sie einander ins Auge blickten.

Seite 106, Anm. 52 nach »Ullmann ebd.).« füge an: Vgl. auch Vretska S. 194f. zu den epischen Klauseln in Cat. 10f. (Text I). S. jetzt die Monographie von H. Alili, the Prose Rhythm of Sallust and Livy, Acta Univ. Stockholm., Studia Latina 24, Stockholm 1979.

Seite 107, Abs. 4, Z. 6 zum Stichwort »Partien.« neue Anm.: Richter 759 bemerkt zu Cat. 14, 2, Sallust häufe nicht nur Asyndeta auf ein und demselben engen Raum in verschiedenen Satzteilen, sondern er verbinde dieses Mittel noch mit anderen, um dem Stil besondere Erlesenheit statt Kürze und Geschwindigkeit zu verleihen; sie sollten den Stil absichtlich überladen erscheinen lassen, ohne doch letztlich den Anspruch auf *brevitas* aufzugeben. Zur Schwenkung zum Manierismus ebd. 760 und 769.

Seite 110, Anm. 1 nach »Gellius 9, 13, 7-19.« füge an: Zur Eigenart der spätannalistischen Schreibart im allgemeinen und zu Claudius Quadrigarius im besonderen s. E. Badian, Latin Historians, London 1966, 18-20 und D. Timpe, Erwägungen zur jüngeren Annalistik, in: Antike und Abendland 25, 1979, 97-119. Zur Entwicklung der Charakterzeichnung in der römischen Geschichtsschreibung vgl. M. Rambaud, Recherches sur le portrait dans l'historiographie romaine, Les Etudes Classiques 38, 1970, 417-447 und W. Richter, Charakterzeichnung und Regie bei Livius, in: E. Lefèvre, E. Olshausen, Hg., Livius. Werk und Rezeption. Festschrift für E. Burck zum 80. Geburtstag, München 1983, 59-80.

Seite 112, Z. 4 zum Stichwort »iuvenum« neue Anm.: Zu Livius' Behandlung der *iuventus* als Kriegerkaste der gleichen Altersgruppe in der archaischen Gesellschaft vgl. J.P. Néraudau, L'exploit de Titus Manlius Torquatus (Tite-Live 7, 9, 6-10). Réflexion sur la ›iuventus‹ archaïque chez Tite-Live, in: Mélanges offerts à J. Heurgon, Paris 1976, II, 685-694.

Seite 112, Z. 9 von unten zum Stichwort »hausit« neue Anm.: W.D. Lebek, Verba prisca. Die Anfänge des Archaisierens in der lateinischen Beredsamkeit und Geschichtsschreibung, Hypomnemata 25, Göttingen 1970 (Diss. Köln 1964), 235 nimmt an, Livius folge Claudius Quadrigarius in der Wahl dieses Ausdrucks.

Seite 115, Anm. 6 nach »Klotz, PhW 43, 1923, 1035« füge ein:; K. Büchner, Römische Literaturgeschichte (Stuttgart 1957), 363 (= K. Büchner, Interpretation, in: E. Burck, Hg., Wege zu Livius, Wege der Forschung 132 [Darmstadt 1967], 380); und Néraudau, S. 685.

Seite 115, Anm. 6: nach »Darmstadt 1960, 97-102« füge an: (= R. Heinze, Interpretation, in: Wege zu Livius, 378f.); K. Büchner, Römische Literaturgesch., 361-365 (= Wege zu Livius, 380-382); A.D. Leeman, Orationis ratio I, 80f.; W. Richter (zit. oben Zusatz zu S. 110), 59-80.

Seite 115, Z. 3 von unten, zum Stichwort »Anschaulichkeit.« neue Anm.: I. Borzsák, Spectaculum. Ein Motiv der tragischen Geschichtsschreibung bei Livius und Tacitus, Acta Classica Debrecen. 9, 1973, 60 nennt den Liviusabschnitt im Vergleich mit Claudius Quadrigarius ein lebensvolles spectaculum, das in jeder Beziehung abgerundeter und überzeugender sei. Außerdem vermerkt er, daß Livius selbst auf die theatralische Qualität des Zweikampfes hinweist (10,6 *duo in medio armati spectaculi magis more, quam lege belli destituuntur*). P. Steinmetz, Eine Darstellungsform des Livius, Gymnasium 79, 1972, 191-208 nennt diese Erzählweise Bildbeschreibung (200), Beschreibung eines klar geschauten Bildes (204). Aus einem anderen Blickwinkel erforscht J.P. Néraudau (zitiert oben Zusatz zu S. 112) Livius' Tendenz, Stereotypen zu formen.

Seite 116, Anm. 7 füge an: Die Beschreibung des Gegners als Ungeheuer tritt nur in den Reden der ersten Dekade auf und fehlt bezeichnenderweise bei Claudius Quadrigarius, vgl. B. Laggner, Untersuchungen zur Topologie in den Reden der ersten und dritten Dekade des livianischen Geschichtswerkes, Diss. Graz 1972, 21.

Neue Anm. zu S. 116, Abs. 1, Zeile 10 Stichwort »ferox«: Zu *ferox* und *ferocia* vgl. J.H. Michel, La folie avant Foucault; *furor* et *ferocia, Antiquité Classique* 50, 1981, 517-525, bes. 522 ff.

Seite 116, Anm. 8 am Ende füge an: Einen lehrreichen Vergleich mit dem Bericht des Valerius Antias stellt T. Köves-Zulauf an: Zweikampfdarstellungen in der römischen Annalistik, in: Actes du VIIe Congrès de la FIEC 1, Budapest 1983 (ersch. 1984), 447-451.

Seite 117, Abs. 1 am Ende zum Stichwort »lobt« neue Anm.: Richter (Zus. zu S. 110) 71 und Anm. 37 hält Belohnung und Ehrung mit einer goldenen Krone für Erfindung des Livius, obwohl er selbst zugeben muß, daß beides üblicherweise der Abschluß eines offiziellen Aktes ist.

Seite 118, Anm 11 am Ende füge an: S. jetzt auch: G. Vogt-Spira, Hg., Strukturen der Mündlichkeit in der römischen Literatur, Tübingen 1990; G. Vogt-Spira, Hg., Beiträge zur mündlichen Kultur der Römer, Tübingen 1993.

Seite 119, Anm. 16 füge an: Über Ursprung und Gebrauch des Wortes vgl. E. Pianezzola, *Haurio = ferio, perfodio*. Un calco omerico mediato dagli scolii, in: Scritti in onore di C. Diano, Bologna 1975, 311-323 und Lebek 235 f.

Seite 119 Text Abs. 2, Z. 2 zum Stichwort atque neue Anm.: Vgl. unten Zusatz zu S. 126 (Hinweis auf Solodow).

Seite 119, am Ende der Anm. 20 füge an: Borzsák (zit. im Zusatz zu S. 115) 60 betont die »Ungepflegtheit« seines Stils und sieht darin nicht so sehr die künstlerischen Ziele der hellenistischen Geschichtsschreibung als vielmehr die primitive Wirklichkeit des alten Rom.

Seite 120, Anm. 22 füge an: Eine gewisse Geschicklichkeit im Aufbau von Spannung wird auch von W. Richter 772 f. vertreten (zit. oben Zusatz zu S. 110). Er bemerkt auch, daß Quadrigarius sich auf dem Wege zum *sermo purus* weit von Cato entfernt hat.

Seite 120, am Anfang von Anm. 26 füge ein: Vgl. Lebek 234 zu *linguam exertare* und *linguam exserere*.

Seite 125 neue Anm. 46a zu Abs. 3, vorletzte Zeile, Stichwort »Hintergrundtempus«, neue Anm.: Terminologie von H. Weinrich, Tempus. Besprochene und erzählte Welt, Stuttgart 1964.

Seite 125, am Ende von Anm. 47 füge an: Vgl. J.-P. Chausserie-Laprée (zit. oben Zusatz zu S. 80) 393ff.

Seite 126, Z. 1 zu »beiordnenden« neue Anm.: Über die Häufigkeit von *et, -que* und *ac/atque* vgl. J.B. Solodow, The copulative particles in Livy, Diss. Harvard 1971, Zusammenfassung in: Harvard Studies in Classical Philology 76, 1972, 303-305.

Seite 128, Anm. 2 füge an: Zu der Vorstellung von Ruhm und Unsterblichkeit des Geistes im *Somnium Scipionis* vgl. K. Büchner, Somnium Scipionis. Quellen, Gestalt, Sinn (= Hermes Einzelschriften 36), Wiesbaden 1976; G. Wojaczek, ΟΡΓΙΑ ΕΠΙΣΤΗΜΗΣ. Zur philosophischen Initiation im *Somnium Scipionis*. Würzburger Jahrbücher 9, 1983, 124; D. Bayer, Der Traum des Scipio, Anregung 30, 1984, 423; W. Olbrich, Ciceros *Somnium Scipionis* – episch und dramatisch, Anregung 30, 1984, 98. Über dasselbe Thema im Gesamtwerk Ciceros vgl. V. Buchheit, Ciceros Triumph des Geistes, in: B. Kytzler, Hg., Ciceros literarische Leistung, Wege der Forschung 240, Darmstadt 1973, 489-514, bes. 512ff.

Seite 128, letzte Zeile zum Stichwort »Tugend« neue Anm.: Zu Ciceros Auffassung der *virtus* vgl. P. Kuklika, Ciceros Begriff *virtus* und dessen Interpretation, in: Graeco-Latina et Orientalia 7-8, 1975-76, 3-32, bes. 18. Über Unsterblichkeit als Lohn für den Staatsmann als römischen und ciceronischen Zusatz zu einer sonst platonischen Vorstellung vgl. E. Berti, Il De re publica e il pensiero politico classico, Padua 1963, 33 f. und Büchner (zit. im Zusatz zu S. 128) 73-81.

Seite 129 Ende des 2. Absatzes zum Stichwort »mitgeteilt« neue Anm.: Zum Gedankengang und Textverständnis vgl. Büchner 41-46 und 88-92; ebenso O. Schönberger, Ciceros Somnium Scipionis als exemplarische Lektüre und Einführung in die Philosophie, Anregung 30, 1984, 93-96. Wojaczek erklärt das ganze Somnium als die verschiedenen Stufen einer Initiation in Mysterien, was Bayer akzeptiert.

Seite 130, Zeile 2 zum Stichwort »betont« neue Anm.: Zur Stellung des Verbs in der Mitte des Satzes vgl. M.v. Albrecht, M. Tullius Cicero. Sprache und Stil, RE Suppl.-Bd. 13, 1973, 1293.

Seite 131, Anm. 5 füge an: Zur Häufigkeit von Archaismen in Ciceros philosophischen Schriften vgl. M.v. Albrecht (Zusatz zu S. 130) 1253. Zu den Archaismen in den >erhaben< stilisierten Partien bei Cicero, zu denen unser Abschnitt auch gehört, vgl. ebd. 1255-1257 und 1260.

Seite 134, vorletzter Abs., Z. 4 von unten zum Stichwort »habeto« neue Anm.: Vgl. Büchner (zit. im Zusatz zu S. 128) 43, Anm. 41.

Seite 135, Abs. 3, Z. 5 zum Stichwort »Aktivität« neue Anm.: Büchner (zit. Zusatz zu S. 128) bemerkt auch die Klimax.

Seite 138, Anm. 18 füge an: Allgemein zum literarischen Brief in der Antike G. Maurach, Der Bau von Senecas Epistulae morales (= Bibliothek der klassischen Altertumswissenschaft 30), Heidelberg 1970, 181-206. Zum Vergleich der Briefe von Isokrates und Seneca s. M. Lebel, A propos des lettres d'Isocrate et des lettres de Sénèque le philosophe, in: Mélanges offerts en hommage au Révérend Père E. Gareau, Québec 1982, 79-89.

Seite 138, Text Z. 6 zum Stichwort »agentibus« neue Anm.: Zur Verwandtschaft des Gedankens und der Formulierung mit Horaz (carm. 2, 14, 1-2) vgl. J.F. Berthet, Sénèque lecteur d'Horace d'après les lettres à Lucilius, Latomus 38, 1979, 940-954.

Seite 140, Z. 3 zum Stichwort »erwecken« neue Anm.: Die Frage, ob es sich um einen »wirklichen« Briefwechsel handelt, beantwortet P. Grimal positiv (Seneca. Macht und Ohnmacht des Geistes [Impulse der Forschung 24], Darmstadt 1978, 155-164 und 315-327. Mit einer tatsächlichen Korrespondenz rechnet auch W.G. Müller, Der Brief als Spiegel der Seele. Zur Geschichte eines Topos der Epistolartheorie von der Antike bis Samuel Richardson, Antike und Abendland 26, 1980, 139-142. Skeptisch dagegen A. Stückelberger, Seneca: Der Brief als Mittel der persönlichen Auseinandersetzung mit der Philosophie, Didactica Classica Gandensia 20, 1980, 133-148, bes. 135 f. und K. Abel, Das Problem der Faktizität der senecanischen Korrespondenz, Hermes 109, 1981, 472-499; der letztere widerspricht sich hier, denn in seiner Besprechung von G. Maurach, Der Bau von Senecas Epistulae Morales, in: Gymnasium 79, 1972, 83-86 bedauert er, daß Maurach denen folge, die glauben, der Briefwechsel sei bloße literarische Fiktion, ein Spiel im Geiste des Schriftstellers. B.L. Hijmans, *Inlaboratus et facilis.* Aspects of Structure in some Letters of Seneca (= Mnemosyne, Suppl. 38), Leiden 1976, 134 legt sich nicht fest; ähnlich Lebel 78 ff., der den Essay-Charakter der Briefe an Lucilius voll erfaßt und betont.

Seite 140, Anm. 19 füge an: Die Atmosphäre freundschaftlicher Vertrautheit am Anfang von *epist.* 1, 1 betont auch Maurach 25 f.

217

Seite 143, Anm. 24 füge an: Zum stoischen Zeitbegriff vgl. V. Goldschmidt, Le système stoïcien et l'idée de temps, Paris [4]1979.

Seite 143, Abs. 2, Z. 5 zum Stichwort »Schwierigkeit« neue Anm.: Zum Topos »Zeitbesitz und Zeitverlust« vgl. J. Moreau, Sénèque et le prix du temps, Bulletin de l'Association G. Budé 1969, 119-124 und P. Grimal, Place et rôle du temps dans la philosophie de Sénèque, Revue des Etudes Anciennes 70, 1968, 92-109. Der letztere entdeckt bei Seneca auch epikureische Gedanken zum Zeitproblem.

Seite 144, vorletzter Abs. letzte Zeile zum Stichwort »Angeredeten« neue Anm.: Zur Interpretation des Abschnitts im ganzen vgl. J. Blänsdorf, E. Breckel, Das Paradoxon der Zeit. Zeitbesitz und Zeitverlust in Senecas Epistulae morales und De brevitate vitae, (= Heidelberger Texte 13), Würzburg 1983, 18-24; Maurach (zit. im Zusatz zu S. 138) 25-28; Moreau (zit. im Zusatz zu S. 143) 119-124; Grimal (zit. im Zusatz zu S. 143) 92-94.

Seite 145, Abs. 2, Z. 3 zum Stichwort »tibi« neue Anm.: zu Bedeutung und Ursprung von *vindica te tibi* vgl. Blänsdorf 19 f. und Maurach 26, Anm. 5.

Seite 146, vorletzter Abs., vorletzte Z. zum Stichwort »fingierte« neue Anm.: S. Zusatz zu S. 140.

Seite 147, Anm. 33 füge an: und Hijmans (zit. im Zusatz zu S. 140) 117 ff. und 138, wo der Autor die Strukturprinzipien von Senecas erstem Brief herausarbeitet.

Seite 149, Z. 1 zum Stichwort »Ton« neue Anm.: Vgl. Abel (zit. im Zusatz zu S. 140) 473-475 und 482-485.

Seite 150, Anm. 41 füge an: In diesem Zusammenhang ist es von Belang, wie Seneca seinen eigenen Briefstil kennzeichnet (epist. 75,1): *qualis sermo meus esset, si una sederemus aut ambularemus, inlaboratus et facilis, tales esse epistulas meas volo, quae nihil habent accersitum nec fictum.*

Seite 152, Anm. 1 füge an: Von grundlegender Bedeutung für Petrons Sprache jetzt H. Petersmann, Petrons urbane Prosa, Sitzungsberichte der Akademie ... Wien, phil.hist. Kl. 323, Wien 1977 und A. Dell'Era, Problemi di lingua e stile in Petronio, Roma 1970.

Seite 157, Anm. 24 füge an: Vgl. auch Dell'Era (zit. im Zusatz zu S. 152) 68. Über den >verfeinerten< Stilcharakter von *antea* vgl. Dell'Era 24; zum Stilkontrast ebd. 57 f.

Seite 159, Anm. 31 füge an: Zu *mulier, quae mulier* vgl. E. Samatov, Una forma particolare di alliterazione nel Satyricon di Petronio, Bollettino di Studi latini 5, 1975, 27-29.

Seite 160, Anm. 37 füge an: Einige dieser Partikeln bespricht auch P. Soverini, Sull'uso degli avverbi in Petronio: avverbi intensivi e asseverativi, Atti dell'Accademia delle Scienze dell'Istituto di Bologna, Classe di scienze morali, anno 69, rendiconti 63, 1974-1975, 200-255 (bezieht sich nicht direkt auf unseren Text).

Seite 162, Abs. 2, Z. 9 zum Stichwort »caelus est),« neue Anm.: Es handelt sich um eine volkstümliche Interpretation einer >kosmopolitischen< Theorie und eines popularphilosophischen Topos: M.G. Bajoni, Emerita 58, 1990, 273f.

Seite 163, letzter Abs., Z. 8 von unten zum Stichwort »Umgangssprache« neue Anm.: Zum richtigen Zugang s. jetzt auch F.M. Fröhlke, Petron. Struktur und Wirklichkeit. Bausteine zu einer Poetik des antiken Romans, Frankfurt 1977, 111-145, bes. 25.

Zu Seite 164-168 verdanke ich G. Perl (Berlin) folgende wertvolle Hinweise: Seite 164, Text Z. 3 primam: Perl denkt an »falsche Attraktion« für *primum*, inhaltlich zutreffend, aber meines Erachtens ist der Text nicht zu ändern.

Seite 164, Abs. 1, vorletzte Zeile: daß *quod* hier eine andere Schreibung für *quot* ist, ist so selbstverständlich, daß es kaum angemerkt zu werden verdient; eine Änderung ist nicht erforderlich.

Seite 164, Abs. 1 Ende: diducta: Perl vermutet *deducta*; so schon F. Leo, NGG 1896, 192 = Kl.Schr. II 300. Die beiden Vokabeln werden auch in Handschriften oft verwechselt.

Seite 164, Zusatz zu Anm. 1: O. Hirschfeld, CIL 13, 1899, Nr. 1668.

Seite 164, Zusatz zu Anm. 2: Das überlieferte *appellitatus* wird akzeptiert von P. Sage, La table claudienne et le style de l'Empereur Claude. Essai de réhabilitation, Revue des Etudes Latines 58, 1980, 274-312, bes. 276 und 279. Doch interpretiert Sage auch *duce suo* als Soloecismus. Die Änderung *appellitatum* findet sich schon in der Tacitus-Ausgabe von Haase (1855); dabei ist freilich das vorhergehende *et* anstößig, das denn auch von Pareti getilgt wird. Mommsen ändert und liest (mit ungewöhnlicher Wortstellung) *est appellitatus*. Der überlieferte Text ließe sich mit der Annahme einer Häufung von Anomalien halten, aber mit Perl halte ich dies für unwahrscheinlich und bleibe bei meinem Text.

Seite 165, Abs. 2, letzte Zeile: Civitatem steht vollständig auf der Tafel; die eckigen Klammern um *em* sind zu tilgen.

Seite 165, Abs. 2, Z. 5 reditum: Perl vermutet *redditum*; ich verstehe *reditum* im Sinne von *reditum esse.*

Seite 166, Abs. 1, Z. 8 statt [a] census lies: a{d} census (inhaltlich kein Unterschied, denn das überlieferte d ergibt keinen Sinn).

Seite 166, Abs. 1, Z. 4 von unten: statt *advocatus* lies *avocatus* (*advocatus* ist Druckfehler bei Dessau).

Seite 166, Abs. 2, Z. 1 Perl versteht: »Ich meinerseits möchte zu allererst jene so übliche Denkweise der Leute, die, wie ich voraussehe, vorzugsweise als erste mir entgegentreten wird, abzuwehren suchen durch die Bitte, nicht darüber entsetzt zu sein, als ob…« Auch ich konstruiere den Satz so, glaube aber, daß der deutsche Stil die von mir bevorzugte Auflösung erfordert.

Seite 167 »des ersten Grades der Priestertümer«: Perl: »zuerst der Priestertümer«, ich
verstehe heute: des ersten Grades (der Ehrenämter), nämlich der Priestertümer,
was inhaltlich etwa auf dasselbe hinausläuft. Auch verdanke ich G. Perl den
Hinweis, daß auf der Inschrift Vokallängen auch an weiteren Stellen durch Apex
oder langes I gekennzeichnet sind, was natürlich für die Aussprache von Belang
ist (S. 164, Z. 3 *primam,* 4 *civitate,* 8 *externi,* 14 *filio,* 20 *dixi,* S. 165, Z. 5 *ipsó,*
6 *bellis,* 7 *civili,* 15 *imperi,* 27 *liberi,* 32 *vobis,* 34 *conscriptis,* 35 *fines,* 37 *paenitendi,*
S. 166, Z. 3 *vobis,* 5 *idem,* 6 *trepidis,* 9 *Gallis*).

Seite 168, Anm. 4 füge an: S. jetzt die Textausgabe von H. Heubner, Stuttgart 1983.
Forschungsbericht: F. Römer, Anzeiger für die Altertumswissenschaft 37, 1984,
154-208 und 38, 1985, 129-204 (für 1973-1982).

Seite 172, am Ende von Anm. 7 füge an: Zur Interpretation des letzten Teils der Inschrift
vgl. jetzt Sage 305-312.

Seite 173, vorletzter Absatz, Z. 3 zum Stichwort »Grundgedanken« neue Anm.:
Dieselbe Grundvorstellung findet sich schon bei (Ps.-)Sallust, *epist.* 2, 5, 7.
Nach K. Vretska, C. Sallustius Crispus, Invektive und Episteln, hg., übs. und
komm., Heidelberg 1961, Bd. 2, 115 f. denkt ›Sallust‹ hier an die Einbürge-
rung der Transpadaner, die in unserem Tacitustext bereits als historischer
Präzedenzfall erwähnt wird.

Seite 174, Anm. 14 füge an: ; jetzt in: Symbola 1, Hildesheim 1976, 365-392, bes.
367, Anm. 12.

Seite 176, Anm. 16 füge an: Eine feinsinnige Interpretation von Tacitus' Stilurteil
gibt Sage 97: Claudius besaß *elegantia,* aber nur, wenn er *meditata dissereret.*
Die Inschrift von Lyon bewahrt eine improvisierte Rede (nach Sage), dazu
unten 181 f.

Seite 176, Anm. 17 füge an: Zu den verschiedenen Kriterien des *aptum* in der Sprache
vgl. H. Lausberg, Handbuch der literarischen Rhetorik, München 1960, 507-511.

Seite 176, Text, vorletzter Abs., Z. 2 zum Stichwort »Polen« neue Anm.: Einen ausgezeichneten Überblick aller sprachlichen und stilistischen Besonderheiten dieser
Claudius-Inschrift gibt Sage 276-285.

Seite 178, Anm. 22 füge an: Zum häufigen Vorkommen der Duplikation in col. 2,
3 f. vgl. Sage 284. Claudius mag hier die Reihe der gewichtigen Genitive des
Plurals bewußt gesetzt haben.

Seite 180, Anm. 28 füge an: Vgl. Sage 277: »Si Claude a réellement dit *poterint,* il a
commis un quasi-barbarisme«.

Seite 181, 1. Abschnitt Ende, zum Stichwort »Ende« neue Anm.: Eine eingehende
Analyse der beiden soeben besprochenen Perioden findet sich bei Sage 281-284
und 296, vor allem im Hinblick auf Satzbau und Improvisation.

Seite 182, Anm. 31 füge an: Zum Ablativ des Gerundiums mit Akkusativ vgl. A. Draeger, Über Syntax und Stil des Tacitus, Leipzig, ³1882, 81 mit weiteren Beispielen. Zu >Nachträgen< und >Zusätzen< zum Satz s. bes. F. Klingner, Beobachtungen über Sprache und Stil des Tacitus am Anfang des 13. Annalenbuches, in: V. Pöschl, Hg., Tacitus (= Wege der Forschung 97), Darmstadt ²1986, 557-574; K. Seitz, Studien zur Stilentwicklung und zur Satzstruktur innerhalb der Annalen des Tacitus, Diss. Marburg 1958.

Seite 187, Anm. 41 füge an: Die *tribuni militum consulari potestate* waren eine ständige Einrichtung der frühen Republik (Liv. 4, 6, 8 und öfter); zum Konsulartribunat vgl. Th. Mommsen, Römisches Staatsrecht 2, 1, Leipzig ³1887, 181-192.

Seite 187, Anm. 42 füge an: Norden 1, 331; Koestermann zu 11, 23, 1; zu Übernahme und Vermeidung von Termini aus Claudius' Rede vgl. J.N. Adams, The Vocabulary of the Speeches in Tacitus' Historical Works, Bulletin of the Institute of Classical Studies (Univ. London) 20, 1973, 124-144, bes. 127 f.: Tacitus habe einige Wörter und Ausdrücke bewußt entlehnt, aber nur, wenn sie sich mühelos in seinen Stil einfügen. Ebd. 138 f. eine Bibliographie zum Stil der Reden bei Tacitus.

Seite 189, Anm. 53 letzte Zeile: lies »Darmstadt 1986²«, 70-84. Literarische Würdigungen des Claudius (außer den schon zitierten Werken): E. Huzar, Claudius – the Erudite Emperor, Aufstieg und Niedergang der römischen Welt II, 32, 1, 611-650, zu der Lyoner Inschrift 627-632; zur Beurteilung des Kaisers als Redner bes. 635; M.T. Griffin, The Lyons Tablet and Tacitean Hindsight, Classical Quarterly 32, 1982, 404-418.

Seite 191, Anm. 5 füge an: Ein zwingendes Plädoyer für Autorschaft des Plinius: E. Lefèvre, Plinius-Studien II. Diana und Minerva. Die beiden Jagdbillette an Tacitus (1, 6; 9, 10), Gymnasium 85, 1978, 37-47.

Seite 191, Anm. 6 füge an: Zum *genus iocosum*, dem der gegenwärtige Brief zugehört, s. K. Thraede, Grundzüge griechisch-römischer Brieftopik, Zetemata 48, München 1970, 27-34. Über Plinius im allgemeinen dort 74-77 (nicht zu unserem Brief).

Seite 192, Z. 16 zum Stichwort »Prachtexemplare« neue Anm.: Pulcher ist ein Fachausdruck für Tiere, die ohne Makel sind, z.B. Naevius, *fr.* 3, 3 Morel. Anders (nicht überzeugend) S. Posch, Eine Eberjagd mit Gänsefüßchen (zu Plin. *epist.* 1,6), in: P. Händel, W. Meid, Hg., Festschr. für R. Muth, Innsbruck 1983, 375-383.

Seite 197, Anm. 1 füge an: Kommentare von R.T. Van der Paardt, L. Apuleius Madaurensis, The Metamorphoses, a Commentary on Book Three, with Text and Introduction, Amsterdam 1971; J.C. Fredouille, Apulée, Metamorphoseon liber XI (coll. Erasme), Paris 1975; J. Gwyn Griffiths, Apuleius of Madauros, the Isis-Book, ed. with an Introduction, Translation and Commentary, Leiden 1975.

Seite 200, Anm. 4 füge an: Zu den Schwierigkeiten, welche die Eselsperspektive für die Erzähltechnik bringt, vgl. R.T. Van der Paardt, Various Aspects of Narrative

Technique in Apuleius' Metamorphoses, in: B.L. Hijmans Jr., R.T. Van der Paardt, Hg., Aspects of Apuleius' Golden Ass, Groningen 1978, 75-94, bes. 76-79.

Seite 203, Anm. 18 füge an: Parallelen zwischen Buch 3 und 11 zieht J. Tatum, Apuleius and the Golden Ass, Ithaca und London 1979, 43; vgl. allgemein A. Wlosok, Zur Einheit der Metamorphosen des Apuleius, Philologus 113, 1969, 68-84.

Auswahlbibliographie zu den behandelten Autoren
mit besonderer Berücksichtigung von Sprache und Stil

Allgemeines

Die hier zitierten Werke sind auch zu den einzelnen Autoren heranzuziehen; sie werden dort im allgemeinen nicht nochmals genannt. Spezialliteratur zu einzelnen Problemen ist in den Zusätzen genannt.

M.v. Albrecht, Geschichte der römischen Literatur, zweite, verbesserte und erweiterte Auflage, 2 Bde., München 1994, s. dort zu jedem Autor die Abschnitte »Sprache und Stil« sowie die dort in den Bibliographien zu den einzelnen Autoren angegebenen Kommentare, Forschungsberichte und Monographien.

W. Ax, Sprachstil in der lateinischen Philologie (= Beiträge zur Altertumswissenschaft 1), Hildesheim 1976.

M. Baratin, La naissance de la syntaxe à Rome, Paris 1989.

G. Calboli, Nota di aggiornamento a Eduard Norden, La prosa d'arte antica dal VI secolo all'età della rinascenza, Roma 1986, 971-1185.

G. Calboli, Hg., Papers on Grammar, Bologna, 1 (1980), 2 (1986), 3 (1990).

G. Devoto, Geschichte der Sprache Roms. Aus dem Italienischen übertragen von I. Opelt, Heidelberg 1968.

H.-J. Glücklich, R. Nickel, P. Petersen, Interpretatio. Neue lateinische Textgrammatik, Freiburg 1980.

H. Happ, Grundfragen einer Dependenz-Grammatik des Lateinischen, Göttingen 1976.

W. Klug, Erzählstruktur als Kunstform. Studien zur künstlerischen Funktion der Erzähltempora im Lateinischen und Griechischen, Heidelberg 1992 (zu Livius, Caesar, Sallust, Tacitus, Petron und Minucius Felix).

W. Kroll, Studien zum Verständnis der römischen Literatur, Stuttgart 1924, Ndr. 1964.

A.D. Leeman, Orationis Ratio. The Stylistic Theories and Practice of the Roman Orators, Historians, and Philosophers, 2 Bde., Amsterdam 1963.

A.D. Leeman, Form und Sinn. Studien zur römischen Literatur, (= Studien zur Klassischen Philologie, 15), Frankfurt 1985 (enthält zu allen bedeutenden Autoren wichtige Beiträge).

E. Löfstedt, Syntactica, Bd. 1, Lund ²1942; Bd. 2, 1933.

J. Marouzeau, Traîté de stylistique latine, Paris [2]1946.

K.F.v. Nägelsbach. Lateinische Stilistik. Nürnberg [9]1905, Ndr. 1967.

E. Norden, Die antike Kunstprosa vom 6. Jh. v. Chr. bis in die Zeit der Renaissance, 2 Bände, Leipzig 1898, [3]1915, Ndr. 1983.

H. Pinkster, Lateinische Syntax und Semantik, (niederländisch: Amsterdam 1984), deutsch (revidiert) Tübingen 1988.

A.Scherer, Handbuch der lateinischen Syntax, Heidelberg 1975.

J. Sluiter, Ancient Grammar in Context. Contributions to the Study of Ancient Linguistic Thought, Amsterdam 1990.

K. Zimmermann, Zum Stilbegriff in den Altertumswissenschaften, Gnomon 64, 1992, 574-575 (Kongreßbericht: Zeitstil, Landschaftsstil, Gattungsstil, Personalstil).

Zu Kapitel I (Cato)

S. Boscherini, Grecismi nel libro di Catone De agri cultura, Atene e Roma, 1959, 145-156.

S. Boscherini, Lingua e scienza greca nel De agri cultura di Catone, Roma 1970.

S. Boscherini, La medicina in Catone e Varrone, in: Aufstieg und Niedergang der römischen Welt, II, 37, 1, Berlin, New York 1993, 729-755.

E. Fraenkel, Leseproben aus Reden Ciceros und Catos, Roma 1968.

W. Kierdorf, Catos Origines und die Anfänge der römischen Geschichtsschreibung, Chiron 10, 1980, 205-224.

A. Primmer, Der Prosarhythmus in Catos Reden, in: Festschrift K. Vretska, Heidelberg·1970, 174-180.

W. Richter, Gegenständliches Denken, archaisches Ordnen. Untersuchungen zur Anlage von Cato De agri cultura, Heidelberg 1978.

R. Till, La lingua di Catone. Traduzione e note supplementari di C. De Meo, Roma 1968.

A. Traglia, Osservazioni su Catone prosatore, in: Hommages à H.Bardon, Bruxelles 1985, 344-359.

F.V.S. Waite, A Computer-Assisted Study of the Style of Cato the Elder with Reference to Sallust and Livy (Résumé einer Diss.), Harvard Studies in Classical Philology 74, 1970, 438 f.

Zu Kapitel II (Gracchus und Cicero)

M.L. Coletti, Tre modi di revocare una prepotenza, Cato, fr. 58 Malc., C.Sempr. Gracch. fr. 48 Malc., Cicero, in Verrem 5, 158-169, Studi latini e italiani 4, 1990, 83-92.

C.P. Craig, Form as Argument in Cicero's Speeches. A Study of Dilemma, Atlanta 1993.

E. Norden, Die antike Kunstprosa (zit. oben unter Allgemeines) 1, 172-175. Weiteres unten zu Kapitel VI (Cicero und Seneca).

Mehrere neue Aufsätze zu Caesar stehen in einem Caesarheft des Altsprachlichen Unterrichts, 33, 5, 1990, und in folgendem Sammelband: D. Poli, Hg., La cultura in Cesare, Atti del convegno internazionale di studi (Macerata-Matelica 1990), Roma 1993. Grundsätzlich s. unten Mensching 1988; D. Rasmussen, Hg., Caesar, Darmstadt 1967.

K. Barwick, Caesars Bellum civile. Tendenz, Abfassungszeit und Stil, Berichte über die Verhandlungen der Sächsischen Akademie der Wissenschaften zu Leipzig 99, 1, Berlin 1951.

F. Biasutti, Giulio Cesare come >weltgeschichtliches Individuum< nella filosofia della storia di Hegel, in: D. Poli, Hg., 773-793.

G. Brugnoli, Caesar grammaticus, in: D. Poli, Hg., 585-597.

J.-P. Chausserie-Laprée, L'expression narrative chez les historiens latins, Histoire d'un style, Paris 1969.

G. Cipriani, Dai centurioni alla retorica: analisi logico-formale di una digressione (Caesar, B.G. 5, 44), in: D. Poli, Hg., 535-552.

K. Deichgräber, Elegantia Caesaris. Zu Caesars Reden und Commentarii, Gymnasium 57, 1950, 112-123, jetzt in: D. Rasmussen, Hg., (= Caesar, Wege der Forschung 43), Darmstadt 1967, 208-223.

M. Deinhart, Die Temporalsätze bei Caesar, Diss. München 1936.

H.-J. Glücklich, Soldaten für Caesar? Vier Szenen aus den >Commentarii<, Der Altsprachliche Unterricht, 33, 5, 1990, 74-81.

H.C. Gotoff, Towards a Practical Criticism of Caesars's Prose Style, Illinois Classical Studies 9, 1984, 1-18.

P. Janni, Guerra e retorica. La descrizione delle battaglie navali, in: D. Poli, Hg., 359-369.

B. Lincoln, La politica di mito e rito nel funerale di Giulia: Cesare dibutta nella sua carriera, in: D. Poli, Hg., 387-396.

V. Lomanto, Due divergenti interpretazioni dell'analogia: la flessione dei temi in -u-secondo Varrone e secondo Cesare, in: D. Poli, Hg., 643-676.

L. Loreto, Pensare la guerra in Cesare. Teoria e prassi, in: D. Poli, Hg., 239-343.

F. Maier, Herrschaft durch Sprache. Caesars Erzähltechnik im Dienste der politischen Rechtfertigung, Anregung 33, 1987, 146-154.

A. Marsili, De praesentis historici usu apud Caesarem, Lucca 1941.

Chr. Meier, Caesar, Berlin 1982.

E. Mensching, Caesars Bellum Gallicum. Eine Einführung, Frankfurt 1988.

F.-H. Mutschler, Erzählstil und Propaganda in Caesars Kommentarien, Heidelberg 1975.

E. Odelman, Aspects du vocabulaire de César, Eranos 83, 1985, 147-154.

G. Pascucci, I mezzi espressivi stilistici di Cesare nel processo di deformazione storica dei Commentari, Studi Classici e Orientali 6, 1957, 134-174.

G. Pascucci, Interpretazione linguistica e stilistica del Cesare autentico, Aufstieg und

Niedergang der römischen Welt I, 3, 1973, 488-522; wh. in: G.P., Scritti scelti, Firenze 1983, 653-687.

P. Poccetti, Teorie grammaticali e prassi della Latinitas in Cesare, in: D. Poli, Hg., 599-641.

D. Poli, Hg., La cultura in Cesare. Atti del convegno internazionale di studi (Macerata-Matelica 1990), Roma 1993.

D. Rasmussen, Caesars Commentarii. Stil und Stilwandel am Beispiel der direkten Rede, Göttingen 1963.

E.J. Reijgwart, Zur Erzählung in Caesars Commentarii. Der >unbekannte< Erzähler des Bellum Gallicum, Philologus 137, 1993, 18-37.

J.J. Schlichter, The Developement of Caesar's Narrative Style, Classical Philology 31, 1936, 212-224.

E. Siebenborn, Bellum iustum, Caesar in der abendländischen Theorie des Gerechten Krieges, ebd. 39-55.

J.A.M. Van Der Linden, Een speciaal gebruik van de ablativus absolutus bij Caesar, Diss. Amsterdam 1955, 's Gravenhage 1955.

W.S. Vogel, Zur Stellung von esse bei Caesar und Sallust, Diss. Tübingen, Würzburg 1938.

O. Weise, Charakteristik der lateinischen Sprache, Leipzig und Berlin [4]1904, Ndr. 1920, 143-165 (für den Vergleich zwischen Caesars und Ciceros Sprache immer noch lehrreich).

W. Will, Julius Caesar. Eine Bilanz, Stuttgart 1992.

M.F. Williams, Caesar's Bibracte Narrative and the Aims of Caesarian Style, Illinois Classical Studies 10, 1985, 215-226.

E. Wyss, Stilistische Untersuchungen zur Darstellung von Ereignissen in Caesars Bellum Gallicum, Diss. Bern 1930.

Zu Kapitel IV (Sallust)

Zur Forschung: C.Neumeister, Neue Tendenzen und Ergebnisse der Sallustforschung, Gymnasium 93, 1986, 51-68.

W. Bloch, Bedeutungszusammenhänge und Bedeutungsverschiebungen als inhaltliche Stilmittel bei Sallust, Bern 1971.

G. Calboli, I modelli dell'arcaismo. M. Porcio Catone, Aión (ling.) 8, 1986, 37-69.

J. Hellegouarc'h, Le vocabulaire latin des relations et des partis politiques sous la république, Paris 1963, [2]1972.

B. Heßen, Der historische Infinitiv im Wandel der Darstellungstechnik Sallusts (= Studien zur Klassischen Philologie 10), Frankfurt 1984.

A. Klinz, Brevitas Sallustiana, Anregung 28, 1982, 181-187.

S. Koster, Poetisches bei Sallust, in: ders., Tessera. Sechs Beiträge zur Poesie und poetischen Theorie der Antike, Erlangen 1983, 55-68.

W. Kroll, Die Sprache des Sallust, Glotta 15, 1927, 280-305.

W.D. Lebek, Verba prisca. Die Anfänge des Archaisierens in der lateinischen Bered-samkeit und Geschichtsschreibung, Göttingen 1970.

A.D. Leeman, Le genre et le style historique à Rome – Théories et pratique, Revue des Etudes Latines 33, 1955, 183-208.

A.D. Leeman, Form und Sinn, Studien zur römischen Literatur, (= Studien zur Klassischen Philologie 15), Frankfurt 1985 (darin mehrere wichtige Beiträge zu Sallust).

R. Oniga, La composizione nominale in Sallustio, Lexis 5-6, 1990, 147-196.

U. Paananen, Sallust's Politico-Social Terminology. Its Use and Biographical Signifi-cance, Helsinki 1972.

W. Richter, Der Manierismus des Sallust, Aufstieg und Niedergang der römischen Welt I 3, 1973, 755-780.

E. Skard, Sallust und seine Vorgänger, Oslo 1956.

E. Skard, Zur sprachlichen Entwicklung des Sallust, Symbolae Osloenses 39, 1964, 13-37.

R. Syme, Sallust, Berkeley 1964 (dt. Darmstadt 1975).

K. Thraede, E. Skards sprachstatistische Behandlung der Epistulae ad Caesarem senem, Mnemosyne ser. 4, 31, 1978, 179-195.

Zu Kapitel V (Claudius Quadrigarius und Livius)

Zur Forschung: H. Aili, Livy's Language. A Critical Survey of Research, Aufstieg und Niedergang der römischen Welt II 30, 2, 1982, 1122-1147.

J.N. Adams, The Vocabulary of the Later Decades of Livy, Antichthon 8, 1974, 55-62.

H. Aili, The Prose Rhythm of Sallust and Livy, Stockholm 1979.

H. Aili, Livy's Language. A Critical Survey of Research, Aufstieg und Niedergang der römischen Welt II 30, 2, 1982, 1122-1147.

S. Bastian, Lexicon in Q.Claudium Quadrigarium, Hildesheim 1983.

E. Burck, Die Erzählungskunst des Titus Livius, Berlin ²1964.

J.-P. Chausserie-Laprée, L'expression narrative chez les historiens latins, Paris 1969.

J. Dangel, La phrase oratoire chez Tite-Live, Paris 1982.

J. Dangel, Le mot, support de lecture des clausules cicéroniennes et liviennes, Revue des Etudes Latines 62, 1984, 386-415.

A. De Vivo, L. Spina, Hg., >Come dice il poeta...<, Percorsi greci e latini di parole poetiche, Napoli 1992, 99-117.

J.M. Gleason, Studies in Livy's Language, Diss. Harvard 1969, Zusammenfassung in: Harvard Studies in Classical Philology 74, 1970, 336-337.

K. Gries, Constancy in Livy's Latinity, New York 1949.

S.P. Haley, Livy, Passion and Cultural Stereotypes, Historia 39, 1990, 375-381.

J. Hellegouarc'h, Le vocabulaire latin des relations et des partis politiques sous la république, Paris 1963, ²1972 (rev.).

W. Jäkel, Satzbau und Stilmittel bei Livius. Eine Untersuchung an 21, 1, 1-2, 2, Gymnasium 66, 1959, 302-317.

W. Kroll, Studien zum Verständnis der römischen Literatur, Stuttgart 1924, Ndr. 1964, 366-369.

E.B. Lease, Livy's Use of -arunt, -erunt, and -ere, American Journal of Philology 24, 1903, 408-422.

B. Levick, Claudius, London 1990 (dazu sehr kritisch: E. Flaig, Gnomon 66, 1994, 143-147).

K. Lindemann, Beobachtungen zur livianischen Periodenkunst, Diss. Marburg 1964.

A.H. McDonald, The Style of Livy, Journal of Roman Studies 47, 1957, 155-172.

E. Mikkola, Die Konzessivität bei Livius, mit besonderer Berücksichtigung der ersten und fünften Dekade, Helsinki 1957.

D.A. Pauw, The Dramatic Elements in Livy's History, Acta Classica 34, 1991, 33-49.

O. Riemann, Études sur la langue et la grammaire de Tite-Live, Paris 1879, ²1885.

F. Santoro L'hoir, Heroic Epithets and Recurrent Themes in Ab urbe condita, Transactions and Proceedings of the American Philological Association 120, 1990, 221-241.

W. Schibel, Sprachbehandlung und Darstellungsweise in römischer Prosa. Claudius Quadrigarius, Livius, Aulus Gellius, Amsterdam 1971.

E. Skard, Sprachstatistisches aus Livius, Symbolae Osloenses 22, 1942, 107-108.

E. Skard, Sallust und seine Vorgänger, Symbolae Osloenses Suppl. Bd. 15, 1956.

D.K. Smith, The Styles of Sallust and Livy. Defining Terms, The Classical Bulletin 61, 1985, 79-83.

G. Stacey, Die Entwicklung des livianischen Stiles, Archiv für lateinische Lexikographie und Grammatik 10, 1898, 17-82.

H. Tränkle, Beobachtungen und Erwägungen zum Wandel der livianischen Sprache, Wiener Studien NF 2, 1968, 103-152.

E.R. Ullmann, Les clausules dans les discours de Salluste, Tite-Live et Tacite, Symbolae Osloenses 3, 1925, 65-75.

J. Untermann, Die klassischen Autoren und das Altlatein, in: G. Binder, Hg., Saeculum Augustum, Bd. 2, Darmstadt 1988, 426-445.

T. Viljamaa, Infinitive of Narration in Livy. A Study in Narrative Technique, Turku 1983.

T. Viljamaa, >Crudelitatis odio in crudelitatem ruitis?<, Livy's Concept of Life and History, in: T. Viljamaa, A. Timonen, C. Krötzl, Hg., Crudelitas. The Politics of Cruelty in the Ancient and Medieval World, Proceedings of the International Conference Turku (1991), Krems 1992, 41-55.

V. Viparelli, Esordi dattilici in prosa (Liv. Praef. 1): tra allusione e citazione, in: E. Wölfflin, Livianische Kritik und livianischer Sprachgebrauch, Programm Winterthur 1864, Berlin 1864, wh. in: Ausgewählte Schriften, Leipzig 1933, 1-21.

Zu Kapitel VI (Cicero und Seneca)

Cicero

Zur Forschung: W. Suerbaum, Studienbibliographie zu Ciceros De re publica, Gymnasium 85, 1978, 59-88; s. auch M.v. Albrecht, M. Tullius Cicero, Sprache und Stil, Paulys Realencyclopaedie der classischen Altertumswissenschaft, Suppl. 13, 1973, 1237-1347.

E. Becker, Technik und Szenerie des ciceronischen Dialogs, Diss. Münster 1938.

C.J. Classen, Recht – Rhetorik – Politik. Untersuchungen zu Ciceros rhetorischer Strategie, Darmstadt 1985.

W. Clausen, Cicero and the New Poetry, Harvard Studies in Classical Philology 90, 1986, 159-170.

J. Dalfen, Cicero philosophus, Janus. Informationen zum altsprachlichen Unterricht 14, 1993, 2-10.

M. Fuhrmann, Cicero und die römische Republik. Eine Biographie, München ³1991.

R.F. Glei, Kosmologie statt Eschatologie: Ciceros Somnium Scipionis, in: G. Binder, B. Effe, Hg., Tod und Jenseits im Altertum, Trier 1991, 122-143.

H.-J. Glücklich, Ciceros Staatsschrift De re publica 1992, Gymnasium 100, 1993, 481-496.

H.C. Gotoff, Cicero's Elegant Style. An Analysis of the Pro Archia, Urbana 1979.

H.C. Gotoff, Cicero's Caesarian Speeches. A Stylistic Commentary, Chapel Hill, London 1993.

P. Grimal, Philosophie et langage, in: La langue latine (s.u.), 1-5.

C. Habicht, Cicero als Politiker, München 1990.

La langue latine, langue de philosophie. Actes du colloque organisé par l'Ecole française de Rome avec le concours de l'Université de Rome, >La Sapienza< (1990), Paris und Rom 1992.

L. Laurand, Études sur le style des discours de Cicéron, Bd.1-3, Paris ⁴1936-1938, Ndr. 1965.

J. Lebreton, Études sur la langue et la grammaire de Cicéron, Paris 1901, Ndr. 1979.

C. Lévy, Cicéron créateur du vocabulaire latin de la connaissance: essai de synthèse, in: La langue latine (s.o.), 91-106.

A. Michel, Cicéron et la langue philosophique: problèmes d'éthique et d'esthétique, in: La langue latine (s.o.), 77-89.

T.N. Mitchell, Cicero: The Senior Statesman, New Haven, London 1991.

C. Müller-Goldingen, Cicero als Übersetzer Platons, in: C.W. Müller, K. Stier, E. Narducci, Introduzione a Cicerone, Roma 1992.

C. Neumeister, Grundsätze der forensischen Rhetorik, gezeigt an Gerichtsreden Ciceros, München 1964.

L. Perelli, Il pensiero politico di Cicerone, Tra filosofia greca e ideologia aristocratica romana, Firenze 1990 (dazu: K.M.Girardet, Gnomon 65, 1993, 30-33).

R. Poncelet, Cicéron traducteur de Platon. L'expression de la pensée complexe en latin classique, Paris 1957.

E. Rawson, Intellectual Life in the Late Roman Republic, Baltimore 1985.

E. Rawson, Cicero. A Portrait, London 1994.

A. Reckermann, Ciceros Theorie rhetorischer Rationalität, Synthesis philosophica 10, 1990, 507-530.

M. Ruch, Le préambule dans les œuvres philosophiques de Cicéron. Essai sur la genèse et l'art du dialogue, Paris 1958.

H. Strasburger, Ciceros philosophisches Spätwerk als Aufruf gegen die Herrschaft Caesars, Hildesheim 1990.

W. Stroh, Taxis und Taktik. Die advokatische Dispositionskunst in Ciceros Gerichtsreden, Stuttgart 1975.

W. Stroh, Worauf beruht die Wirkung ciceronischer Reden?, in: Rede und Rhetorik im Lateinunterricht (Auxilia 26), Bamberg 1992, 5-37.

W. Süß, Die dramatische Kunst in den philosophischen Dialogen Ciceros, Hermes 80, 1952, 419-436.

J. Werner, Hg., Zum Umgang mit fremden Sprachen in der griechisch-römischen Antike, Kolloquium (Saarbrücken 1989), Stuttgart 1992, 173-187.

Seneca

An erster Stelle nachzuschlagen: Aufstieg und Niedergang der römischen Welt II 32, 2, 1985; II 36, 3, 1989; II 36, 4, 1990 (diese Bände enthalten zahlreiche wichtige Beiträge zu Seneca). Wichtiger Sammelband: Sénèque et la prose latine. Neuf exposés suivis de discussions par B.L. Hijmans, K. Abel, M. Armisen-Marchetti, R.G. Mayer, G. Mazzoli, P. Grimal, I. Lana, O. Gigon, J. Soubiran, Entretiens préparés par P. Grimal, Vandoeuvres-Genève, Fondation Hardt 1991.

K. Abel, Bauformen in Senecas Dialogen. Fünf Strukturanalysen: dial. 6, 11, 12, 1 und 2, Heidelberg 1967.

M. Armisen-Marchetti, Sapientiae facies. Étude sur les images de Sénèque, Paris 1989.

M.A. Cervellera, La vita come metafora, in: Rudiae. Ricerche sul mondo classico 3, 1991, 43-54.

R. Fischer, De usu vocabulorum apud Ciceronem et Senecam Graecae philosophiae interpretes, Diss. Freiburg 1914.

M.T. Griffin, Seneca: A Philosopher in Politics, Oxford (1976) 1992.

P. Grimal, Le vocabulaire de l'intériorité dans l'œuvre philosophique de Sénèque, in: La langue latine (zit. zu Cicero) 141-160.

A.-M. Guillemin, Sénèque, second fondateur de la prose latine, Revue des Etudes latines 35, 1957, 265-284.

G. Mazzoli, Effetti di cornice nell'epistolario di Seneca a Lucilio, in: A. Setaioli, Hg., (s.u.) 1991, 67-87.

A. Setaioli, Elementi di sermo cotidianus nella lingua di Seneca prosatore, Studi italiani di Filologia Classica 52, 1980, 5-47.

A. Setaioli, Seneca e lo stile, Aufstieg und Niedergang der römischen Welt II 32, 2, 1985, 776-858.

A. Setaioli, Seneca e i greci. Citazioni e traduzioni nelle opere filosofiche, Bologna 1988.

A. Setaioli, Hg., Seneca e la cultura. Atti del convegno (Perugia 1989), Napoli 1991.
W. Trillitzsch, Senecas Beweisführung, Deutsche Akademie der Wissenschaften Berlin, Sektion Altertumswissenschaften 37, 1962.
R. Westman, Das Futurpartizip als Ausdrucksmittel Senecas, Helsinki 1961.
S. Wyszomirski, Der virtus-Begriff in den philosophischen Schriften von L. Annaeus Seneca, Toruń 1993.

Zu Kapitel VII (Petronius)

Grundsätzlich sei auf den von G. Schmeling (University of Florida) regelmäßig herausgegebenen Petronian Newsletter und auf die von H. Hofmann herausgegebenen Groningen Colloquia on the Novel (s. Apuleius) hingewiesen.

J. Bodel, Trimalchio's Underworld, in: J. Tatum, Hg., The Search for the Ancient Novel, Baltimore, London 1994, 237-259.
B. Bouce, The Language of the Freedman in Petronius' Cena Trimalchionis, Leiden 1991 (= Mnemosyne Suppl. 117).
S. Döpp, Leben und Tod in Petrons >Satyrica<, in: G. Binder, B. Effe, Hg., Tod und Jenseits im Altertum, Trier 1991, 144-166.
M.Coccia, Cena di Nasidieno e cena di Trimalchione, Atti del convegno nazionale di studi su Orazio, Torino (1992), 1993, 131-148.
C. Codoñer, Lexique du >sacré< et réalités religieuses chez Pétrone, Revue de Philologie 63, 1989, 47-59.
J. Feix, Wortstellung und Satzbau in Petrons Roman, Diss. Breslau 1933, ersch. 1934.
G. Gigante, Stile nuovo ed etica anticonvenzionale in Petronio, Vichiana 9, 1980, 61-78.
J. Hosner, Studien zur lateinisch-romanischen Sprachentwicklung am Beispiel der gesprochenen Partien der Cena Trimalchionis, Diss. Bochum 1984.
A. Marbach, Wortbildung, Wortwahl und Wortbedeutung als Mittel der Charakterzeichnung bei Petron, Diss. Gießen 1931.
H. Petersmann, Petrons urbane Prosa, Wien 1977.
H. Petersmann, Umwelt, Sprachsituation und Stilschichten in Petrons Satyrica, Aufstieg und Niedergang der römischen Welt II 32, 3, 1985, 1687-1705.
H. Roemer, Ausdrucks- und Darstellungstendenzen in den urbanen Erzählungspartien von Petrons Satyricon, Diss. Göttingen 1961.
N.W. Slater, Reading Petronius, Baltimore, London 1990.
W.J. Slater, Hg., Dining in a Classical Context, Ann Arbor 1991.
A. Stefenelli, Die Volkssprache im Werk des Petron im Hinblick auf die romanischen Sprachen, Wien 1962.
G. Tournoy, Th. Sacré, Hg., Pegasus devocatus, Studia in honorem H.C. Schnur, Leuven 1992 (darin mehrere Beiträge zu Petron).

Zu Kapitel VIII (Tacitus und Kaiser Claudius)

An erster Stelle zu konsultieren: Aufstieg und Niedergang der römischen Welt, II 33, 2, 1990 – II 33, 5, 1991 (zahlreiche sehr wichtige Beiträge zu Tacitus: Aufsätze, Bibliographien, Forschungsberichte); s. auch T.A. Dorey, Hg., Tacitus, Chapters by T.A. Dorey u.a., London 1969; V. Pöschl, Hg., Tacitus (= Wege der Forschung 97), Darmstadt ²1986.

C. Becker, Wertbegriffe im antiken Rom – ihre Geltung und ihr Absinken zum Schlagwort, Münchener Universitätsreden, NF 44, 1967, 4f. (über ann. 14, 53-56).

N.W. Bruun, Der Anakoluth bei Tacitus, Maia NS 39, 1987, 137-138.

J. Christes, Modestia und moderatio bei Tacitus, Gymnasium 100, 1993, 514-529.

A. Draeger, Über Syntax und Stil des Tacitus, Leipzig ³1882.

R. Enghofer, Der Ablativus absolutus bei Tacitus, Diss. Würzburg 1961.

M. Griffin, Claudius in Tacitus, Classical Quarterly 40, 1990, 482-501.

W. Hartke, Der retrospektive Stil des Tacitus als dialektisches Ausdrucksmittel, Klio 37, 1959, 179-195.

J. Hellegouarc'h, Le vocabulaire latin des relations et des partis politiques sous la république, Paris 1963.

H. Heubner, Studien zur Darstellungskunst des Tacitus (Hist. 1, 12-2,51), Würzburg 1935.

H. Heubner, Sprache, Stil und Sache bei Tacitus, Gymnasium Beiheft 4, Heidelberg 1964.

P. Kegler, Ironie und Sarkasmus bei Tacitus, Diss. Erlangen 1913.

F. Klingner, Beobachtungen über Sprache und Stil des Tacitus am Anfang des 13. Annalenbuches, Hermes 83, 1955, 187-200; wh. in: V. Pöschl, Hg., Tacitus, ²1986, 557-574.

A. Klinz, Sprache und Politik bei Cicero und den römischen Historikern, Der altsprachliche Unterricht 1986, 4, 59-64.

W. Klug, Stil als inhaltliche Verdichtung (zu Tac. ann. 13, 1-2), Glotta 57, 1979, 267-281.

A. Kohl, Der Satznachtrag bei Tacitus, Diss. Würzburg 1960.

F. Kuntz, Die Sprache des Tacitus und die Tradition der lateinischen Historikersprache, Heidelberg 1962.

W.D. Lebek, Welttrauer um Germanicus: Das neugefundene Originaldokument und die Darstellung des Tacitus, Antike und Abendland 36, 1990, 93-102.

A.D. Leeman, Die Funktion der Dramatisierung bei Tacitus (1974), in: A.D. Leeman, Form und Sinn, Studien zur römischen Literatur, Frankfurt 1985, 305-315.

B. Levick, Claudius, London 1990 (dazu sehr kritisch: E. Flaig, Gnomon 66, 1994, 143-147).

E. Löfstedt, On the Style of Tacitus, Journal of Roman Studies 38, 1948, 1-8 = Tacitus, WdF 97, hg. V. Pöschl, Darmstadt ²1986, 89-103.

A. Michel, Le style de Tacite et sa philosophie de l'histoire, Eos 79, 1981, 283-292.

N.P. Miller, Style and Content in Tacitus, in: T.A. Dorey, Hg., 1969, 99-116.

P.C. Plass, Variatio in Tacitus: Form and Thought, in: C. Deroux, Hg., Studies in Latin
    Literature and Roman History, Bruxelles 1992, 421-434.
U. Rademacher, Die Bildkunst des Tacitus, Hildesheim 1975.
W. Richter, Tacitus als Stilist. Ein Kapitel philologischer Forschungsgeschichte, in: G.
    Radke, Hg., Politik und literarische Kunst im Werk des Tacitus, Stuttgart 1971,
    111-128.
R. Sablayrolles, Style et choix politique dans la Vie d'Agricola de Tacite, Bulletin de
    l'Association G. Budé 1981, 52-63.
P. Steinmetz, Die Gedankenführung des Prooemiums zu den Historien des Tacitus,
    Gymnasium 75, 1968, 251-262.
R. Strocchio, I significati del silenzio nell'opera di Tacito, Torino 1992 (= Memorie dell'
    Accademia delle scienze di Torino, Classe di scienze morali, storiche e filologiche,
    ser. 5, 16, 1-4.
R. Syme, Tacitus, 2 Bde. Oxford 1958.
B.-R. Voss, Der pointierte Stil des Tacitus, Münster 1963.
H. Walter, Versuch der Rückführung des taciteischen Stils auf eine formelhafte Grund-
    einheit, in: Antike Historiographie in literaturwissenschaftlicher Sicht = Universität
    Mannheim, Materialien zur wiss. Weiterbildung 2, Mannheim ³1981, 72-97.
P. Wülfing, Prägnante Wortverbindungen bei Tacitus. Interpretationen zu Agr. 4-9, in:
    Dialogos, Festschrift H. Patzer, Wiesbaden 1975, 233-242.

Zu Kapitel IX (Plinius der Jüngere)

Zur Forschung: E. Aubrion, La Correspondance de Pline le Jeune. Problèmes et
orientations actuelles de la recherche, Aufstieg und Niedergang der römischen Welt II
33, 1, 1989, 304-374.

A.-M. Guillemin, Pline et la vie littéraire de son temps, Paris 1929, 150.
F. Jones, Naming in Pliny's Letters, Symbolae Osloenses 66, 1991, 147-170.
H. Krasser, Claros colere viros oder über engagierte Bewunderung. Zum Selbstverständ-
    nis des jüngeren Plinius, Philologus 137, 1993, 62-71.
H. Pflips, Ciceronachahmung und Ciceroferne des jüngeren Plinius. Ein Kommentar
    zu ... epist. 2, 11; 2, 12; 3, 9; 5, 20; 6, 13; 7, 6, Diss. Münster 1973.
G. Picone, L'eloquenza di Plinio. Teoria e prassi, Palermo 1977.
J. Pliszczyńska, De elocutione Pliniana, Lublin 1955.
N. Rudd, Stratagems of Vanity. Cicero Ad familiares, 5, 12, and Pliny's Letters, in:
    T. Woodman, J. Powell, Hg., Author and Audience in Latin Literature, Cambridge
    1992, 18-32.
M. Schuster, Plinius, Paulys Real-Encyclopädie der classischen Altertumswissenschaft.
    21, 1, 1951, 439-456.
L. Winniczuk, The Ending-Phrases in Pliny's Letters, Eos 63, 1975, 319-328.

Allgemein sei auf die von H. Hofmann herausgegebenen Groningen Colloquia on the Novel hingewiesen, in denen regelmäßig wichtige Beiträge zu Apuleius erscheinen (Bd. 3, Groningen 1990, Bd. 4, 1991, Bd. 5, 1993). Mehrere Beiträge zu Apuleius auch in: Aufstieg und Niedergang der römischen Welt, II 34,1, Berlin, New York 1994 und in: J.Tatum, Hg., The Search for the Ancient Novel, Baltimore, London 1994.

M. Bernhard, Der Stil des Apuleius von Madaura, Stuttgart 1927.

L. Callebat, L'archaïsme dans les Métamorphoses d'Apulée, Revue des Etudes latines 42, 1964, 346-361.

L. Callebat, Sermo cotidianus dans les Métamorphoses, Caen 1968.

L. Callebat, La prose d'Apulée dans le De magia. Eléments d'interprétation, Wiener Studien NF 18, 1984, 143-167.

L. Callebat, Formes et modes d'expression dans les œuvres d'Apulée, in: Aufstieg und Niedergang der römischen Welt II, 34, 1, 1994, 1600-1664.

J.G. De Filippo, Curiositas and the Platonism of Apuleius' Golden Ass, American Journal of Philology 111, 1990, 471-492.

K. Dowden, The Roman Audience of the Golden Ass, in: J. Tatum, Hg. (s.o.), 419-434.

M. Elster, Römisches Strafrecht in den >Metamorphosen< des Apuleius, in: H. Hofmann, Hg., Groningen Colloquia on the Novel, Bd. 4, 1991, 135-154.

P. Junghanns, Die Erzähltechnik von Apuleius' Metamorphosen und ihrer Vorlage, Leipzig 1932.

P. Krafft, Apuleius' Darstellung der providentia tripertita, Museum Helveticum 36, 1979, 153-163.

K. Krautter, Philologische Methode und humanistische Existenz. Filippo Beroaldo und sein Kommentar zum Goldenen Esel des Apuleius, München 1971.

A. Labhardt, Curiositas. Notes sur l'histoire d'un mot et d'une notion, Museum Helveticum 17, 1960, 206-224.

A. Marchetta, Apuleio traduttore, in: La langue latine, langue de philosophie, Actes du colloque organisé par l'Ecole française de Rome, Roma 1992, 203-218.

R. Martin, De Plutarque à Apulée. Le sens de l'expression Asinus aureus et la signification du roman apuléien, Revue des Etudes latines 48, 1970, 332-354.

P. Médan, La latinité d'Apulée dans les Métamorphoses, Paris 1925.

P. Neuenschwander, Der bildliche Ausdruck des Apuleius von Madaura, Diss. Zürich 1913.

C. Roncaioli, L'arcaismo nelle opere filosofiche di Apuleio, Giornale Italiano di Filologia 19, 1966, 322-356.

G.N. Sandy, Apuleius' >Metamorphoses< and the Ancient Novel, in: Aufstieg und Niedergang der römischen Welt II, 34, 1, 1994, 1511-1574.

W.S. Smith, jr., The Narrative Voice in Apuleius' Metamorphoses, Transactions and Proceedings of the American Philological Association 103, 1972, 513-534.

W.S. Smith, Interlocking of Theme and Meaning in the Golden Ass, in: H. Hofmann, Hg., Groningen Colloquia on the Novel, Bd. 5, Groningen 1993, 75-89.

W.S. Smith, Style and Character in the >Golden Ass<: >Suddenly an Opponent Appearance<, in: Aufstieg und Niedergang der römischen Welt II, 34, 1, 1994, 1575-1599.

S.A. Stephens, Who Read Ancient Novels?, in: J.Tatum, Hg. (s.o.), 405-418.

C. Strub, Die Metamorphosen des Apuleius als Tiergeschichte. Sprache, Sexualität, Essen und Lucius' >Prozeß der Zivilisation<, Würzburger Jahrbücher für die Altertumswissenschaft NF 11, 1985, 169-188.

J. Tatum, Hg., The Search for the Ancient Novel, Baltimore, London 1994.

B. Teuber, Zur Schreibkunst eines Zirkusreiters: Karnevaleskes Erzählen im >Goldenen Esel< des Apuleius und die Sorge um sich in der antiken Ethik, in: S. Döpp, Hg., Karnevaleske Phänomene in antiken und nachantiken Kulturen und Literaturen. Stätten und Formen der Kommunikation im Altertum I, Trier 1993, 179-238.

Verzeichnis der Abkürzungen

Lateinische Autoren sind nach dem System des Thesaurus Linguae Latinae abgekürzt.

Weitere Abkürzungen:

AAHG = Anzeiger für die Altertumswissenschaft (hrsg. v. d. Humanistischen Gesellschaft), Innsbruck 1948 ff.

AJPh = American Journal of Philology, Baltimore 1880 ff.

ALL = Archiv für lateinische Lexikographie und Grammatik, Leipzig 1884 ff.

Ann. Acad. Sc. Fenn. = Annales Academiae Scientiarum Fennicae, Helsinki 1909 ff.

CE = Carmina Latina Epigraphica, ed. F. Buecheler, 2 Bde., Leipzig 1895–1897, Suppl.-Bd. ed. E. Lommatzsch, ebd. 1926.

CIL = Corpus Inscriptionum Latinarum, Leipzig / Berlin 1862–1943; ² 1893 ff.

cos. = consul.

CPh = Classical Philology, Chicago 1906 ff.

DLZ = Deutsche Literaturzeitung, Berlin 1880 ff.

Ernout - Meillet = A. Ernout / E. Meillet, Dictionnaire étymologique de la langue Latine, Paris ³1951.

Forcellini = Lexicon totius Latinitatis ab A. Forcellini ... lucubratum, letzte Aufl. (versch. Bearb.) Patavii 1940 (6 Bde.).

GL = Grammatici Latini, ed. H. Keil, 7 Bde. und 1 Suppl.-Bd., Leipzig 1855 bis 1880.

Goethe, W. A. = Goethes Werke, hrsg. im Auftr. d. Großherzogin Sophie von Sachsen, Abth. I–IV, 133 Bde. (in 143), Weimar 1887–1919.

Herder, Suphan = J. G. Herder, Sämtliche Werke, hrsg. von B. Suphan, 33 Bde., Berlin 1877–1913.

Hofmann, Umgangssprache = J. B. Hofmann, Lateinische Umgangssprache, Heidelberg ² 1936 (Nachdruck 1951).

Hofmann - Szantyr = J. B. Hofmann, Lateinische Syntax und Stilistik, neubearb. v. A. Szantyr, München 1965 (Hdb. d. AW II 2,2).

HRR = Historicorum Romanorum Reliquiae, ed. H. Peter, 2 Bde., Leipzig 1883–1906; I ² 1914.

JRS = Journal of Roman Studies, London 1911 ff.

Kühner - Gerth = R. Kühner, Ausführliche Grammatik der griech. Sprache, Teil 2, Satzlehre, neubearb. v. B. Gerth, 2 Bde., Hannover / Leipzig 1898–1904.

Kühner - Stegmann = R. Kühner, Ausführliche Grammatik der lat. Sprache, Satzlehre, 2 Bde., 2. Aufl. neubearb. v. C. Stegmann, 4. Aufl. durchges. v. A. Thierfelder, Darmstadt 1962.

Leeman = A. D. Leeman, Orationis ratio, 2 Bde., Amsterdam 1963.

Leo = F. Leo, Geschichte der römischen Literatur, Bd. 1, Berlin 1913 (Nachdruck 1958).

Löfstedt, Peregrinatio = E. Löfstedt, Philologischer Kommentar zur Peregrinatio Aetheriae, Uppsala 1911 (Nachdruck 1936).

Löfstedt, Synt. = E. Löfstedt, Syntactica, 2 Bde., Lund 1928–1933; Bd. 1: ² 1942.

Malcovati s. ORF.

NGG = Nachrichten von der Ges. d. Wiss. zu Göttingen, phil.-hist. Kl., Göttingen 1894 ff.

NJbb = Neue Jahrbücher für Philologie und Pädagogik, Leipzig 1898 ff., Neue Jahrbücher f. d. klass. Altertum, Gesch. u. dt. Literatur u. für Pädagogik, ebd. 1925 ff.

Norden = E. Norden, Die antike Kunstprosa vom 6. Jh. v. Chr. bis in die Zeit der Renaissance, 2 Bde., Leipzig ² 1902 (Nachdruck 1961).

ORF = Oratorum Romanorum Fragmenta, ed. H. Malcovati, Bd. 1, Torino ² 1955.

PhW = Philologische Wochenschrift, Leipzig 1881 ff.

RE = Paulys Realencyclopädie d. class. Altertumswiss., neue Bearb. v. G. Wissowa, Stuttgart 1893 ff.

REL = Revue des Etudes Latines, Paris 1923 ff.

REW = W. Meyer-Lübke, Romanisches Etymologisches Wörterbuch, Heidelberg
³ 1930–1932.

RhM = Rheinisches Museum für Philologie, Gesch. und griech. Philos., Frankfurt
a. M. N. F. 1842 ff.

RPh = Revue de Philologie, de Litt. et d'Histoires anciennes, Paris N. S. 1877 ff.

SC = Senatus consultum.

SO = Symbolae Osloenses, Oslo 1922 ff.

SVF = Stoicorum veterum fragmenta, ed. H. v. Arnim, 4 Bde., Leipzig 1903 bis
1924 (Nachdruck 1964).

ThLL = Thesaurus Linguae Latinae, Leipzig 1900 ff.

Verf., Die Parenthese ... = Die Parenthese in Ovids Metamorphosen und ihre
dichterische Funktion, Spudasmata, Bd. 7, Hildesheim 1964.

Walde - Hofmann = A. Walde, Lat. etymologisches Wörterbuch, 3., neubearb. Aufl.
v. J. B. Hofmann, Heidelberg 1938.

WSt = Wiener Studien, Wien 1879 ff.

Stellenregister (in Auswahl)

ALCIDAMAS

de soph. 18: *21* & *A. 34*

APULEIUS

met. 2, 4: *201 A. 6.* 2, 18, 18: *201.* 3, 14: *202 A. 14.* 3, 27: *197 ff.* 8, 11: *202 A. 16.* 11, 1: *203.* 11, 5, 20: *202.* 11, 12: *202 f.* 11, 13: *203* & *A. 18*

CAESAR

Gall. 7, 27: *80 ff.* 7, 89, 3: *104 A. 47*
orat. (ORF²) fr. 29: *75 ff.*

CATO

ad fil. (Jordan) fr. 15: *21 f.*
agr. praef.: *15 ff.* 1, 3: *43 A. 94*
orat. (ORF²) fr. 29: *48 A. 115.* fr. 58: *62 ff.* fr. 163–169: *24 ff.*
orig. (HRR²) fr. 83: *38 ff.*

CICERO

Att. 12, 10 f.: *158*
Brut. 104: *58* & *A. 31.* 125: *55 A. 16.* 59 & *A. 37.* 211: *58 A. 31.* 252: *78.* 261: *78* & *A. 15. 80.* 262: *87* & *A. 49.* 294: *42*
Catil. 1, 1: *204 f.*
de or. 3, 214: *69. 70* & *A. 90.* 3, 224: *69.* 3, 227: *69*
Mur. 88 f.: *70 ff.*
rep. 2, 1: *16* & *A. 7.* 6, 25 f.: *127 ff.*
Verr. II 1, 47: *205.* II 5, 161–163: *52 f. 56 ff.*

CLAUDIUS IMPERATOR

orat. de iure hon. Gallis dando (Inscr. lat. ed. Dessau Nr. 212): *164 ff.*

PETRONIUS

42, 7: *158*. 44, 14–45, 6: *152 ff*. 52, 1: *159*

PLAUTUS

Persa 753–755: *81*

PLINIUS

epist. 1, 6: *190 ff*. 1, 20: *187 A. 44*. 7, 9, 8: *191 A. 6*. 9, 10, 1: *191 A. 5*

PLUTARCHUS

Caes. 3: *78*. 50, 3: *60 A. 39*
Cato mai. 12, 7: *60 A. 39*
Tib. Gracch. 2: *55. 59 A. 37*. 64 *A. 55*. 69 & *A. 83*

QUADRIGARIUS (CLAUD.)

fr. 10 b (HRR²): *110 ff*.

QUINTILIANUS

inst. 8, 3, 48: *43* & *A. 95*. 10, 1, 7: *58*. 10, 1, 32: *187 A. 45*. *189*. 10, 1, 98: *150* &
A. 42. 10, 1, 114: *86*. 10, 1, 130 f.: *149* & *A. 38*

RHETORICA AD HERENNIUM

3, 2, 3: *17* & *A. 12*

SALLUSTIUS

Catil. 8, 2 f.: *41 A. 90*. 10, 1: *99*. 10, 5 f.: *90 ff*. 11, 1: *99*
hist. (Maurenbrecher) fr. 4: *42* & *A. 92*. fr. 55, 24: *99*
Iug. 113, 3–7: *101 ff*.

SENECA MAIOR

contr. 9, 1, 13: *106* & *A. 50*

SENECA MINOR

dial. 10 (= brev. vit.), 12: *162*
epist. 1, 1: *138 ff*. 114, 17: *99*

SUETONIUS

Claud. 41: *176*

TACITUS

ann. 11, 24: *168 ff*.
dial. 18: *55* & *A. 16*. 28, 5 f.: *86*

Wort- und Sachregister

von

WILFRIED STROH

Die Namen der behandelten Autoren sind als Stichwörter nur insoweit aufgenommen, als sie in einem Zusammenhang behandelt sind, der durch das Inhaltsverzeichnis nicht erschlossen werden kann.

A

C

D

Erzählstruktur: als »Syntax im großen«   12
zu einzelnen Autoren s. das Inhaltsverzeichnis; s. bes. auch: Praesens historicum

Essaycharakter von Senecas Briefen   140 A. 20. 151

est mit Infinitiv   15 A. 2

Euripides: bei Gracch.   69 ff.

F

Fachausdrücke: von Claudius gebraucht; von Tac. vermieden   186 f. & A. 42

Feierlichkeit: bei Petron   157   s. auch: Mündlichkeit

figura etymologica: bei Cato   44

Form und Inhalt: bei Cato   49 f.   s. auch: Sachbezogenheit ...

Fronto: über Sall.   107

G

Gattungsstil   12. 77 f.
– publikumsbedingt   187
– und Stilwille bei Sen.   146
– – bei Tac.   189

Gedankengang (Gedankenfolge)
– bei Cato   17
– bei Sall.   94 ff. 97
– bei Sen.   144   s. auch: archaische Gedankenführung; archaische Ringform

Gellius
– über Cato   27 ff.
– über Gracch.   59

Gerundium und Gerundivum: im Altlatein   45 & A. 106

Gesetz der wachsenden Glieder
– bei Caes.   76
– bei Cato umgekehrt   49 f.
– bei Sall.   95. 104
– bei Sen.   140 f.   s. auch: Schlußkola, kürzere

Graecismen: bei Sall.   102

gravitas
– bei Gracch.   59, 65
– bei Quadrig.   119

H

I

K

N

O

P

V

W

Z

Michael von Albrecht

Römische Poesie

Texte und Interpretationen

UTB 1845, 2., ergänzte Aufl. 1995, 398 Seiten
UTB-ISBN 3-8252-1845-7

UTB
FÜR WISSEN
SCHAFT

Francke

Michael von Albrecht

Rom: Spiegel Europas

Texte und Themen

AD FONTES 1, 1988, 677 Seiten, gebunden
ISBN 3-7720-2370-3

Tübingen und Basel